CICO
浙江交通集团

浙江省高速公路建设
创新与实践系列丛书

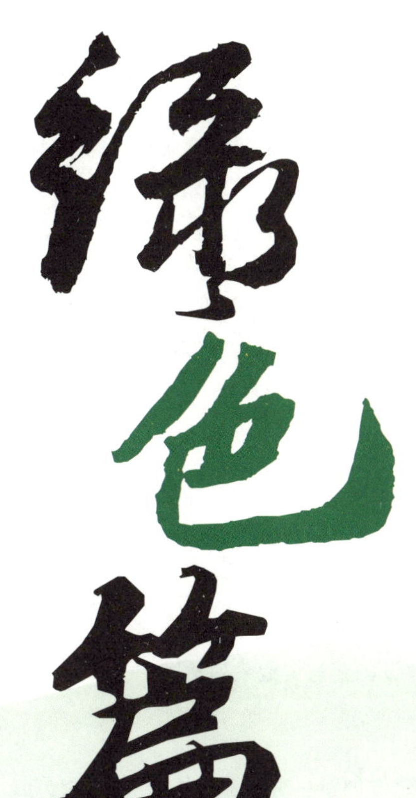

绿色篇

『浙江省高速公路建设创新与实践系列丛书』

编写委员会◎编著

人民交通出版社股份有限公司

北京

内 容 提 要

本册为“浙江省高速公路建设创新与实践系列丛书”的“绿色篇”，主要介绍了对杭州都市高速公路有限公司绿色公路建设的亮点及创新成果的提炼总结。本册共分7个章节，包括绪论、都市圈绿色高速公路建设内涵与技术体系、资源节约集约利用、生态保护与修复、节能降碳与污染防治、服务体制建设、绿色公路管理与保障能力建设。

本书可供交通行业、公路建设行业、生态环保行业的从业者，还可供感兴趣的读者参考。

图书在版编目(CIP)数据

浙江省高速公路建设创新与实践系列丛书. 绿色篇 / “浙江省高速公路建设创新与实践系列丛书”编写委员会编著. — 北京：人民交通出版社股份有限公司，2021.12

ISBN 978-7-114-17451-3

Ⅰ.①浙… Ⅱ.①浙… Ⅲ.①高速公路—道路建设—浙江 Ⅳ.①U412.36

中国版本图书馆CIP数据核字(2021)第128021号

浙江省高速公路建设创新与实践系列丛书

Lüse Pian

书　　名：绿色篇

著 作 者：“浙江省高速公路建设创新与实践系列丛书”编写委员会

责任编辑：郭晓旭

责任校对：孙国靖　龙　雪

责任印制：刘高彤

出版发行：人民交通出版社股份有限公司

地　　址：(100011)北京市朝阳区安定门外外馆斜街3号

网　　址：http://www.ccpcl.com.cn

销售电话：(010)59757973

总 经 销：人民交通出版社股份有限公司发行部

经　　销：各地新华书店

印　　刷：北京交通印务有限公司

开　　本：787×1092　1/16

印　　张：16

字　　数：360千

版　　次：2021年12月　第1版

印　　次：2021年12月　第1次印刷

书　　号：ISBN 978-7-114-17451-3

定　　价：108.00元

(有印刷、装订质量问题的图书由本公司负责调换)

浙江省高速公路建设创新与实践系列丛书

丛书编审委员会

本册编写委员会

PREFACE 序

秦驰道大道通衢，京杭运河贯通南北，茶马古道驼铃声犹响，“一带一路”再续千年东西交融……，交通运输自古以来就是经济的脉络和文明的纽带，不仅具有显著的基础性、战略性、先导性和服务性功能，更是民生之本、发展之源、兴国之器、强国之基。党的十九大提出了建设交通强国的重大战略，中共中央、国务院先后印发了《交通强国建设纲要》和《国家综合立体交通网规划纲要》，为我国未来交通发展擘画了宏伟蓝图、指明了奋斗方向。我们要坚持以人民为中心的发展思想，牢牢把握交通“先行官”定位，推动交通发展由追求速度规模向更加注重质量效益转变，由各种交通方式相对独立发展向更加注重一体化融合发展转变，由依靠传统要素驱动向更加注重创新驱动转变，着力打造一流设施、一流技术、一流管理、一流服务，加快建设人民满意、保障有力、世界前列的交通强国。

习近平总书记指出，质量体现着人类的劳动创造和智慧结晶，体现着人们对美好生活的向往。浙江地处我国东南沿海，号称“七山一水二分田”，境内山岭纵横，水系密布，且随着交通建设主战场从平原地区向山区、沿海和岛屿转移，高速公路项目面临重特大工程多、桥隧比例高、软基处理难、施工环境复杂等一系列挑战。“十三五”期间，作为浙江省高速公路建设管理的主力军，浙江交投高速公路建设管理有限公司积极开展“品质工程”创建活动，精于专、作于细、成于勤，经过多年的实践探索，使“品质工程是科学管理下干出来的”理念逐渐成为全员共识，并以该理念为行为准绳，创造性地构建了“1＋N”建设管理模式，开展“2＋2＋2”制度建设，打造“三化”管理，发挥技术创新和管理创新先导作用，落实工程质量全过程精细管控，追求工程本质安全，实现了高速公路建设项目质量、安全、造价、信息化等管理水平的全面提升，在行业内树立了一个有鲜明特色的学习标杆。

“十四五”是我国开启全面建设社会主义现代化国家新征程的第一个五年期，也是推动交通运输高质量发展的"重要转型期"和"关键突破期"，任务艰巨、使命光荣。在"十四五"开局之年，浙江交投高速公路建设管理有限公司组织有关力量，精心谋划，编著完成了这套"浙江省高速公路建设创新与实践系列丛书"，以系统工程的思维，全面总结了"十三五"期间浙江高速公路品质工程建设经验。丛书分为前期篇、建设篇、综合篇、智慧篇、绿色篇、党建篇、论文集和画册共8册，汇集了浙江交投高速公路建设管理有限公司打造品质工程的有益探索和感受体会，内容丰富，案例翔实，既有关键技术的创新突破，也有实践经验的凝练提升，具有很强的针对性和学习借鉴价值，为我们全力打造精品工程、样板工程、平安工程、廉洁工程塑造了浙江样板，贡献了浙江智慧。

在新的历史时期，持续"打造百年平安品质工程"，加快实现交通建设的高质量发展，需要我们坚持创新驱动，增强发展动能；坚持生态优先，实现绿色低碳；坚持学习互鉴，促进共同提高。他山之石，可以攻玉，这套系列丛书具有显著的先进性、专业性、实用性，可读性也较好。我们期待着广大交通工程建设从业者继往开来，广泛交流，不断开拓创新，积极探索实践，不断提升技术、管理和服务水平，让创新与实践在公路建设领域蔚然成风、持续焕发出勃勃生机，为新时代交通强国建设赋能加力。

开卷有益，希望大家不要错过。

2021年12月21日

FOREWORD 前言

中共十九大报告提出，必须树立和践行绿水青山就是金山银山的理念，坚持节约资源和保护环境的基本国策，形成绿色发展方式和生活方式，坚持绿色发展，建设美丽中国。我们要建设的现代化是人与自然和谐共生的现代化，既要创造更多物质财富和精神财富以满足人民日益增长的美好生活需要，也要提供更多优质生态产品以满足人民日益增长的优美生态环境需要，必须坚持节约优先、保护优先、自然恢复为主的方针，形成节约资源和保护环境的空间格局、产业结构、生产方式、生活方式，还自然以宁静、和谐、美丽。

2014 年，交通运输部提出的加快推进“综合交通、智慧交通、绿色交通、平安交通”发展的战略决策，为交通运输的科学发展指明了方向。绿色公路作为绿色交通的重要组成部分，在生态文明建设得到高度重视，资源节约、环境友好要求进一步提高的新形势下，以全面实施绿色公路建设作为推进绿色交通发展的切入点，有利于进一步转变公路发展方式，推动公路建设持续健康发展，打造交通行业生态文明建设的亮丽名片。

2019 年，为打造交通基础设施建设的升级版，加快提升内在品质和外在服务，中共中央国务院提出建设交通强国。建设交通强国是以习近平同志为核心的党中央立足国情、着眼全局、面向未来作出的重大战略决策，是建设现代化经济体系的先行领域，是全面建成社会主义现代化强国的重要支撑，是新时代做好交通工作的总抓手。《交通强国建设纲要》中提出要牢牢把握交通“先行官”定位，适度超前，推动交通发展由追求速度规模向更加注重质量效益转变，由各种交通方式相对独立发展向更加注重一体化融合发展转变，由依靠传统要素驱动向更加注重创新驱动转变，构建安全、便捷、高效、绿色、经济的现代化综合交通体系。

杭州都市高速公路有限公司作为近年来全国最大的交通投资建设主体之一，统筹所属项目开展绿色公路创建，不断创新理念、方法和手段，积极推进“品质工程”建设。“十三五”

期间，杭州综合交通发展安排重大项目300余个，总投资约5700亿元（“十三五”期内完成投资3500亿元），部、省交通主管部门提出“十三五”期间要推行现代工程管理，大力开展交通建设工程质量提升行动，着力重点打造杭州绕城西复线湖州段、杭绍段、临建、建金等绿色高速公路，结合项目本身环境及工程特点，坚持公路与自然和谐相处的理念，采用有效、可行措施，最大限度地降低了项目施工对沿线生态环境的干扰，取得了良好的建设效果。

本册为杭州都市高速公路有限公司的绿色公路建设纪实，书中所列举的典型案例，均为杭州绕城西复线湖州段、杭绍段、临建、建金等实践过程中取得的宝贵经验，其中部分内容仍在工程实施过程中不断优化完善，也有不少内容需要在今后的工作中继续总结提升。希望我们提供的浙江省绿色公路建设纪实，能为广大公路建设者提供有益借鉴！

编　者

2021年4月

CONTENTS 目录

第 1 章　绪论 001

1.1　绿色公路发展概况 …… 002
1.2　绿色公路建设相关政策要求 …… 010
1.3　杭州都市圈概念及范围 …… 012

第 2 章　都市圈绿色高速公路建设内涵与技术体系 025

2.1　都市圈绿色公路的概念 …… 026
2.2　指导思想 …… 028
2.3　建设目标 …… 031
2.4　建设原则 …… 033
2.5　技术体系 …… 034

第 3 章　资源节约集约利用 037

3.1　土地资源保护与利用 …… 038
3.2　弃渣再生综合利用 …… 068
3.3　长寿命钢结构桥梁 …… 073

第 4 章　生态保护与修复 079

4.1　原生态景观保护 …… 080
4.2　生态防护与绿色恢复 …… 087
4.3　环境地质灾害防治 …… 101

第 5 章　节能降碳与污染防治 109

5.1　能源节约与开发利用 …… 110
5.2　低碳节能技术应用 …… 127
5.3　施工期环境污染防治 …… 140
5.4　环境质量与安全保障 …… 157

第 6 章　服务提质建设 173

6.1　临金景区化高速公路建设 …… 174
6.2　杭绍开放式服务区建设 …… 184

第 7 章　绿色公路管理与保障 197

7.1　加强组织领导和制度建设 …… 198
7.2　全过程环保管控模式创新 …… 224

参考文献 244

第1章

绪论

1.1 绿色公路发展概况

1.1.1 绿色公路概念

1) 绿色公路的内涵

在分析国内外绿色公路研究现状的前提下，根据交通运输部《关于实施绿色公路建设的指导意见》(交办公路〔2016〕93 号)，绿色公路的内涵主要体现在两个统筹和四大要素方面。

(1) 两个统筹

坚持“两个统筹”是绿色公路建设的思想精髓，一方面要坚持统筹公路资源利用、能源消耗、污染排放、生态影响、运行效率、功能服务之间的关系，寻求公路、环境、社会等方面的系统平衡与协调；另一方面要坚持统筹公路规划、设计、建设、运营、管理、服务全过程，以最少的资源占用、能源耗用、污染排放、环境影响，实现外部刚性约束与公路内在供给之间均衡和协调。

(2) 四大要素

把握“四大要素”是推动绿色公路建设的关键。在绿色公路建设过程中，坚持以质量优良、安全耐久为前提，重点在“资源节约、生态环保、节能高效、服务提升”四方面实现突破，以控制资源占用、减少能源消耗、降低污染排放、保护生态环境、拓展公路功能、提升服务水平为具体抓手，全面提升公路工程建设水平。

2) 绿色公路的定义

绿色公路的提出源于绿色建造，由可持续发展思想所衍生出来的。近年来，随着绿色公路的积极推广，绿色公路的定义经历了多次转变。《绿色交通设施评估技术要求　第 1 部分：绿色公路》(JT/T 1199.1—2018)中，绿色公路定义为在公路的全寿命周期内，以创新、协调、绿色、开放、共享为发展理念，最大限度地控制资源占用、降低能源消耗、减少污染排放、保护生态环境，注重建设品质提升与运行效率提高，为人们提供安全、舒适、便捷、美观的行车环境，与自然和谐共生的公路。因此可以认为绿色公路建设是在统筹公路建设品质、资源利用、能源耗用、污染排放、生态影响和运行效率之间的关系，以最少的资源占用、最小的能源耗用、最低的污染排放、最轻的环境影响，获得最优的建设品质和最高的运行效率，实现外部刚性约束与公路内在供给之间最大限度均衡的公路建设工程。

3) 绿色公路的特点

绿色公路区别一般公路的重要特征主要表现在以下几个方面：

(1) 全过程、全领域、全方位

全过程：应坚持系统论的思想，将绿色理念与技术贯穿规划、设计、建设、运营、养护、管理等整个寿命周期的各个阶段。

全领域：根据绿色公路建设目标，综合考虑各方面要素，节约资源、提高能效、控制排放、保护环境,将“节能、高效、环保、健康”的绿色要求贯彻到公路建设全过程。

全方位:除了主体工程建设、运营、维护要全面运用绿色理念与技术,还要为绿色运输、安全运营创造必要条件。

(2)低消耗、低排放、低污染

低消耗:具有资源节约的优点,指的是公路建设要注重对沿线土地资源、水资源、能源(包括电力、油品、天然气等)、建筑材料等资源的使用最大限度的减少,充分使用能进行循环利用的可再生材料、再生利用的水资源等。

低排放:建设过程中能够减少各种废弃物(包括废水、废气、噪声以及固体废弃物等)的排放或产生,做到少排放污染物,甚至零排放。

低污染:建设阶段要注重加强对土地破坏、水污染、大气污染的防控,注重生态的平衡,注重生物的多样性;采取有效的措施保护生态环境,将公路建设造成的生态环境破坏成本降到最低。

(3)高效能、高效率、高效益

高效能:在整个生命周期内,通过相关政府部门采取经济、法律、行政和技术等措施,使得绿色公路综合治理体系和治理能力现代化大幅度提升。

高效率:优化绿色公路建设过程中资源需求与供给的有效调控和结构优化,以最少的公路建设能源、资源消耗与环境代价,满足公路最大的服务需求。

高效益:以最小的企业经营成本获得可持续发展的最大利益,实现经济效益、社会效益和环境效益的有机统一,实现综合效益的最大化,进而促进降低公路的建设成本。

1.1.2　绿色公路发展

从2000年国务院提出《关于进一步推进全国绿色通道建设的通知》,确立了绿色通道建设是我国国土绿化的重要组成部分,对公路、铁路、河渠、堤坝沿线进行绿化美化。到2019年,中共中央、国务院印发《交通强国建设纲要》,提出到21世纪中叶,全面建成人民满意、保障有力、世界前列的交通强国的目标。

建成绿色化发展的综合交通运输体系是国家长期以来对交通系统的要求,而绿色公路作为综合交通运输体系中的重要组成部分,是推动交通运输实现可持续发展、建成安全便捷、畅通高效、绿色智能的现代综合交通运输体系的重要手段。伴随绿色发展理念不断深入,绿色公路建设由点及面,发展重点由单一的节能减排逐渐调整为“资源节约,生态环保,节能高效,服务提升”,并在制度建设,能耗及污染物排放监测等方面进行了过程指导,在此过程中,国家政策显示出以下特点和表现:

1)政策导向特点

我国绿色交通政策在绿色交通的建设过程中体现出如下特点:

(1)不断深入——从简单绿化美化到以人为本、和谐发展。

(2)不断扩展——从单独的生态恢复到安全、环境、能源、资源等多领域、多目标的统筹规划。

(3)不断具体——从概念指导型到技术、装备指导型。

2）政策引导表现

我国对绿色公路的政策引导，主要突显对公路节能和循环利用两个方面的引导，分为两个部分：

（1）公路节能减排示范项目推广

2007 年，交通部发布了《关于在交通行业开展节能减排示范活动的通知》，从中遴选出节能减排示范效果好的项目进行推广。2008—2012 年，确定了 5 批共 100 个节能减排示范项目。例如隧道发光二极管（LED）节能照明在江西景鹰高速公路傍下隧道的应用，沥青混合料厂拌冷再生技术在昌九高速公路技术改造项目中的应用，温拌沥青混合料技术在道路建设中的应用，太阳能技术在连霍高速公路郑州至洛阳段道路全程监控系统中的应用，微波离子灯照明节能技术应用，泡沫沥青冷再生厂拌技术应用，沥青拌和设备导热油加温技改，废旧沥青面层材料再生利用综合技术，高速公路改扩建工程废旧道路材料再生利用技术，泡沫沥青厂拌冷再生技术在陕西的应用等。由此可以看出节能减排技术主要集中在路面改造以及隧道、服务区节能照明等领域。

（2）区域性、主题性节能减排项目示范

2013 年，交通运输部开展了以主题性试点为主要形式的绿色公路建设试点，并先后批准 20 个绿色（循环低碳）公路试点，涌现出成渝复线、淳杨、柳南、鹤大等一批典型公路，为我国发展绿色公路建设与实践积累了丰富的经验。从 2013 年开始，节能减排专项资金更多地发挥其集中效益、突出目标任务、强化地方职责。补助项目由“小、散、广”的技术项目更多地向“大型、集中”的区域性、主题性项目倾斜。2012 年就开始在南昌、连云港开展区域性、主题性项目试点。2013 年继续扩大区域性、主题性项目数量。2014 年开始全面转变，以区域性、主题性项目为主，加大对绿色交通的前置性引导。2015 年持续深化，在区域性、主题性项目基础上，开展绿色交通省、绿色交通城市、绿色公路、绿色港口、绿色交通装备（天然气车船）等项目。2013 年开展 7 条公路主题性项目，共计补助资金 9863 万元；2014 年开展了 4 条公路主题性项目，共计补助资金 2728 万元；2015 年开展了 8 条公路主题性隧道共计补助资金 4609 万元。三年来共计补助资金 1.72 亿元。

1.1.3 绿色公路评价

2006 年我国发布《绿色建筑评价标准》（GB/T 50378—2006，已废止），2019 年修订。绿色公路评价和绿色建筑评价相似，在绿色评价方面都涉及多学科交叉。通过调研相关文献得知，绿色公路的初步探索主要集中在生态保护、降低能耗、景观美化等几方面，但早期探索过程中未制定明确的绿色公路指标体系和评价标准，加之我国幅员辽阔，各省份都存在独特的地域特性，同时绿色公路又是一个涉及材料、环境、能源化工、养护再生等多学科的技术过程，这些因素导致了早期建设的绿色公路品质良莠不齐，在整个建设过程中参建各方对绿色公路的概念模糊，所谓的“绿色公路”也仅是某几方面的绿色。因此，系统地研究绿色公路的指标体系与评价标准，规范各地方绿色公路的综合评价已势在必行。

1）交通运输部开展的绿色低碳公路建设评价研究

2013 年，受交通运输部政策法规司委托，交通运输部公路科学研究所编制了《绿色低碳公路建设评价指标体系》,该评价体系综合考虑了节能、减排、节水、节地、节材,从节能评估、绿色低碳水平、管理行为、项目前期、工程实施、其他六个方面对公路工程项目的绿色低碳水平进行评价。

2018 年 5 月,交通运输部颁布了《绿色交通设施评估技术要求 第 1 部分:绿色公路》(JT/T 1199.1—2018),规定了绿色公路评估的适用范围、基本要求、评估指标和计分方法,其中评估指标从绿色理念、生态环保、资源节约、节能低碳和品质建设五个方面对绿色公路进行了综合评价。

2) 省市研究的绿色公路评价规范

郝培文等(2011)对绿色公路的理念及评价体系作出较为详尽的阐述,提出"生态、公平、经济、范围、前景、经验、宣传"是绿色公路评定系统的基础与核心,应用 11 个申请参评项目必须满足的所有最低标准的项目控制项,37 个项目自选项,包括环境和水、适用性、施工和材料资源、路面技术四大类别来对绿色公路进行等级评定。云南省云岭高速公路养护绿化工程有限公司与长安大学合作,编制了地方标准《绿色公路评价标准》(DB53/T 449—2013)。这是我国第一个关于绿色公路评价的地方性评价标准。该标准提出的绿色公路评价指标体系由控制项、自选项和加分项三大类组成,控制项为绿色公路项目必须达到的基本指标,共 11 项,分值 30 分;自选项共 5 大类 26 个指标,共计 90 分,根据道路项目的不同自行选择,每项自选项由其对可持续性影响大小配以一定的分值(通常为 1 ~ 5 分)。同时,允许特定项目或组织编制加分项,加分项总分为 10 分(每项分值不得超过 3 分)。在满足所有控制项要求后,按照一定的要求对自选项和加分项进行评分,并对各项指标的打分结果进行汇总。根据自选项和加分项得到的总得分,按照下列标准评定公路相应的绿色等级:①金牌绿色公路:获得控制项的基础分 30 分,加自选项和加分项得分,总分达到 90 分以上。②银牌绿色公路:获得控制项的基础分 30 分,加自选项和加分项得分,总分达到 80 ~ 89 分。③铜牌绿色公路:获得控制项的基础分 30 分,加自选项和加分项得分,总分达到 70 ~ 79 分。④合格绿色公路:获得控制项的基础分 30 分,加自选项和加分项得分,总分达到 60 ~ 69 分。将该标准与美国的绿色公路评价系统进行比较,可以发现云南省地方标准的评价指标体系、评价方案等参照了绿色通道的评价体系、指标、标准、方法,但在具体审查文件方面考虑了我国公路基本建设程序与国外存在的差异。

2020 年 8 月,由江西省交通运输厅归口管理编制的《绿色公路建设指南——高速公路》第 1 册(勘察设计指南)及第 2 册(工程实施指南)、第 3 册(绿色公路评价标准)三项省级地方标准获省市场监督管理局批准发布。这是江西省首部关于绿色公路建设的指南。《绿色公路建设指南——高速公路》规定了江西省绿色公路的设计管理、勘察设计要求、工程造价、实施过程中各分项工程的具体要求、建设实施方案及要点、绿色公路评价的基本要求、评价指标体系和评价分数计算方法等内容,进一步引领和指导江西省绿色公路建设。《绿色公路建设指南——高速公路》主要依托广昌至吉安高速公路绿色公路建设的技术应用,根据绿色公路建设基本原则、建设目标,结合江西地域特点,总结形成了一套可复制、可推广的江西绿色公路建设经验。

3) 国内其他相关研究概况

梁立杰(2004)界定了生态公路的概念,并对生态公路设计期的指标进行了模糊综合评价。张琴(2011)运用压力—状态—响应框架模型法着重评价公路设计、施工、运营三个阶段涉及的生态资源类指标,并运用模糊综合评价法进行综合评价。陈鹏宇(2013)将 Vague 集理论和物元评价理论进行结合,用于生态公路交通的评价。王晋等(2014)从公路设计、施工、养护三个方面,构建了绿色低碳公路评价指标体系,并应用了层次分析模糊数学的方法进行评价。朱浩然等(2015)借鉴美国绿色公路评级系统将评价指标分为强制项、一般项、加分项,并在满足强制项的前提下,对评分项和加分项的得分对公路进行评级。李满良等(2015)从设计合理性、道路功能效果、节能减排效果、绿化效果、环境保护效果五个方面,提出了绿色生态型城市道路评价指标体系。

综上所述,国内许多专家对绿色公路的评价研究做了积极探索,评价指标也从单一的资源节约、环境保护,逐渐发展为包含且不仅限于公路品质工程的提升,更加人性化、多元化的服务,更加智慧化的管理。

1.1.4 绿色公路的发展重点

绿色公路的发展是将绿色环保理念贯穿于“规划与设计、建设与施工、运营与养护”三大环节,充分体现“节能、低碳、循环、生态”的理念,全寿命、全过程、全周期分层次推进的。因此绿色公路的发展重点主要在于以下四个方面:

1)结构优化

推进公路结构调整,着力提升公路发展质量。进一步完善高速公路网,稳步推进普通国省干线公路建设,加快推进农村公路提档升级,形成与其他运输方式充分衔接的现代公路交通体系。全面提升道路技术结构和路面等级,提升公路网覆盖范围与通达程度。

2)制度完善

落实公路规划和建设项目环境影响评价制度、固定资产投资项目节能评估制度,推广生态环境补偿保障金制度。完善公路资源节约、环境保护统计指标体系,健全统计与分析制度,强化各项指标的统计调查、分析、预测和发布工作。建立科学的公路节能减排、环境保护考核制度,落实目标责任制,把资源节约、环境保护等要求纳入各部门和单位的绩效考核体系。

3)标准建立

研究制定公路工程节能评估报告编制导则、公路工程节能验收技术导则、公路施工机械能耗限值标准、公路工程环境监理规范等标准规范。

4)技术创新

积极研发绿色公路建设新技术、新材料、新工艺和新设备。推广路面材料再生循环利用、温拌沥青、橡胶粉改性沥青等技术,积极推进粉煤灰、矿渣、煤矸石等工业废料在公路建设中的应用;推行公路、桥梁、隧道、站房等绿色照明工程,组织开展隧道通风照明控制技术、隧道智能联动控制技术和联网控制系统等的示范和推广,积极开发利用太阳能、风能、地、热能等清洁和可再生能源。

绿色公路关键技术可分为设计环节关键技术、施工环节关键技术及路面养护技术。

(1)设计环节关键技术

①自然能源利用技术

在公路建设施工中,对施工地形和气候进行勘察是一项至关重要的环节,这也是实现资源合理利用的基础,在绿色关键技术的应用下有望实现绿色发展目标。例如:在山区隧道工程规划中,可将自然能源利用技术应用其中,在具体实施中利用风能,参照风向来规划隧道工程,通过该技术可确保空气的流畅性,从而达到节省电能的目标。另外,在路灯设计中太阳能开发利用技术可发挥出一定效果,使公路成本充分降低。

②水环境敏感区设计技术

水环境敏感带的建设对公路施工质量起到直接影响,水环境面貌与施工环节间存在紧密联系,据此对沿线水质进行考察是一项必要的措施。相关人员在水环境敏感地带考察中,应对公路干线进行调整,以此达到环境保护的目标。如若水环境敏感区无法规避,还应对绿色公路施工技术体系进行健全,对施工方案进行科学编制,对施工垃圾及时清理,为水环境提供保障。

③“碳补偿”绿化带设计技术

“碳补偿”绿化带是指在公路两侧种植具备固碳性能的植被,可对车辆排放尾气进行吸收整合,降低碳吸收量与碳排出量间的差异性,确保其处于均衡状态之下。随着人们生活质量水平的提高,城市车辆数量逐渐增加,加剧了公路的压力,在这种情况下“碳补偿”绿化带设计技术的应用可控制碳排放量,实现绿化公路施工目标。为确保“碳补偿”绿化带设计技术更好地应用,设计人员还应提前对施工现场地理条件、周边气候特点严格考察,并根据相关指标对碳排放量进行控制,对植物稳碳能力提前预测,提高公路区域绿化带植物种植模式的明确化。

(2)施工环节关键技术

①生态环境恢复和保护效果评价技术

生态环境恢复和保护效果评价技术作为一项关键的施工技术,将其运用到公路建设施工中,可对生态环境起到保护作用,对产出低碳节能效应给予重要保障。实际上关于生态环境恢复和保护效果评价技术的理解,可将其视为评价规划,建立在对公路周边生态环境的理解基础上,根据生态景观整合状况开展工程施工,同时还可对生态环境的维护、资源的应用严格监理。

综上所述,在绿色公路建设中运用生态环境恢复和保护效果评价技术,可加强施工人员对自然资源利用与生态环境维护间的关系的认知和理解。

②沥青循环利用关键技术

由于公路路面改建过程中极易产生废旧沥青材料,通常情况下会被当作无用物被丢弃,基于这种情况下沥青循环利用关键技术可发挥出作用,实现废旧沥青材料的二次加工,满足公路施工标准。

调查研究发现,沥青循环利用关键技术包括厂拌热再生技术、就地热再生技术、地冷再生技术。厂拌热再生技术是指对废旧沥青材料进行破碎处理后,将其与集料、填料、沥青黏合剂按比例配置后生产出新的沥青材料。目前沥青循环利用关键技术的应用前景好,可在各级公路沥青施工中得到利用。

③工程机械设备节油技术

除此以外,工程机械设备节油技术也可发挥出行之有效的应用效果,在设备节油环节中操作人员作为主要的实施者,在工程施工中应积极构建“以人为本,全面节油”制度,对机械操作人员加强培训管理,将节能减排理念贯彻其中;其次,对设备管理制度有效完善,根据设备运行情况与路面施工状况制定燃油消耗定额,以此作为参照标准。

设备节油作为一个系统的工程,具有一定复杂性,为了实现节能效果,制造者、管理者、使用者应参与其中各自发挥作用。管理人员应对工程施工过程中机械设备的运行状况、燃油状况、耗油情况严格监测,如若耗油量超标应及时更换机械设备,并将先进的机械设备运用其中,提高实施效果,真正达到节能减排。

(3)路面养护技术

①稀浆封层

采用机械设备将乳化沥青、粗细集料、水、矿粉和添加剂等,按照设计配比拌和成稀浆混合料后,摊铺在路面上形成的薄层。

②微表处

在稀浆封层基础上发展起来的预防性养护方法,主要是将一定级配的石屑或砂、改性乳化沥青、集料、水按照一定比例拌制成流动型混合料,再均匀撒布于路面上的封层。

③超黏磨耗层

技术结合了超薄磨耗层和微表处两种技术的优点,通过使用纤维与高黏性改性乳化沥青,提高磨耗层对路面的吸附能力,在增强抗磨耗能力和封水性能的同时,延长道路的使用寿命。

④改性乳化沥青纤维同步碎石封层技术

采用纤维封层设备在路面上同步洒布沥青黏结料和玻璃纤维后,再撒布一层碎石,然后进行碾压使路面成型,从而形成新的磨耗层。在纤维封层施工中,经破碎切割的纤维在上下两层均匀洒布的沥青结合料中呈乱向均匀分布,相互搭接,与沥青结合料形成网络缠绕结构。纤维层类似一层具有高弹性和高强度的防护网垫,能有效提高封层的抗拉、抗剪、抗压及抗冲击强度等综合力学性能。

⑤板底脱空灌浆技术

通过在水泥中添加复配剂制成特定的浆材,填充、固结公路的水稳层、碎石层及浅层软弱土体的一种施工工艺,能有效增大基层及浅层土体的密实度和稳定性,提高路面承载能力,达到有效延长路面使用寿命的目的。

1.1.5 绿色公路展望

科技引领着公路的绿色发展未来,公路交通运输科技创新已经步入了以跟踪为主转向跟踪和并跑、领跑并存的新阶段,正处于从量的积累向质的飞跃、从点的突破向系统能力提升的重要时期。未来绿色公路发展的科技创新方向主要表现在以下几个方面:

1)公路基础设施集约化应用技术

公路建设项目中需要用到大量的机械设备和物资材料,为了推动建设项目的顺利实施,企业必须提高机械设备以及物资的管理水平，采用集约化管理方式是企业顺应社会发展的必然要求。

2）后石油时代公路工程新材料、新技术

世界正在走向“后石油时代”。后石油时代是新能源、可再生能源快速成长和发展时期，也是石油替代产品的培育、成长和发育时期。近些年来，随着我国公路建设进程的不断加快，在公路建设施工中涌现出许多新工艺，这为提高公路性能和质量创造了可能。但我们不应满足于当前的技术，而应当不断探索、分析，寻找出更加完善、科学的施工工艺以应对后石油时代带来的挑战。

3）以“快速、耐久、绿色”为基本特征的新一代公路养护技术

以“安全、耐久、高效、低碳、可持续”为基本特征的“新一代公路基础设施养护技术体系”适合当下公路养护的发展需求，是构架绿色循环低碳交通运输体系的基础。“新一代公路基础设施维护关键技术、重大装备与示范”重大科技专项研究成果对于提高公路养护的整体技术能力、促进公路养护水平的全面提升具有重要意义。

4）面向自动驾驶的公路设计技术和全寿命周期公路设计方法

随着我国经济的飞速发展，高速公路规模不断扩大，智能化、信息化水平不断提高。“十三五”期间，国家将进一步加大智慧高速公路建设步伐。通过建设高速公路状态感知体系，高速公路基础通信体系以及高速公路路管平台体系可以构建一整套完善的基于高速公路领域的车路协同智能交互体系，以实现车用无线通信技术的信息互联，为自动驾驶提供更大范围的感知能力、风险预判以及路径规划。中国高速公路作为相对封闭的独立收费运营系统，面对货车等固定线路的远距离运输物流车辆，预计将成为最先实现的自动驾驶应用场景。设计产品不仅是设计产品的功能和结构，而且要设计产品的规划、设计、生产、经销、运行、使用、维修保养，直到回收再用处置的全寿命周期过程。全寿命周期设计意味着，在设计阶段就是考虑到产品寿命历程的所有环节，以求产品全寿命周期所有相关因素在产品设计分阶段就能得到综合规划和优化。

5）万物互联环境下的公路监测、施工、养护现代化装备

“十三五”现代综合交通运输体系规划的总体目标强调网络覆盖加密拓展及智能技术的广泛应用。围绕着基础设施数字化、网联化、智能化、装备与设施协同发展，以智能化带动交通运输现代化。如今，大数据在各行各业蓬勃发展、方兴未艾。公路的养护和管理也紧跟时代潮流，将大数据作为其智能化养护的主要手段，但需注意的是，在将大数据应用于公路养护的时候，并不是单纯地采集海量的数据，而是要构建起一套完整的、先进的养护管理系统，使其能够抓住非结构性的、离散性的、随机的数据，并从中分析出实际的应用价值，这是当前公路智能化养护的重点和难点。

6）颠覆性公路科技创新

当前，我国经济已由高速增长阶段转向高质量发展阶段。推动公路交通高质量发展，必须紧紧抓住科技革命和产业变革对交通要素颠覆升级的新机遇，坚持以供给侧结构性改革为主线，推动交通运输质量变革、效率变革、动力变革，努力打造“零等待、零死亡、零排放、零

干扰、零违和”的全新公路交通运输服务体系，支撑国家全面建成社会主义现代化强国。

1.2 绿色公路建设相关政策要求

实施绿色公路建设是公路行业落实“创新、协调、绿色、开放、共享”五大发展理念，推进“综合交通、智慧交通、绿色交通、平安交通”“四个交通”发展的生动实践和有力抓手；是公路建设新理念的升级版，实现公路建设可持续科学发展的新跨越。改革开放以来，我国公路建设实现了跨越式发展，取得了巨大成就。2000 年 10 月 11 日，国务院发布《关于进一步推进全国绿色通道建设的通知》，指出绿色通道建设是我国国土绿化的重要组成部分，主要任务是对公路、铁路、河渠、堤坝沿线进行绿化美化。2003 年 8 月 15 日，建设部❶和公安部联合发出《关于开展创建“绿色交通示范城市”活动的通知》指出坚持“以人为本”的原则，通过推广应用交通工程设计新技术、交通运营管理新方法，建设方便、快捷、安全、高效率、低公害、有利于生态和环境保护的多元化城市交通系统，营造与城市社会经济发展相适应的城市交通环境，促进城市的可持续发展。2003 年，我国建设了交通绿色发展的示范公路——川九公路；2006 年，又建设了第一条绿色生态高速公路——云南省思小高速公路。典型示范工程的实施，极大地提升了公路设计理念和设计水平。

2005 年 2 月，交通部❷《“十一五”公路、水路交通重大产业技术开发及重大技术装备研制规划》中，绿色交通被列为 6 个主要技术领域和研发方向之一。交通部于 2006 年制定的《公路水路交通“十一五”发展规划》中明确要求“以低投入、低消耗、低排放、高效率为外在特征，加快建设资源节约型交通行业，实现交通发展对资源的少用、用好及循环使用，实现交通发展与自然生态的和谐统一”。2009 年，公路建设全面推行现代工程管理理念，提出人本化、专业化、标准化、信息化、精细化的“五化”管理要求，在全国范围开展了为期三年的施工标准化活动，促进了公路建设管理水平跨上新台阶。“十二五”以来，以绿色循环低碳公路为代表的节能减排示范项目和科技示范工程的相继实施，使公路设计新理念内容不断丰富，节地节水、节能减排、低碳环保等举措得到有效落实，公路建设管理水平再上新台阶。

2013 年 5 月，交通运输部关于印发《加快推进绿色循环低碳交通运输发展指导意见》（交政法发〔2013〕323 号），提出了大力推进低碳交通运输体系建设，努力建设资源节约型、环境友好型交通运输行业，促进交通运输绿色发展、循环发展、低碳发展的要求。2014 年，交通运输部提出的加快推进“四个交通”发展的战略决策，为交通运输的科学发展指明了方向。绿色公路作为绿色交通的重要组成部分，在生态文明建设得到高度重视，资源节约、环境友好要求进一步提高的新形势下，以全面实施绿色公路建设作为推进绿色交通发展的切入点，

❶ 现为住房和城乡建设部。

❷ 现为交通运输部。

有利于进一步转变公路发展方式，推动公路建设持续健康发展，打造交通行业生态文明建设的亮丽名片。

2015年《中共中央国务院关于加快推进生态文明建设的意见》（中发〔2015〕12号），生态文明建设已经纳入中国特色社会主义建设“五位一体”总体布局。生态文明建设是中国特色社会主义事业的重要内容，关系人民福祉，关乎民族未来，事关“两个一百年”奋斗目标和中华民族伟大复兴中国梦的实现。党中央、国务院高度重视生态文明建设，先后出台了一系列重大决策部署，推动生态文明建设取得了重大进展和积极成效。十八届五中全会进一步提出了“创新、协调、绿色、开放、共享”的发展理念，绿色发展已经成为“十三五”和今后经济社会发展的基本理念。中共中央、国务院关于印发《生态文明体制改革总体方案》的通知（中发〔2015〕25号），提出加快建立系统完整的生态文明制度体系，加快推进生态文明建设，增强生态文明体制改革的系统性、整体性、协同性。

2016年，中共中央办公厅、国务院办公厅印发《生态文明建设目标评价考核办法》的通知（厅字〔2016〕45号）。2016年7月《交通运输部办公厅关于实施绿色公路建设的指导意见》（交办公路〔2016〕93号）正式印发，明确了绿色公路的发展思路、建设目标和主要任务，目标是到2020年绿色公路建设标准和评估体系基本建立，绿色公路建设理念深入人心，建成一批绿色公路示范工程，形成一套可复制、可推广的经验，行业推动和示范效果显著，绿色公路建设取得明显进展。为加快推进绿色公路典型示范工程建设，2018年5月《交通运输部办公厅关于加快推进绿色公路典型示范工程建设的通知》（交办公路函〔2018〕724号）正式印发。2019年，在充分总结全国绿色公路建设经验的基础上，交通运输部出版《绿色公路建设技术指南》，明确技术要求，全面指导绿色公路建设，鼓励各地制定具有当地区域特色的绿色公路评价标准及技术指南。

2019年9月19日，中共中央、国务院印发《交通强国建设纲要》，建设交通强国是以习近平同志为核心的党中央立足国情、着眼全局、面向未来作出的重大战略决策，是建设现代化经济体系的先行领域，是全面建成社会主义现代化强国的重要支撑，是新时代做好交通工作的总抓手。对交通发展规划了蓝图，提出了阶段性发展目标，到2020年，完成决胜全面建成小康社会交通建设任务和“十三五”现代综合交通运输体系发展规划各项任务，为交通强国建设奠定坚实基础。从2021年到21世纪中叶，分两个阶段推进交通强国建设。到2035年，基本建成交通强国。现代化综合交通体系基本形成，人民满意度明显提高，支撑国家现代化建设能力显著增强；拥有发达的快速网、完善的干线网、广泛的基础网，城乡区域交通协调发展达到新高度；基本形成“全国123出行交通圈”（都市区1小时通勤、城市群2小时通达、全国主要城市3小时覆盖）和“全球123快货物流圈”（国内1天送达、周边国家2天送达、全球主要城市3天送达），旅客联程运输便捷顺畅，货物多式联运高效经济；智能、平安、绿色、共享交通发展水平明显提高，城市交通拥堵基本缓解，无障碍出行服务体系基本完善；交通科技创新体系基本建成，交通关键装备先进安全，人才队伍精良，市场环境优良；基本实现交通治理体系和治理能力现代化；交通国际竞争力和影响力显著提升。到21世纪中叶，全面建成人民满意、保障有力、世界前列的交通强国。基础设施规模质量、技术装备、科技创新能力、智能化与绿色化水平位居世界前列，交通安全水平、治理能力、文明程度、国际竞争力及影响力达到国际先进水平，全面服务和保障社会主义现代化强国建设，人民享有美好交通服务。

1.3 杭州都市圈概念及范围

1.3.1 都市圈的概念及范围界定

1）都市圈概念

“都市圈”的概念最早出现在日本。1951年，日本学者木内信藏提出了三个地带学说，即以某一城市为中心，从内向外分别是中央带、郊外带和大都市圈，其思想进而被发展成为都市圈的概念。我国关于都市圈的研究开始于20世纪80年代，张京祥等(2001)指出都市圈是一个圈层式结构，它是由核心城市以及与其有一体化倾向的邻近城镇共同组成。徐琴(2002)认为都市圈是由一个或几个核心城市与若干个周边城市共同组成的城市复合体，从空间角度来看它们保持着一种联系密切、功能互补、相互依存的关系。张伟(2003)认为都市圈是一个具有一体化协调发展倾向的区域，它是由一个或多个中心城市以及与其有紧密经济联系的城镇共同组成的。其中，中心城市通过辐射扩散作用带动周边地区的发展，并通过城市之间的相互协作与配合达到一种有效管理的状态。郭熙保、黄国庆(2006)认为城市化发展到某种阶段后会自然而然地产生都市圈这种空间组织形式，它是以大型城市为中心、若干大中小城市为次中心，再加上周边腹地共同组成一个具有一体化特征的圈层式区域。曾群华(2012)也是从中心城市以及地域相邻且存在密切联系的周边地区来定义都市圈，认为都市圈是由两者共同组成的一种具有经济社会高度一体化水平的经济体。刘枭、黄桂英(2014)在总结普遍观点的基础上着重考察了人口规模问题，认为都市圈是由具有一定人口规模的中心城市和次中心城市组成，中心城市在经济、信息、交通等方面具有的优势可以吸引资源要素集聚，并通过辐射扩散效应带动周边城市发展，进而使得圈内各城市相互发生并保持紧密的社会经济联系。

在借鉴前人研究的基础上，我们将都市圈定义为：是由一个或多个中心城市和与其有紧密社会、经济联系的邻接城镇依托交通网络组成的一个相互制约、相互依存，具有一体化倾向的协调发展区域；是以中心城市为核心、以发达的联系通道为依托，吸引辐射周边城市与区域，并促进城市之间的相互联系与协作，带动周边地区经济社会发展的、可以实施有效管理的区域。

2）都市圈范围界定

国内外学者在对都市圈的范围进行界定时，大多数是从人口规模、通勤率以及中心城市和外围城市的城市化水平等几个角度去界定。富田和晓(1975)认为都市圈的中心城市人口应大于30万，并且中心城市与外围城市要达到10%以上的通勤率水平。山田浩之(1983)把中心城市的人口规模缩小为5万人以上，外围城市的城市化水平在75%以上，通勤率大于

10%。Mill. ES(1992)定义的都市统计区是由总人口在10万人以上的中心城市和外围区构成,并且构成都市统计区的中心城市要有5万人以上的人口规模。周一星、史玉龙(1995)认为只要城市实体地区内的非农业人口达到20万人以上的都可以设都市区,外围县级地区非农产业的生产总值需在75%以上且全县劳动力总量中从事非农经济活动的占比75%以上;如果中心城市为小郊区城市,需要中心城市的非农化GDP在75%以上和非农经济活动占比60%以上才能设都市区。李璐、季建华(2007)认为都市圈核心城市需要同时符合中心城市市区的非农人口达到50万以上的规模以及整个圈域的非农人口比重高于70%这两个硬性条件,并以经济距离而非直线距离为基础,运用引力模型和场强模型测算都市圈具体的空间范围。顾朝林等(2007)认为都市圈的中心城市是人口规模在100万以上的特大城市或省会城市,周边小城市达到50万以上人口规模,且周边若干小城市与中心城市的距离在100km左右半径的范围。

一般而言,都市圈的地域范围大于都市区,以一个大城市或特大城市为中心的单中心都市圈,其内圈是都市区的范围,其外圈可将一些不邻接中心市、城市化水平还不高,但受中心市经济辐射影响较大的所有市县均划入都市圈内,相当于城市经济区的范围。

3)都市圈发展现状及意义

改革开放以来,中国城市化水平不断提升,经济发达地区如长三角、珠三角、京津塘的城市之间经济、社会、文化一体化进程加速推进,已初具都市圈的雏形。近年来,为了加强区域经济的联合和协作、实现资源有机整合、提升经济发展质量、增强整体竞争力,许多城市开始积极创建以特大城市和大城市为核心、以周边中小城市为成员的都市圈。都市圈这种区域经济的组织模式逐渐由理论转变为现实,并且有演变为区域经济合作的主体模式的倾向。据不完全统计,中国已经基本形成首都圈、上海圈、广州圈、杭州圈、长春圈、南京圈、重庆圈、大连圈、成都圈、哈尔滨圈、青岛圈、济南圈、沈阳圈、石家庄圈、太原圈、汕头圈、武汉圈、西安圈这18个都市圈。这些都市圈在中国经济社会发展中的核心地位与支撑作用日益突出,已经成为中国重要的经济区域。浙江省十分重视都市圈建设,《浙江省国民经济和社会发展第十一个五年一年(2006—2010)规划纲要》指出“把城市群作为推进城市化的主体形态,培育杭、甬、温三大都市经济圈,推进浙中城市群的资源整合和经济融合”,这四大都市经济圈已成为带动浙江经济发展的重要引擎;同时还提出杭州市要加快沿江、跨江发展进程,强化长江三角洲重要中心城市和全省政治、经济、文化中心的功能,构筑杭州都市经济圈,使之成为全省高新技术研究开发与产业化的核心区、现代服务业发展的集聚区。这标志着构建杭州都市圈已成为全省的重大战略任务。

1.3.2 杭州都市圈总体布局

1)杭州都市圈概念

根据2012年《杭州都市经济圈发展规划》,杭州都市圈是以杭州市区为极核,湖州、嘉兴和绍兴三市市区为副中心,杭州市域五县(市)及与杭州相邻的德清、安吉、海宁、桐乡、绍兴、诸暨六县(市)为紧密层,长兴、嘉善、平湖、海盐、上虞、嵊州、新昌等市县为联动层构成,区域规划总面积34585km^2,占浙江省面积的33.97%。2011年末杭州都市圈总人口达到了

2110.2 万人，生产总值达到了 14497.18 亿元，占全省生产总值的 45.3%，人均生产总值达到了 68839 元；城镇居民人均可支配收入为 31156 元，农村居民人均纯收入为 15799 元。

杭州都市圈建设自 2007 年 5 月启动以来，随着区域基础设施网络的日趋完善，杭州、湖州、嘉兴、绍兴四市之间资源共享、优势互补进一步增强，将加速形成以区域网络化功能为基础的都市经济圈发展格局。顺应这一趋势，按照功能协调互动、产业相对集聚、操作适度弹性、生态环境和谐的布局原则，突出都市经济圈总体定位和整体特色，强化各市优势功能和个性特征，以沿路、沿湾、沿湖区域为重点，形成“一主三副两层七带”的网络化总体布局框架，促进产业、城市、生态融合发展。

突出一大极核。凸显杭州市区在都市经济圈的极核地位，发挥杭州市域网络化大都市的主体作用，强化“一城七中心”功能，整合周边地区优势资源，增强集聚辐射能力，带动都市经济圈综合实力、创新能力、可持续发展能力和国际竞争力的整体提升。

培育三副中心。以湖州、嘉兴、绍兴三市市区为都市经济圈副中心，突出特色培育，坚持错位发展、良性竞合、借梯登高，提升生产和服务功能，传递主核城市辐射、带动都市经济圈整体发展。联动两层发展。以德清、安吉、海宁、桐乡、绍兴、诸暨等邻杭六县市为紧密层；以湖州、嘉兴、绍兴三市除市区、邻杭六县市之外的下辖县市为联动层，形成产业空间整合、城镇发展集聚、生态空间开敞、适应可持续发展要求的都市经济圈空间结构体系，实现联动发展。

优化提升嘉杭绍发展带。包括沪杭甬高速公路沿线。按照集约、创新、优化的原则，率先转变发展方式，着力提升发展质量；依靠自主创新能力的提高与国际先进要素的吸纳，着力发展电子信息、现代医药、装备制造等高技术产业及高附加值、低污染的纺织服装、精细化工等优势产业，逐步淘汰环境污染重、资源消耗大的落后产业；着力强化城市功能创新，加快金融保险、文化创意、教育培训、科技研发、现代物流、信息咨询、医疗保健等现代服务业发展；保护绿色开敞空间，营造优美人居环境，建设生态宜居城市，服务全省乃至长三角地区发展。

重点建设滨海发展带。包括环杭州湾的滨海地带。依托区域产业基础，发挥港口条件、滩涂资源及开发区(园区)优势，积极发展临港产业、装备制造和高新技术产业，建设若干现代化工业新城，注重区域环境综合治理，建成专业化分工明确、布局合理、功能协调的现代制造业密集带和城镇集聚带，带动长三角南翼地区的全面发展。

积极构筑杭湖发展带。包括杭宁高速公路、申嘉湖杭高速公路、杭长高速公路及杭宁城际铁路沿线。充分考虑区域资源环境容量及生态服务功能，确立生态与经济相协调的开发方向和模式，重点发展机械电子、金属材料、环保节能、生物医药、丝绸服装、旅游休闲、文化创意、现代物流、生态农业及其资源加工，积极培育新兴城市，形成生态产业集聚、城镇有序发展的新型发展带，拓展都市经济圈对苏皖地区的辐射带动作用。

着力打造杭诸发展带。包括杭金衢高速公路沿线。依托区域块状经济基础，重点建设环保设备、服装服饰、新型包装、建筑材料、金属制品基地，积极培育生态型经济发展区，拓展都市经济圈对浙西南地区的辐射带动作用。

加快开发杭千发展带。包括杭千高速公路沿线。以“旅游西进”为先导，依托“两江一湖”旅游资源,联结西湖、黄山等重点旅游景区,开发以自然生态、人文景观、休闲度假为特色的旅游产品,成为“名城名湖名山”国际黄金旅游线的重要组成。以“交通西进”为契机,依托块状经济基础,承接中心城市产业梯度转移,发展电子通信、生物化工、新型建材、交通设备、运动器材、针织服装等特色产业,壮大“高速公路经济”。充分发挥生态和山水资源优势,积极发展有机鱼、蜂产品以及茶叶、笋竹、高山蔬菜、干鲜果等绿色农产品加工和食品饮料工业,加快形成生态型绿色产业优势,禁止环境污染重、资源消耗大的落后产业发展,拓展都市经济圈对浙西地区的辖射带动作用。

推进形成杭徽发展带。包括杭徽高速公路沿线。承接主核城市产业转移,加快发展先进装备制造业和以生物医药、电子信息为主的高新技术产业,形成装备制造业和生物产业集聚区。以天目山、青山湖、西溪湿地、南湖度假区、太湖源等旅游资源为依托,积极发展森林旅游、生态度假、康体保健等休闲产业与高端居住;大力发展笋竹、干鲜果、高山蔬菜等绿色农产品加工,拓展都市经济圈对安徽的辐射带动作用。

引导培育沿太湖生态发展带。包括浙江省沿太湖地带。坚持生态优先原则,以保护太湖及其沿岸重要生态服务功能为前提,积极发展旅游观光、休闲度假、会展与研发等服务业、新兴高技术产业和特色生态农业。突出开发理念创新和空间布局优化,成为全国重要的旅游休闲基地和区域性会展与研发基地。

2009 年,国内六大都市圈综合竞争力比较研究成果在南京发布,杭州都市圈以综合评分 88.6 分,成为国家六大都市圈之一;2012 年,杭州都市圈蓝皮书发布,对未来发展进行更细致的谋划;2014 年,国家发展和改革委员会批复,杭州都市圈成为全国首个以都市圈经济转型升级的综合改革试点;2016 年,国家公布《长三角世界级城市群发展规划》,杭州都市圈与南京都市圈、合肥都市圈、苏锡常都市圈和宁波都市圈构成“一核五圈四带”的“五圈”,这也意味着杭州都市圈正式成为国家战略。

2)杭州都市圈范围扩大

2018 年,根据新一轮规划,杭州都市圈由第一轮规划的杭州、湖州、嘉兴、绍兴四城市,再增加衢州、黄山两市,辐射范围进一步扩大。从综合实力看,区域总面积由首轮规划的 34918km^2 扩大至 53441km^2,截至 2018 年末拥有常住人口 2621 万人。实现财政总收入 5976 亿元,增长 15.3%,其中一般公共预算收入 3338 亿元,增长 14.3%。区域内拥有一批规模大、实力强、行业优势明显的骨干企业,其中世界 500 强企业 3 家,中国民营企业 500 强 54 家。从经济发展看,2018 年实现生产总值 28666 亿元,同比增长 7.1%。其中,第一产业实现增加值 882 亿元,增长 2.0%;第二产业实现增加值 11980 亿元,增长 7.1%;第三产业实现增加值 15803 亿元,增长 7.5%,高于区域生产总值,增幅 0.4 个百分点。第一、二、三次产业增加值比例为 3.1∶41.8∶55.1,服务业为主、三次产业协同发展的格局基本形成。从社会发展看,2018 年末,杭州都市圈常住人口城镇化率 68.6%,杭州、湖州、嘉兴、绍兴、衢州、黄山的常住人口城镇化率分别为 77.4%、63.5%、66.0%、66.6%、58.0%和 51.5%。

1.3.3 都市圈公路建设重点项目

2017 年末,杭州都市圈内拥有等级公路 41329km,其中高速公路 1785km,与 2007 年相比分别增长了32%和45%,高等级公路设施密度增长了59%。杭湖嘉绍四市实现了高铁高速互通,高铁半小时、高速一小时交通圈已基本形成。四市协同推进交通项目260多个,跨区域交通项目相继建成,杭州至海宁、临安、富阳、绍兴的城际铁路也相继建设,城乡公交改造由点到面有序推进。

为适应都市圈经济发展要求,以科学发展观为指导,认真贯彻落实党的十八届五中全会和省委十三届八次全会精神,认真贯彻执行市委、市政府重要决策和省、市交通主管部门的部署要求,紧紧把握打造国际性区域综合交通枢纽、城市国际化、区域一体化、城乡一体化,完善现代综合交通运输体系、构建杭州都市圈一小时交通圈和深化交通运输综合改革的总体要求,坚持服务于全市交通建设事业发展的大局,坚持质监转型发展、改革创新发展、安全和谐发展、协调互促发展、以人为本发展的基本原则,全面履行好交通建设工程质量、安全监督和造价管理职责,为杭州建设国际化大都市、现代综合交通发展保驾护航。

"十三五"期间,杭州综合交通发展安排重大项目300余个,总投资约5700亿元("十三五"期内完成投资3500亿元)。部、省交通主管部门提出"十三五"期间要推行现代工程管理,大力开展交通建设工程质量提升行动,着力打造重点杭州绕城西复线湖州段、杭绍、临建、建金四条高速公路等"品质工程"。

1)杭州绕城西复线湖州段

(1)项目概况

长春至深圳国家高速公路浙江省湖州段扩容工程及G25德清至G60桐乡高速公路联络线湖州段工程组成杭州绕城高速公路西复线工程湖州段,也是浙江省高速公路网"两纵两横十八连三绕三通道"中"一纵"的重要组成部分。工程起于德清东部禹越镇天皇殿附近,设新市枢纽沟通练杭高速公路,并与规划苏台高速联络线段顺接,路线向西分别经过禹越镇、新市镇、钟管镇、乾元镇、阜溪街道、莫干山镇、武康街道及舞阳街道,终于德清与余杭交界姜家山附近的唐家畈村,顺接杭州绕城高速公路西复线工程杭绍段。

工程主线采用《公路工程技术标准》(JTG B01—2014)中双向六车道高速公路标准,设计速度100km/h,路基标准宽度33.5m;互通连接线采用二级公路标准,设计速度60km/h,路基宽度12m。路线全长50.814km,概算总投资123.09亿元(其中扩容段长26.147km,批复概算62.28亿元,主线共设置桥梁约6.981km/34座,隧道约2.143km/2座,桥隧结构物长度占路线总里程的34.9%;联络线段长24.667km,批复概算60.81亿元,主线共设置桥梁11.456km/26座,桥梁结构物长度占路线总里程的46.4%)。全线设枢纽2处(武康、新市),互通7处(新市西、钟管、乾元、莫干山高新区、阜溪、莫干山、舞阳),服务区1处(莫干山),管理中心、隧道管理站、养护工区各1处。

(2)项目特点

①大力推进设备技术创新。从调、铺、实、平、强五方面入手,创新改进桥面系施工设备升级为"双核4+1",有效控制外观尺寸及钢筋安装精度、桥面平整度,整体养护效果好;以图例形式明确桥面铺装、临时伸缩缝、T梁墩顶现浇段等施工控制要点,通过直观易懂的方式促使施工单位高度重视桥面系施工中容易疏忽的质量问题;局部软基路段尝试采用水袋堆载预压替换堆土预压,在提高施工效率的同时,降低了施工对环境的影响。

②明确标准提升工程质量。混凝土结构外观质量实行 ABC 分级评价,混凝土结构物质量得到有效管控;高边坡框格梁采用拉线法施工控制外观线形,边坡防护的稳定性明显提升。开展框格梁施工现场观摩、桥面系施工研讨会、桥面铺装质量比武、正反面现场会等活动,明确各分项工程施工标准,全面提升工程质量。

③构建长效质量管理体系。建立工序报检报验监督机制,推行现场管理责任牌和沉降观测责任追溯牌,落实施工自检和工序报验职责,让隐形管理变有形管理,有力推进报验工作无盲区、管理无盲区,全面加强参建人员的质量和责任意识。LTJ02 标建立省内首家工地“质量体验馆”,定期或不定期组织班组工人进行质量体验教育,通过直观对比、案例警示、培训考核,强化工人标准化施工及工程质量意识。

④重点关注路面质量管控。执行省交通运输厅沥青路面施工指南、杭州板块路面施工标准化手册等文件,编制《路面工程施工标准化汇编》,严格路床质量控制;组织召开路面施工标准化培训会,全面系统分析水稳、沥青路面施工及质量控制要点,为路面施工做足技术准备。强化路面设备投入,水稳拌和站在配备双拌缸的基础上加设振动搅拌,有效降低强度离散率,减少水泥用量,从而避免水稳基层产生裂缝;确保计量精度和设备完好率,进一步提升沥青混合料拌和质量,有利于沥青路面施工快速推进。

⑤全力做好扬尘污染防治。本着以人民为中心的发展理念,充分践行“两山理论”,严格落实扬尘治理七个百分百,通过加配洒水车、加装喷淋设备、安装防尘顶棚、设置绿色围挡、硬化施工便道、设立扬尘日报制等事前控制、过程检查举措,深入开展扬尘治理。在全体参建单位的共同努力下,扬尘治理成效得到地方政府的肯定。

(3)地位和作用

长春至深圳国家高速公路纵贯我国南北方向,是连接东北地区、华北地区、长三角以及珠三角地区的国家公路运输大通道。杭州绕城西复线湖州段是长深国家高速公路的重要路段,也是浙江省高速公路网规划的组成部分,在国家和区域路网中居重要地位。

长深国家高速公路湖州段经湖州城西、德清县城以东连接杭州西部,与多条国家高速公路和国省干线公路相交,现状为四车道高速公路,2014 年由国家发展和改革委员会批复,目前正在实施六车道高速公路扩容工程。虽然一定时间内能适应交通出行需求,但经多次研究论证,从长远角度出发,仍需将激增的交通量在湖州段进行分流,以减轻杭州绕城高速公路西段的交通压力,并与长深国家高速公路杭州段的扩容方案形成有效对接。

杭州绕城西复线湖州段扩容工程的实施对于贯彻落实国家长江经济带战略,加强长三角地区及杭州都市经济圈的交通联系,提高国家公路运输大通道的通行能力和服务水平,改善区域交通条件,促进沿线经济社会协调发展等均具有重要意义。

2)杭州绕城西复线杭绍段

(1)项目概况

杭州绕城西复线林绍段起点位于德清与余杭交界的姜家山附近,与 G25 扩容湖州段终点相衔接,起点桩号为 K51 +601.379。终点为 G25 富阳中埠枢纽,桩号为 K114 +114.357;G25 富阳至 G60 诸暨高速公路联络线起点为 G25 富阳中埠枢纽,终点为 G60 直埠枢纽南侧,与 G60 杭金衢高速公路相接,终点桩号为 K149 +460.858 本项目总里程 98.04km,包括 G25 国高网扩容杭州段62.68km和G25富阳至G60诸暨联络线35.36km。

扩容段工程设置特大桥9223.63m/4座，大桥6733.74m/22座，中小桥1215.19m/22座，桥梁合计长度17172.56m/48座（左右线平均长度，含互通主线桥）；隧道16234m/14座，其中特长隧道3470m/1座，棚洞90m/1座；互通10处（含杭新景高速公路还建环山互通），收费站7处；服务区1处；管理中心1处，养护工区2处，隧道管理站1处，隧道救援站2处，交通辅助管理用房1处。

联络线工程设置特大桥1041.64m/1座，大桥4440.18m/15.5座，中小桥580.48m/7座，桥梁合计长度6062.3m/23.5座（左右线平均长度，含互通主线桥）；隧道14298.5m/13座，其中特长隧道3540m/1座，棚洞150m/1座；互通4处，收费站3处；服务区1处；养护工区1处，隧道救援站2处。

工程总造价合计256.83亿元，概算建安费合计159.98亿元，其中G25扩容杭州段总造价为165.7776亿元，建安费为102.5亿元；联络线总造价为91.76亿元，建安费为56.56亿元。

（2）项目特点

①解决区域交通径向运能充分、环向运能单一的问题

杭州目前规划建设一绕十射高速公路主骨架，加上国道、省道，共有17个高等级向外辐射的公路通道，径向运能相对充分。但环线道路的容量有限，难以满足日益增加的交通需求。杭州绕城高速公路西复线（杭州至绍兴段）的建立能够有效解决区域交通径向运行的问题。

②是杭州绕城三墩至转塘段的主要公路力量

目前杭州绕城三墩至转塘段日平均交通量已超过9.3万pcu/d。拥挤度已达到1.79，服务水平下降至最低的六级，处于超负荷运营状态。随着G25杭宁高速公路和G60杭金衢高速公路扩容的开展，杭州绕城的通行压力将更为严峻。建立杭州绕城高速公路西复线（杭州至绍兴段），能成为此段线路的主要功能公路。

③缓解东西路网差异较大，西部路网与西部经济发展不相适应的问题

以G2501杭州绕城为界，东部有S9钱江通道、G15W嘉绍通道和G15宁波通道等高速公路。但是西部除了杭州绕城沟通G25杭宁高速公路、S14杭长高速公路、G56杭徽高速公路、G25杭新景高速公路及G60杭金衢高速公路外，仅在65km外规划有临金高速公路，目前没有其他同向通道可供分流。西部南北向的高等级公路通道单一，造成G25杭州绕城段交通压力过大，建立杭州绕城高速公路西复线（杭州至绍兴段），适应杭州西部区块经济发展的需求。

（3）地位和作用

杭州绕城高速公路西复线（杭州至绍兴段）的建设是推进浙江省“四大建设”、现代交通“五大建设”实施省、区、市建设规划的需要。项目的建设将明显改善杭州地区的路网结构和交通条件，有效缓解杭州绕城高速公路的交通压力；有利于杭州主城、富阳、临安、萧山、余杭、德清、诸暨等城市间的快速联系，改善项目沿线区域的招商引资环境，促进杭州都市经济圈城市空间布局的形成和区域经济的迅速发展，进一步促进全面接轨上海和构建杭州湾产

业带。

由于杭州西部地区交通主要流向为南向和东南向,该项目有利于构建便捷的南北向交通通道,缩短杭州西部与浙江省中部地区通行距离,加强国家高速公路的联系,完善区域高速公路网络。为完善国家和浙江省高速公路网,加强长三角以及杭州都市经济圈的交通联系,缓解杭州绕城西线交通拥堵,促进沿线经济社会发展。

长深国家高速公路杭州过境路段在杭州市西侧通过,与多条国家和地方高速公路相交,并与 G2511 杭州绕城高速公路共线,是杭州西部南北向唯一快速公路通道。

3) 建金高速公路

(1)项目概况

浙江省建德至金华段公路为国高网高速公路(简称建金高速公路),起自建德市杨村桥镇,接已建的杭州至建德高速公路,经大洋、马涧,止于金华市二仙桥东,接已建的金华至丽水高速公路和杭州至金华高速公路。路线全长 57.907km,全线在杨村桥、梅城、大洋、大丘田、马涧、二仙桥东 6 处设置互通式立交,其中杨村桥、二仙桥东为枢纽互通。

主线全线设置桥梁 15655m/42 座(含互通主线桥及分离式立交桥),其中,特大桥 5142m/3 座,大桥 9005m/28 座,中桥 885m/10 座,分离式立交 623m/1 座。主线全线设置隧道 17060m/9 座,其中,特长隧道 7332m/1 座,长隧道 7240m/3 座,中隧道 1928m/3 座,短隧道 560m/2 座。

全线设置通信监控分中心 1 处、服务区 1 处、停车区 1 处、养护工区 1 处、隧道管理站 1 处、隧道救援站 2 处、匝道收费站 4 处。

同步建设四条互通连接线共长 9.489km,其中梅城互通连接线 2.456km,大洋互通连接线 0.485km,大丘田互通连接线 3.900km,马涧互通连接线 2.648km。项目初步设计概算总投资为 93.76 亿元,其中建安费为 65.72 亿元。

(2)项目特点

①一条生态文明示范路,打造"三大风景带"

这是一条生态文明示范路。为深入贯彻绿色发展理念,进一步推进公路转型升级,在全省上下大力推动"两美"浙江、四大通道建设的大背景下,以创建"生态文明示范路"为目标,大胆探索、砥砺前行,力争将项目打造成可供复制推广的典型示范工程。

从建德到金华,58.09km 的建金高速公路就像一条绿色的丝带,把新安江、梅城古镇、双龙国家风景名胜区等沿线上百处生态条件敏感的风景名胜串联在一起。建金高速公路的建设,是浙江交通贯彻交通运输部推进交通运输生态文明建设实施方案、交旅结合的一次生动实践。

建金高速公路沿线打造三大风景带,让大家有"车在路上行,人在景中游"的行车效果。新安江风景带:按照"山青、水清、史悠、境幽"的特色,沿线植被以农作物、针叶林为主,突出新安江风景主题;兰溪风貌带:植被以阔叶林、农作物、灌丛为主,突出兰溪自然和人文风貌主题;双龙风光带:植被以阔叶林、针叶林为主,以双龙风景区优美的山水风光和溶洞奇观为特色。

②坚持绿色施工,畅享绿色发展

绿色施工贯穿整个项目,建金高速公路在具体施工过程中,还将采用喷混植生、三维植被网防护等技术，对边坡迅速复绿。对服务区废弃物分类收集，对粪便、餐厨垃圾进行厌氧发酵堆肥处理，产出的有机肥用于周边植被养护；全线隧道安装 LED 节能灯，减小驾驶员进出隧道时的“黑洞效应”和“白洞效应”。

全线 5 个施工标段均设置了大型混凝土集中搅拌站、钢筋集中加工厂、小构预制场、大型梁板预制场。同时对临建设施和施工场地，均采用大型化、智能化施工设备，污水、粉尘处理均达到了国家环保标准。施工成品从工前标准、过程管理、到工后把关进行严格的质量监管。混凝土温度、配合比及搅拌时间等实现实时监控，用高效的管理手段为建金高速公路绿色发展注入灵魂。

③“监理 + 信息化”系统，9 大模块实现 90% 监理业务“上网”

基于“监理 + 信息化系统”，建金高速公路项目还结合项目信息化建设中的阳光动态管理系统、物联网、视频监控系统、隧道人员定位、门禁系统以及隧道粉尘监测系统等信息化系统，建立起指挥部、监理单位、施工单位三个管理层级的配套信息化制度管理体系。整体在规范、强化施工单位内部管控的基础上，逐级建立起监理单位、指挥部的核查体系，使信息化系统能够真正用起来，发挥出信息化系统应有的作用。

建金高速公路从建、管、养、运一体化管理思路出发，利用可视化信息监控实现了 24h 施工现场实施监控管理。搭建了建筑信息模型（BIM）信息平台，通过 BIM 技术将工程相关的信息全部录入，实现人、料、机、法四个维度信息数据共享、联动管理，节约了管理成本，降低了工程施工费用。此外，充分利用“互联网 + ”技术，将“智监云”、阳光工程动态系统、物联网系统等信息化技术充分运用，上万份监控数据、数千份原材试验、几百个班组、几千名人员信息等庞大数据，汇集而成建金高速的信息数据库，做到了质量责任和施工信息可追溯，为后期运营维护奠定了基础，实现“智慧工地”的目标。智监云系统实现了公路在建工程的“监理旁站、监理巡视、工序验收、监理记录、隐患排查”等 30 余项监理工作的信息化、智能化和网络化，覆盖 90% 以上监理的现场工作内容。

（3）地位和作用

①建金高速公路是贯通长深高速公路，推进国家高速公路路网建设的需要

本项目是国家高速公路“7918”网中长春至深圳高速公路（G25）的重要组成部分，是国家“十三五”期间重点建设的项目。长深高速公路（G25）在浙江境内唯一还未实施的一条公路，是国高网“十三五”期间重点建设的“断头路”。因此，项目的建设将全线贯通长深高速公路（G25）的路网，充分发挥国家高速公路的路网作用。

②建金高速公路是加快长三角高速公路路网建设的需要

建金高速公路项目是《长三角都市圈高速公路网规划方案》“十横、七纵”路网布局中“一纵”宁金（南京至宜城至金华）高速公路的重要组成部分。该项目的实施，可使南京至宜城至金华高速公路安徽段直接与浙江省的杭徽高速公路相接，形成高速网络，充分发挥了路网的整体效益，实现省际公路布局的无缝衔接。同时，临金高速公路与宣广、申苏浙皖等高速公路沟通，构筑南京至杭州及浙南地区的又一条快速通道，加强了长三角对周边地区的经济辐射。因此，临金高速公路的建设增加了一条两省之间的连接通道，对于完善安徽省与浙江省的高速公路路网建设、增加省际路网与出省通道、打通省际的断头路具有十分重要的

意义。

③建金高速公路是完善浙江高速公路路网的需要

建金高速公路项目是浙江省规划公路网主骨架中的“一连”的组成部分，浙西北地区到浙东南沿海地区的重要通道，成为纵贯浙江中西部地区的条南北向大动脉，对完善了浙江省中西部地区的南北向的高速网络、缓解浙江中西部的南北向交通压力有着十分重要的作用。同时，它的建设沟通了杭新景、杭金衢及金丽温等高速公路，使浙江省中西部高速之间的沟通更加便捷，提高了高速公路的通达性。

④建金高速公路是缓解浙江中西部交通压力，改善区域交通条件的需要

浙江中西部高速公路现有杭微、杭新景、杭金衢、金丽温等，尽管杭金衢高速公路开通后缓解了杭州和金华之间原有公路的交通压力，但随着诸永、甬金、杭新景千岛湖支线及金丽温高速公路的通车和经济不断发展，杭金衢高速公路未来交通量将持续上升（目前杭州江垦枢纽至金华互通段正准备拓宽改造），而杭徽高速公路和杭新景高速公路的相继建成，使得建设沟通浙江中西部南北方向的高速通道成了当务之急。

从浙江省现状路网分析，中西部地区缺乏南北向的高速联络通道，区域内的普通国省道也存在等级较低、绕行较远、交通流量较大等情况，急需建设一条高速公路来缓解交通压力。因此，该项目的建设可以有效地发挥路网流量平衡的功能，为浙江省中西部地区提供一条快速的南北向通道，改善区域内的交通条件，从而提升公路服务质量和品质。

⑤建金高速公路是适应经济社会快速发展和加快城镇化进程的需要

交通基础设施建设对经济的发展起到了催化剂的作用，要有更高效、更快捷的高等级公路满足经济建设的需要。目前，杭州市东北部有沪杭、杭浦、申嘉湖杭高速公路，东南部有杭甬高速公路，北部有杭宁、杭长高速公路，西南有杭金衢、杭新景高速公路。金华市有杭金衢、金丽温高速公路。这些高速公路大部分以杭州市区为中心向四周辐射，杭州市西南部地区缺少南北向能承担较大交通量的通道。本项目的建设将为杭州都市经济圈和浙中城市群之间的联系新增一条便捷通道，打通浙中城市群的北通道，使杭州市的桐庐、建德等西南部地区与金华乃至丽水、温州之间的物流、人流更加顺畅，提高区域间通道的通行能力，对进一步促进区域经济、社会交往，加快区域坡镇化进程创造基础条件。

⑥建金高速公路是促进沿线旅游事业发展，扩大“两江一湖一洞”旅游的需要

本项目的实施对杭州实现“旅游西进”发展战略及快速旅游圈的形成展起到积极的促进作用。同时，区域内旅游一体化的形成，使杭州市金华市的旅游资源得以充分挖掘，吸引更多的中外游客到杭州、金华旅游，促进了杭州、金华旅游这一绿色经济产业的快速发展。因此，目的实施扩大“两江一湖一洞”的旅游内涵，使沿线各旅游景点之间的时空距离大大缩短。对促进区域旅游经济的发展，服务杭州市、金华市旅游事业具有十分重要的意义。

4）临建高速公路

（1）项目概况

临金高速公路临安至建德段工程（简称临建高速公路）北起浙皖交界的千秋关隧道，与宁宣杭高速公路安徽段顺接，终于杭新景高速公路安仁枢纽，路线穿越3区县（市）11个乡镇46个行政村，全长约85.5km，其中，临安境内44.7km，桐庐境内36.5km，建德境内4.3km。项

目主线共设置桥梁约23.3km/70座，隧道约33.7km/29.5座，桥隧占比高达65.0%，批复概算约206亿元，合计每公里造价近2.42亿元。项目建设工期42个月，其中，先行段2022年亚运会前具备通车条件，后续段2023年具备通车条件。

工程主线采用双向四车道高速公路建设标准，设计时速100km，全线设横路、於潜北、潜川、乐平、分水、瑶琳、横村7处互通，2处枢纽，其中於潜枢纽与杭徽高速公路相接，安仁枢纽与杭新景高速公路相接。服务区2处，停车区1处，互通匝道收费站8处（不含杭徽高速於潜互通改移），管理中心1处，隧道管理站2处，养护工区2处，超限检查站1处。

（2）项目特点

临建高速公路建设科技示范工程提出"科技引领、生态统筹、绿色修筑、智慧管理"的示范理念，突出以"高速公路绿色建设"为主题，积极开展相关科技创新与成果推广应用，打造以"保护生态，绿色建设"为特色的高速公路科技示范工程。围绕"景区化、装配化、信息化"要求，全面提升勘察设计质量，明确具体实施方案，设计单位按照审查意见进行优化、完善。

①打造景区化高速公路

景区化高速公路应具备"通景""融景""造景"等特点，坚持"多借景、少造景、造精品"，充分发挥设计人员的工匠精神，通过精细设计和动态设计，科学规划线位，合理确定技术标准、建设方案和建设规模，实现公路与环境敏感区域、生态脆弱区域、生态红线"近而不进"，因地制宜地将浙江省优质的绿水、青山、花海、奇石等景观风貌纳入路内为使用者感受和体验；通过分析区域历史人文、民俗文化、风情小镇等特征，分段打造主题景观，充分展示高速公路的工程美学，并营造地域特色鲜明、不可替代复制的高速公路景观。

②打造工业化高速公路

推广装配式桥梁建造技术在山区高速公路上的应用，适应绿色公路和品质工程建设的总体需求，提升项目建设的综合品质。提高高速公路结构的快速施工性和耐久性，有效缩短施工周期，延伸工程的运营寿命，提高信息分析与管理自动化程度，降低成本。

③共享数据，形成建管养一体化

建设过程中，充分利用设计阶段的有效信息对复杂项目节点进行便捷、高效的管控。建设跨阶段的、基于项目数据的数字化应用平台，解决复杂地质条件下的隧道施工、装配式互通区桥梁施工等复杂节点的进度、质量管控问题，达到提高管理效率、降低建设成本的目的。并形成包含设计、施工信息的公路基础设施数据库，为运维阶段的应用提供数据基础。

临建项目全线建模，关注於潜枢纽和安仁枢纽BIM设计的细化，能切实指导施工组织。对处于岩溶区域、地质情况极为复杂的石柱山隧道地质情况进行BIM建模，要实现复杂区域的可视化交底、施工过程的模拟。后续，将结合集团高速公路数字化平台建管养应用内容，建立与临建项目动态管理系统数据接口，实现进度可视化管控、施工数据信息集成等。

④全面推广应用信息化

打造数据互联互通"151"临建动态管理系统。临建动态管理系统在建金项目监理试点上基础上推广应用，系统模块融合监理信息化功能内容，实现项目运行过程公开化，全方位信息沟通渠道，高效便捷的网上审批。功能模块数据互联互通，建设统一集成的"151"平台，即一个项目建设信息化平台、5大采集模块（动态系统基础采集模块、物联数据采集模块、工地视频采集模块、App 数据采集模块、质检资料电子化采集模块)、一个三维可视化展示模块。

⑤创新思维,实施新管理模式

实施新的监理模式,将监理办作为项目指挥部的一个处室,合署办公,项目指挥部将主要精力放在要素保证、审批、协调等统筹性工作上。把监理从“监工”角色转变到建设单位的“项目管理”位置上来,突出强调监理在工程建设管理中的职责和作用,充分发挥监理的作用。

⑥因地制宜,推广永临结合

围绕“共享、共建”理念,确保电力专线和三集中场地与养护基地永临结合的落地,在节省造价的基础上提前解决施工进场后的“三通一平”工作,缩短施工工期。便道便桥的建设可以与地方道路改造相结合,使便道、便桥成为永久性地方道路,并纳入设计范围。加强道路施工的供配电方案与临时供配电方案结合设计,鼓励临时用电设施与永久用电设施有机结合。

(3)地位和作用

项目是《长三角都市圈高速公路网规划方案》“十横、七纵”路网布局中“一纵”——宁金(南京至宣城至金华)高速公路的重要组成部分;是《浙江省综合交通运输发展“十三五”规划》中提出的重点建成项目之一,它连接杭徽、杭新景及杭金衢高速公路。项目建成后,整个临金高速公路贯通,与金丽温高速公路相接,成为浙西北地区到浙东南沿海地区的重要通道,成为纵贯浙江中部地区的一条南北向大动脉,对完善浙江省中部地区的南北向的高速网络、缓解浙江中部的南北向交通压力有着十分重要的作用。项目建设,进一步完善了区域内现代化公路交通运输网络,必将对沿线的经济和旅游事业的发展起到十分重要的作用。

①是贯通省际高速公路路网、推动长江经济带综合立体交通走廊建设、对接长江经济带战略的需要

本项目建成后,使南京至宣城至金华高速公路安徽段直接与我省的高速路网相接,可充分发挥路网的整体网络效益,实现省际公路布局的无缝衔接。同时,本项目与宣广、申苏浙皖等高速公路沟通,构筑南京至杭州及浙中南地区的又一条快速通道,加强了长三角对周边地区的经济辐射。因此,本项目的建设,对于完善安徽省与浙江省的高速公路路网建设,增加省际路网与出省通道,打通省际的断头路,推动长江经济带综合立体交通走廊建设,对接和服务于长江经济带战略等有着重要的作用。

②是全面推进现代交通“五大建设”、构建四大交通走廊的需要

《浙江省综合交通运输发展“十三五”规划》提出,通过推进现代交通“五大建设”,实施万亿综合交通工程,高标准构建服务“都市经济、海洋经济、开放经济、美丽经济”发展的四大交通走廊,引领浙江经济转型发展。都市经济是浙江经济新的增长和转型升级的重要途径。构建都市经济交通走廊就是增强杭州、宁波、温州、金义四大都市区集聚辐射能力,强化四大都市区和其他中心城市的互联互通,引领县域经济向都市区经济跨越。

临金高速公路是宁金高速公路的组成部分,直接衔接杭州辖区内的临安、桐庐、建德三市(县)及金华的兰溪、金华市区,沟通区域内宁金高速公路安徽段、杭徽高速公路、杭新景高

速公路、杭金衢高速公路、金丽温高速公路。它的建设将进一步提升浙江省高速公路路网的网络化，有利于浙江省对接长江经济带和“一带一路”倡议，实现与世界其他国家互联互通、开放共享；促进杭州、金义都市区集聚辐射能力，强化都市区和其他中心城市的互联互通；同时，项目处在浙江中西部地区，沿线青山绿水，旅游资源十分丰富，自然景观和人文景观繁多，也串联了众多城镇，完全可以构建一条美丽经济交通走廊，打造成自然生态、畅通舒适、美丽致富的“江南风情走廊”，打造成自然生态、畅通舒适、美丽致富的“江南风情走廊”，打通绿水青山转变成金山银山的畅途。因此，该项目的建设是全面推进现代交通“五大建设”、构建四大交通走廊的需要。

③是适应经济社会快速发展和快速转型的需要

该项目的建设能使杭州市的临安、桐庐、建德等西南部地区北接安徽，南连金华丽水、温州。使各地之间的物流、人流更加顺畅，提高了区域间通道的通行能力，为进一步促进区域经济、社会交往，加快区域间经济的快速发展和转型创造基础条件。

④是促进沿线旅游事业发展的需要

浙、皖、苏、沪地区的旅游资源十分丰富，自然景观和人文景观繁多，正在形成15+1城市的快速旅游圈。本项目沿线附近的著名风景旅游景区有天目山、瑶琳仙境、富春江、白云源景区、七里泷景区、严东关景区、新安江景区、金华双龙洞等。杭州实现“旅游西进”发展战略，临安区处于区域“快速旅游圈”的重要位置，该项目的实施对快速旅游圈的形成和发展起到积极的促进作用。同时，区域内旅游一体化的形成，使杭州市和金华市的旅游资源得以充分挖掘，吸引更多的中外游客到杭州、金华观光旅游，促进了杭州、金华旅游这一绿色经济产业的快速发展。因此，项目和临金高速公路国高网段的实施将使沿线各旅游景点之间的时空距离大大缩短，对促进区域旅游经济的发展，服务杭州市、金华市旅游事业具有十分重要的意义。

都市圈绿色高速公路建设内涵与技术体系

2.1 都市圈绿色公路的概念

都市圈是城市群内部以超大特大城市或辐射带动功能强的大城市为中心、以一小时通勤圈为基本范围的城镇化空间形态。都市圈是城市区域化、区域城市化相互作用的结果,是城市圈发展的高级形态。绿色公路就是将低碳理念贯穿于城市公路项目建设的各个环节中,从前期的工程规划与设计,到中期的公路建设与施工,再到后期的项目交付和运营,都要遵循节能减排、绿色低碳的原则,都市圈绿色公路就是在完善都市圈公路交通枢纽体系时,做到公路建设质量和生态保护的和谐统一。

2.1.1 内涵剖析

都市圈或大都市地区是由于交通工具的进步、通勤范围的扩大而产生的,目前国内的都市圈的范围已经扩大成由强大的中心城市及其周边邻近城镇和地域共同组成的具有高联系强度、高城镇化水平的一体化城市群区域。交通基础设施是支撑和引导都市圈发展的重要载体,在打造一体化的交通基础设施网络时,不断提高运输效率和服务水平,践行绿色低碳理念,将环保、节能、绿色的概念融合在公路建设工作之中,对于调整优化城镇群空间布局、促进都市圈同城化发展、提升城乡一体化发展水平具有十分重要的现实意义。绿色公路是绿色交通体系的重要组成部分,把低碳思想注入公路环境体系是一种有利于保护环境、节约资源、保护生态平衡的方式与行动。在经济全球化和区域一体化的大背景下,以生态保护为原则,以中心城市为核心的城市群、都市圈绿色公路发展,正成为世界各国推动区域公路发展的主流模式。

杭州都市圈于2007年组建后,逐步完善跨地区协作机制。杭、湖、嘉、绍四市交通部门率先成立了杭州都市圈交通专委会,从区域交通发展战略、交通规划、项目建设、运输服务等十个方面全面合作。杭州都市圈是长三角城市群的重要板块、亚太国际门户长三角地区的有机组成部分、全国科学发展和谐发展先行区和浙江创业创新核心区,促进杭州都市圈一体化发展,要提升杭州城市能级,与其他都市圈联动。发展绿色公路,打造成为山、水、路、景有机融合的生态景观路,坚持走“绿水青山就是金山银山”的发展路子,优化生产、生活、生态空间布局,进一步完善国家和浙江的高速公路网,保护好一湖秀水,发展好绿色产业、美丽经济,不断在秀水富民上取得新成效,真正使公路成为造福杭州人民的富民路、幸福路。

2.1.2 主要特征

都市圈绿色公路不同于一般公路交通,更强调整体考虑区域经济、环境、社会综合系统,在生态环保的理念下使得运输服务同城效应愈加显现、居民出行和客货运输更加便捷、交通对经济社会发展的支撑作用更加凸显。

杭州都市高速公路的西复线等四个项目的绿色公路建设中实现统筹资源管理利用,实现集约节约化;加强人员对生态的保护意识,注重人与自然和谐相处;着眼全周期成本考虑,强化建养并重;实现项目建设创新,科学高效;完善项目相关标准规范,起到绿色公路建设的引领示范作用。建设以质量优良为前提,以资源节约、节能高效、生态环保、控制污染、节约成本、创新驱动、提升品质、服务提升为主要特征的绿色公路,实现公路建设绿色健康可持续发展,从而促进杭州都市圈成为长三角世界级城市群的重要圈层。

1)集约节约资源

在都市圈绿色公路建设和使用过程中,需要使用和占用大量资源,包括公路本身占用的路网和廊道资源,新建和扩建公路占用的土地资源,公路施工和管养过程中消耗的建材、水、矿产资源等。因此绿色公路建设必须在都市圈辐射范围内统筹利用资源,实现集约节约,提高资源能源利用效率,减少资源能源消耗总量和废物产生量,推进循环再生利用。

2)优化能源使用

绿色公路从两个角度优化对能源的使用,一个是节约使用能源,另一个是推行绿色能源。节约使用能源可以通过优化设计、改进技术和完善管理等不同方式提高能源利用效率或减少总体耗能需求。推行绿色能源是要促进清洁能源和可再生能源在公路建设和运营阶段的使用,为将来在都市圈内绿色能源的全面使用奠定基础和积累经验。

3)重视生态环保

对生态环境的保护是绿色公路契合生态文明建设和绿色发展理念的基本出发点,也是公路建设理念发展历程中一直强调的重点。新时期绿色公路既要考虑行业和社会经济的发展,也要追求对生态环境的破坏最小化和修复最大化,实现人与自然的和谐平衡。杭州板块秉持"绿水青山就是金山银山"的理念,严格落实生态保护和水土保持措施,将生态环保理念贯穿设计、建设全过程。

4)控制污染排放

公路建设过程中产生的污染排放不仅破坏都市圈的自然环境,也危害周边密集居民的身心健康,严重的可能会引发和加剧社会冲突与矛盾。因此绿色公路必须对污染排放进行严格控制,满足国家和地方的相关排放要求,在部分敏感区域和路段要争取达到"零排放",尽可能地减小公路发展对沿线环境和社会带来的负面影响,实现经济、社会与环境三方面的和谐。

5)着眼周期成本

绿色公路要从全寿命周期的角度来考虑其建设和维护成本,统筹公路规划、设计、施工、运营、管理、服务全过程和资源、能源、生态、环境等各方面,将公路运营、维护、使用需求纳入工程设计与建设综合考虑。杭州板块的绿色公路建设,追求精益求精,统筹在公路规划设计、施工运营、管理服务甚至废弃的全过程当中,其资源、能源、生态环境等方面的重要指标和消耗利用效率,并纳入设计和建设综合考虑;将公路运营和维护纳入工程设计与建设一并考虑,突出全寿命周期,强调系统性,强化结构设计与养护设施的统一;通过新技术、新工艺、新材料和新机制的应用来延长公路使用寿命,同时降低公路运营养护成本,提高公路养护便利化水平,提高工程耐久性;在满足其社会服务功能和价值的前提下,最大限度地节约成本。

6）实施创新驱动

绿色公路的理念往往需要通过先进的技术和方法来实现。在科技创新发展的新时期，公路建设要紧跟时代的步伐，通过创新来驱动行业的转型升级，实施创新驱动不仅要靠关键技术的突破提升，也要依靠先进技术和成功经验在更大范围积极推广。在开展绿色公路关键技术研究的同时也要总结推广公路建设、管理新经验，把创新贯穿到绿色公路建设的各个环节，大力推进创新驱动，强化科技创新引领作用，为绿色公路发展注入强大动力。

杭州板块四大项目全面推行工厂化生产、装配式施工、标准化作业。西复线杭绍段智慧设计采购项目（Engineering Procurement Construction，EPC）项目在全省首次使用预制装配式涵洞施工工艺，有效节约材料用量20%以上，提升工程品质；西复线湖州段在浙江省首次利用物联网技术破解软基施工质量管理难题，着力补齐软基处理短板。

7）提升工程品质

工程品质是体现公路自身状况优良程度的综合表征，在绿色公路理念指导下的工程项目必然要有优良的工程品质。与之对应的，具备优良工程品质的公路也更能够契合绿色公路的各项特征要求。因此追求工程品质提升是建设绿色公路的必要条件，而打造绿色公路是实现工程品质提升的充分理由。杭州板块四个项目通过出台质量通病防治手册，专项研究、工艺创新、新材料应用等手段，设置质量体验馆，提升工程内在质量。

8）拓展服务功能

随着社会发展和消费升级，人们的出行需求也逐渐丰富和多元化。绿色公路要适应这种变化并把握变化带来的机遇，通过对沿线服务设施的改造升级和引进新型的技术手段，丰富服务内容，扩大服务范围，提升服务水平，为货流、客流、能源流、信息流、价值流的运动创造必要的条件，最终为人们带来更便捷、舒适的出行体验。

2.2 指导思想

基于对内涵特征的解析，都市圈绿色公路建设必须围绕“创新、协调、绿色、开放、共享”五大发展理念进行重点考虑，贯彻全寿命周期理念，落实“四个交通”发展要求，建设以“世界一流、国内领先”为前提，践行“管理严、服务优、业绩佳”的理念，以资源节约、生态环保、节能高效、服务提升为主要特征的绿色公路，实现公路建设健康可持续发展。

2.2.1 绿色公路的核心理念

1）五大发展理念

要以“创新、协调、绿色、开放、共享”为发展理念，面向高速公路运营管理的各个环节，通过技术和管理手段，最大限度地降低能源消耗、减少污染排放、保护生态环境，注重运营管理过程中绿色、智慧、旅游、安全与服务品质的提升，为社会公众提供安全、舒适、便捷、美观的行车环境,与自然和谐共生的公路。大力推动理念创新、技术创新、管理创新和制度创新,强化创新的驱动与支撑作用,为公路建设注入强大动力。

2)生态文明的伦理观

中国在步入公路建设发展快车道的同时,环境问题也逐渐凸现。生态环境的日益恶化告诉我们,公路生态环境问题的解决不能仅仅依赖于科学技术方面的保护工作,还必须加强对生态伦理道德的约束。我国国土辽阔,生态环境多样,公路所穿越的区域自然环境往往敏感而脆弱地表现出原生态的自然美。因此,公路建设这一活动本身背负着一项潜在的伦理责任,保护公路环境原生态自然和人类文明遗产。生态伦理主张尊重生命和自然界,只有人与自然和谐发展、共同进步才是符合客观规律的。

3)协调发展理念

树立可持续发展的资源利用观,把协调发展理念贯穿到绿色公路建设全过程,统筹公路建设过程中经济发展、社会和谐及环境保护三者之间的平衡关系,注重公路建管养运的综合协调,为公路可持续发展提供基础保障。当代人的发展不应当危害后代人的发展,当代人对自然资源的利用也应以不危害后代人的需求为限,要留给后代一个健全的生态环境。

4)践行“两山”理念

因地制宜,积极践行“绿水青山就是金山银山”理念,绿化工程中改“造景”为“融景”。在新时代的呼唤下,既要金山银山又要绿水青山,绿色公路是绿水青山的重要支撑,未来必然是建立在绿色发展的新时代。建设绿色公路就是践行“两山”理念,绿色公路是一种建设理念,没有统一固化的标准,一定是因地制宜、各具特色的,其内涵与外延也是在实践中不断丰富,坚持因地制宜,准确把握区域环境和工程特点,明确项目定位,确定突破方向,开展有特色、有亮点、有品位的工程设计。

2.2.2 绿色公路的理论基础

1)生态学理论

生态系统是整个生态学理论发展的基础。在一定时间和空间内,生物与其生存环境之间以及生物与生物之间相互作用,彼此通过物质循环、能量流动和信息交换,形成一个不可分割的整体。当生态系统各组成成分间彼此保持一定的比例关系,能量、物质的输入与输出在较长时间内趋于相等,结构和功能处于相对稳定的状态,在受到外来干扰时能通过自我调节和再生恢复到初始的稳定状态,生态系统的这种状态称为生态系统的平衡。生态平衡是相对的、动态的平衡,其运行机制属于负反馈调节机制,即当生态系统受到外来影响或内部变故而偏正常状态时,系统会同时产生一种抵制外来影响和内部变故、抑制系统偏离正常状态的力量,但是,生态系统的自动调节能力是有限的,当外来影响或内部变故超过某个限度时,生态系统的平衡就可能遭到破坏。要维持一个生态系统的平衡必须维护其再生机制,使系统内资源和能源的消耗小于其资源和能源的再生(包括自身的再生产能力和外部再生产能力的输入)。

在绿色公路规划与设计中,必须考虑的生态学的基本原理,主要包括整体有序原理、协调与平衡原理、循环再生原理、物种多样性原理、输入输出动态平衡原理以及环境资源有限原理等。对绿色公路的研究,站在区域生态整体性的高度,从生态演化的内在基础与人类生态系统各个角度来把握整个系统的空间局、生态过程、功能特征、动态演化。

2)耗散结构理论

耗散结构理论是比利时科学家普利高津在1969年提出的,它指出了一个远离平衡态的开放系统,不断与外界交换物质、能量和信息,由于内部复杂的非线性相互作用,通过涨落导致系统向有序化发展。这一理论具有崭新的自然观和科学,被称为20世纪下半叶科学思想的代表,解决了自然科学和社会科学中的许多难题,对世界科学图景和人类思维方式产生了深刻的影响。

耗散结构的形成必须具备以下条件:

(1)耗散结构只有在远离平衡的开放系统中能形成。所谓开放系统,是指与外界既有物质交换又有能量交换的系统。远离平衡态,首先要求是非平衡态,其次还要处于非线性区,系统广义流与广义力存在式(2-1)的关系,远离平衡态时,式(2-1)的高阶项不可忽略。

$$J_k = J_k(\{x_t\}) = J_k^0(\{x_t^0\}) + \sum_t \left(\frac{\partial J_k}{\partial X_t}\right)_0 x_t + \frac{1}{2}\sum_t \sum_m \left(\frac{\partial^2 J_k}{\partial X_t \partial X_m}\right)_0 X_t X_k + \Lambda, \infty\text{年} \tag{2-1}$$

式中:J_k——系统的广义流;

X_m——系统的广义力,$\{X_t\} = X_1, X_2, \cdots, X_n$;

0——各量在平衡态的取值。

(2)必须满足不稳定性阈值条件。热力学分支由稳定变为不稳定的临界点称为不稳定性阈值条件产生耗散结构不可缺少的条件。

3)恢复生态学理论

恢复生态学是研究生态系统退化的原因、退化生态系统恢复与重建的技术与方法和生态学过程与机理的科学。退化生态系统是指由于人类和自然灾害的干扰,破坏了生态系统的原有特性,使系统的物质循环、能量流动、信息联系发生了变化和障碍,形成破坏性的波动或恶性循环。系统恢复有两种含义;一种是无人工干预下的自然生态恢复,所需时间往往十分漫长;另一种是采取一定的工程、技术等措施的人工恢复。运用于绿色公路研究的恢复生态学的主要内容包括干扰和受损的机理与过程和恢复目标与恢复措施,即非生物或环境要素的恢复技术,通常指运用工程技术或与生物有关的恢复技术改良被损害的土地并恢复其生物学潜力。

4)污染生态学理论

污染生态学是环境科学的一个重要分支学科,是研究生物与污染环境之间相互关系和基本规律的科学。在绿色公路的研究中,通过进行生态系统底值的普查和污染情况的监测,从宏观和微观两方面深入研究污染物在公路生态系统各个层次上的迁移、转化、积累规律,探索生态系统的净化能力,确定各项有关参数。通过数学模式的建立和电子计算机的运算,将能更好地评价环境质量,预测和控制污染的发展趋势。

5)经济学理论

适用于都市圈绿色公路的经济学理论主要包括以下两种原理:

(1)生态经济平衡原理

生态经济平衡的基本要求,就是在绿色公路实践中要把经济平衡与生态平衡不断地协调统一起来,使生态系统的动态平衡与经济的持续稳定发展同时得以实现。

(2)循环经济原理

循环经济是按照"资源-生产-消费-废弃物-再生资源"的循环过程运行的,通过对一个封闭的经济循环体系的管理,促进经济体系和生态系统的和谐发展。在交通基础建设领域:一方面要大力研究路基填筑技术,包括钢渣、粉煤灰及工业废弃物等原料的再生利用,节约资源,保护环境,同时缩小取土范围,减少占地;另一方面,加强旧路改造过程中的材料再生利用,推广使用再生沥青、混凝土等,加强废旧轮胎、车船等回收利用和废旧轮胎翻新利用力度等。另外,加强国土资源的综合开发力度,充分利用旧路资源,尽量在原有道路基础上加宽改造,避免原材料、投资的浪费和对生态环境的二次破坏。

在解决都市圈城际交通问题时,以人为本,依据循环经济的理念推动都市圈交通建设,注意减少对周围的影响,节约使用土地资源,既可为城市提供可持续发展的动力,又可营造一个宜居的生产生活环境。

6)社会学理论

社会生态系统具有生态平衡的状态特征和动态规律。在一定时期,一个社会生态系统的物质、能量和信息的输入与输出大体保持均衡状态,这个社会生态系统也就达到了生态平衡的状态,也就是社会生态平衡,然而当物资、能源和信息的供应所制造的产品超过或满足不了社会生态系统的需求时,就出现了社会生态系统非平衡的基本状态。

7)系统学理论

系统理论认为,系统是由两个或两个以上相互关联、相互依赖、相互制约、相互作用的要素组成的具有特定功能的有机整体。高速公路的建设是一个系统工程,系统工程就要按照系统学的原理进行总体设计,并对全过程进行规划。

系统理论的协调性原理包括明确协调目的、确定协调对象、建立协调基本关系及采用有效的协调方式按照特定的目标,在一定的限制条件下,对标准系统的构成因素及其关系进行选择、设计或调整,使之达到最理想的效果,称为最优化原理。因此,在高速公路规划布局阶段,力求保持拟建公路与区域运输网和经济中心间的密切关系,重点从优化路线方案入手,通过工程、经济、环保等方面的综合分析,确立最佳的路线方案。

2.3 建设目标

2.3.1 交通强国建设

从交通运输部正式提出推进绿色公路建设至今,短短几年间,"绿色公路"的概念就已成为一个"风口",几乎所有公路项目都热衷于在建管养运等环节贴上"绿色"的标签。坚持以人为本,树立安全至上的理念;坚持人与自然相和谐,树立尊重自然、保护环境的理念;坚持可持续发展，树立节约资源的理念；坚持质量第一，树立让公众满意的理念；坚持合理选用技术指标，树立设计创作的理念；坚持系统论的思想，树立全寿命周期成本的理念。党的十八大以来，习近平总书记深刻把握新时代我国发展的阶段性特征，对交通事业发展作出一系列重要论述，提出了建设交通强国的时代课题。2019 年 9 月中共中央、国务院印发的《交通强国建设纲要》提出构建安全、便捷、高效、绿色、经济的现代化综合交通体系，为绿色公路建设设定了更长远的目标、提出了更高的期许。公路作为各种交通方式中最基础、最广泛、直接服务于公众的一种和综合交通体系的关键一环，提供高质量的基础设施和通行服务是对其先行作用的重要体现。从这个角度来说，杭州板块推进绿色公路建设恰好也是贯彻落实《交通强国建设纲要》的一项重要要求。

1）打造一流设施

基础设施网络是交通强国建设的重要基础。要重点打造绿色高速公路突出服务品质高、通行速度快等特点，具有覆盖空间大、通达程度深、惠及面广等特点。同时，要顺应信息革命发展潮流，推进数据资源赋能交通发展，加速交通基础设施网、运输服务网、能源网与信息网融合发展，构建先进的交通信息基础设施。

2）打造一流技术

科技创新是交通强国建设的第一动力。未来交通技术装备呈现智能化、绿色化、高速化、重载化等发展趋势，要瞄准世界科技前沿，不断提升交通科技创新和应用水平。加强新型载运工具和特种装备研发，推进装备技术升级，实现交通装备先进适用、完备可控；瞄准新一代信息技术、人工智能、智能制造、新材料、新能源等世界科技前沿，加强交通领域前瞻性、颠覆性技术研究；推动大数据、互联网、人工智能、区块链、超级计算等新技术与交通行业深度融合，不断提高行业全要素生产率。

3）打造一流服务

运输服务是交通运输供给的最终产品。进入新时代，必须聚焦社会主要矛盾变化，大力提高运输服务的品质、效率和经济性，实现运输服务便捷舒适、经济高效。通过建设绿色公路，提供更高品质、更高水平的服务，不断增强人民群众的获得感、幸福感和安全感。同时，不断深化交通运输与旅游融合发展，努力打造引领世界潮流的交通运输服务新业态新模式。

4）打造一流管理

推进行业治理体系和治理能力现代化，是加快建设交通强国的重要内容和制度保障。绿色公路的行业治理体系和治理能力现代化方面还有很长的路要走。要以贯彻落实党的十九届四中全会精神为契机，深入推进交通治理体系和治理能力现代化，形成协同高效、良法善治、共同参与的良好局面，以治理现代化支撑交通运输现代化。同时，深化行业改革，优化营商环境，扩大社会参与，培育交通文明，以交通文明促进交通治理现代化。

2.3.2 长三角一体化

国家发展和改革委员会与交通运输部联合印发《长江三角洲地区交通运输更高质量一

体化发展规划》,指导长江三角洲地区交通运输实现更高质量一体化发展。其中提到,到2025年,一体化交通基础设施网络总体形成,对外运输大通道、城际交通主骨架、都市圈通勤网高效联通,基本建成“轨道上的长三角”,铁路密度达到507km/万 km^2,省际公路通达能力进一步提升,高速公路密度达500km/万 km^2,世界级机场群和港口群竞争能力显著增强。一体化运输服务能力大幅度提升,中心城市之间享受1~1.5小时客运服务,上海大都市圈以及南京、杭州、合肥、苏锡常、宁波都市圈内享受1小时公交化通勤客运服务。一体化发展机制更加完善,三省一市协同共建机制更加健全,政策、标准等充分对接,信息服务基本实现共享共用。杭州板块四大公路项目以更高质量发展为重点,全面建成供需能力精准匹配、服务品质国际一流、资源集约高效利用的长三角地区现代化综合交通运输体系,形成与国土空间开发、产业布局优化、人口要素流动、生态环境保护良性互动的发展格局,以上海为龙头的国际门户枢纽影响力辐射全球,以智能绿色为导向的交通科技创新水平领先世界,运输规则、标准规范、一体化机制引领国际。

2.4 建设原则

2.4.1 可持续发展原则

可持续的发展思想是绿色公路最基本的指导思想,贯穿于绿色公路建设全过程。可持续发展就是要实现发展的可持续性,要求公路建设必须从全局出发,从“既满足当代人的需求又不影响后代人的利益”的思想出发,从代际公平、代内公平、物种公平的生态伦理出发,在满足社会发展对其更高要求的同时,既能满足公路交通运输系统内部和综合运输体系的协调发展,又使公路与经济、环境和社会各系统长期动态协调发展。

高度重视公路、环境、社会各方面、各要素的关系,提高资源和能源利用率,发挥公路先导性和基础性作用,实现在发展中保护、在保护中发展。把以人为本的理念作为绿色公路建设的出发点和立足点,充分考虑公路使用者的多样化需求,满足全面建成小康社会对公路建设的新要求。突出绿色公路建设的典型特征,在满足公路自身基本功能的同时,将资源节约、低碳节能、生态友好、温馨服务作为绿色公路建设的重点突破领域,打造具有鲜明特色的绿色公路新示范。

2.4.2 “两个统筹”“四大要素”

1)全寿命周期统筹协调

“绿色”本身是一个相对抽象的概念,新时期的绿色公路内涵也十分丰富,涵盖资源、能源、生态、创新、品质、服务等多个方面,所以统筹公路建设与绿色发展理念的关系需要包含社会、经济和环境领域的各个要素。另一方面,绿色公路要坚持统筹公路规划、设计、建设、运营、管理、服务全过程,以最少的资源占用、能源耗用、污染排放、环境影响,实现外部刚性约束与公路内在供给之间的均衡和协调。任何一个环节都不能出现有违绿色公路建设理念和要求的生态破坏、环境污染、资源能源浪费、工程品质落后、服务功能缺陷等问题。由于公路建设期和运营期两个阶段集中了公路系统绝大部分的能量和物质流动行为,因此成为绿色公路建设的关键控制阶段,也是绿色技术、绿色措施和评价考核的主要应用范围。

2)把握"四大要素"

新时期绿色公路包含"资源节约、生态环保、节能高效、服务提升"四个方面的重点要素。公路发展要实现向绿色公路的转变,并表现出有别于传统公路的新风貌,就必须重点把握以上四大要素,以控制资源占用、减少能源消耗、降低污染排放、保护生态环境、拓展公路功能、提升服务水平为具体抓手,全面提升公路工程建设水平。此外,绿色公路是一个动态而进步的概念,由自身提升和外部要求共同驱动,不断向着更好的方向发展。因此绿色公路建设要立足于行业前沿,成为未来公路建设发展的方向引领,要求注重技术、措施和制度的创新,并通过典型示范来推广成功经验,带动行业整体发展。

3)因地制宜突出亮点

准确把握区域环境和工程特点,明确项目定位,确定突破方向,打造样板公路,开展有特色、有亮点、有品位、高品质、智能化的工程设计,因地制宜建设绿色公路。绿色公路最重要的特点就是提高人的舒适性和安全性,最大限度地保障安全舒适驾驶,使公路成为沿线景观的承载体和地域文化的传播者。

2.5 技术体系

绿色公路技术体系主要涉及绿色低碳服务区技术体系、环保景观技术体系、路域生态工程技术、评价体系等内容,具体如图2-1所示,其中涉及的评价分项指标与重点应用情况见表2-1。

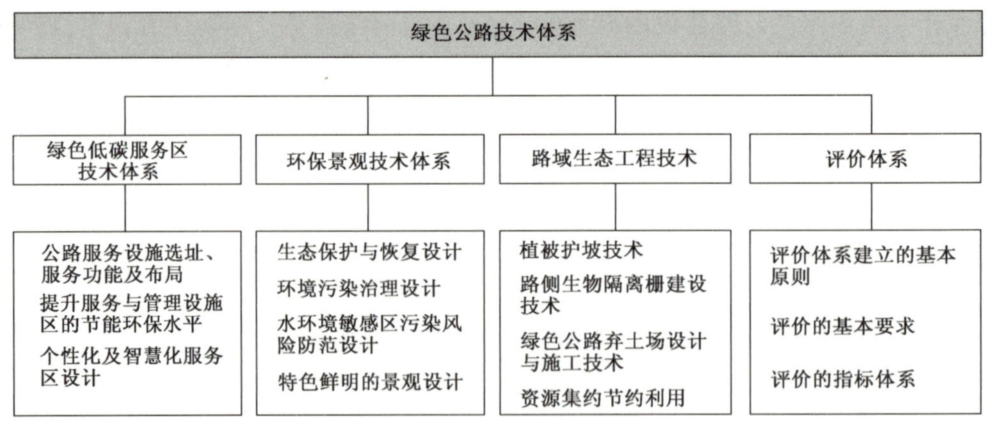

图2-1 绿色公路技术体系框架

绿色公路评价分项指标与重点应用阶段情况汇总表　　表 2-1

指标类别	分项指标		重点应用阶段
节地与环境保护	控制项	节地评价	规划
		环境影响评价	设计,运营管理
		水土保持方案	设计,运营管理
	自选项	路网植被	设计,运营管理
		公路绿化	设计、施工、运营管理
		栖息地保护与修复	设计、施工、运营管理
		生态连接	规划,设计
		最观与保护	设计
		文化拓展	设计
		降噪或减噪	设计、施工
		附属服务设施烟气处理	设计
		施工环境保护	施工
		驻地及场站建设	施工
节能与能源利用	控制项	节能评价	施工、运营管理
	自选项	交通减排政策	全寿命周期
		自行车道	设计
		公共交通与合乘车专用车道	设计
		现场废弃物无害化处置	施工
		降低化石燃料消耗的措施	施工
		降低施工设备有害气体的排放措施	施工
		降低照明系统能源消耗的方案与措施	设计
		温拌沥青路面	设计
		降温路面	设计
		提高附属设施能源效率措施	设计
节水与水资源利用	控制项	径流控制	设计
	自选项	低影响开发雨洪控制	设计
		雨洪生命周期成本分析	设计
		水利用跟踪	施工
		污水处理设施	全寿命周期
		生命周期评价	全寿命周期
		路面生命周期成本分析	全寿命周期
		路面生命周期清单	全寿命周期
		路面的重复利用	设计、施工
		可循环材料利用	设计
		土方工程平衡	设计、施工

续上表

指标类别	分项指标		重点应用阶段
节水与水资源利用	自选项	材料运距	设计、施工
		长寿命路面	设计
		透水路面	设计
安全与智能	控制项	安全评价	设计
	自选项	危化品运输事故防范措施	设计
		智能交通系统	设计
运营与管理	控制项	工程质量	运营管理
		路面管理系统	运营管理
		公路养护	运营管理
	自选项	环境管理体系	运营管理
		质量管理体系	运营管理
		环保培训	运营管理
		宣传教育	运营管理

第3章

资源节约集约利用

公路建设对农田林地等土地的占用、能源的消耗、环境的污染以及生态平衡的破坏程度，直接关系到公路能否健康地可持续发展。其次，公路建设是一种砂石材料耗用量巨大的基础设施工程，在公路工程的基层结构中采用可回收利用的再生材料，具有节省投资、保护环境、创造良好的社会综合效益等优点，公路建设中可再生材料的开发与利用也是公路材料可持续发展的必然要求。

3.1 土地资源保护与利用

公路交通的发展是社会可持续发展的重要内容，可持续发展的核心意义在于合理和有效利用资源。高速公路建设虽然无法完全避免对已有土地的征用，但因我国林地、耕地资源紧张，高速公路建设应从前期设计着手，将节约用地的理念贯穿高速公路建设全过程中。

为认真贯彻党中央、国务院关于“实行最严格的耕地保护制度”的精神，进一步合理利用土地资源，提高土地利用率，实现社会全面、协调、可持续发展，实现土地利用经济、社会、生态效益三统一，浙江省交通投资有限公司各建设项目，结合所处实际地理环境，因地制宜，拟定土地资源保护整体思路，始终以减少土地的占用和发展当地经济、造福当地人民为目标，采取有效措施减少耕地和基本农田占用，减少耕地占用具体措施如下：

(1)与国土规划部门密切协作，做好土地利用现状和利用规划的调查。

(2)建设方案比选时将占用土地和基本农田的数量作为主要比较指标。

(3)路线尽量绕避高产良田、基本农田和经济作物区，按照“尽量利用荒地、劣地，少占用耕地，特别是农田保护区的土地”的原则进行方案研究。

(4)路线方案研究中，树立集约型布局的概念，减少对土地的分割，便于土地资源的有效利用。做好机耕通道的统筹设计，方便耕种，减少耕作不便的边角地数量。

(5)优化设计方案，在环境与技术条件可行的情况下，适当降低平纵面技术指标，最大限度地适应地形，充分考虑采用低路堤、浅路堑、高架桥、挡土墙等方案。

(6)互通式立交应采用适当的方案和技术指标，布局应紧凑，以减少占地。

(7)在路基、交叉工程土石方调配中，应在技术经济比较的基础上，尽量移挖作填和集中取弃土，并与改田、造地相结合。

(8)对集中取弃土的取土场(坑)和弃土场(堆)，给排水管网及其他地下工程用地，应按照国家有关规定进行复垦，恢复利用。

(9)应尽量采用新型桥梁结构，以降低桥头引线长度和填土高度。

(10)对于公路工程通信、监控、供电系统的管线，在符合技术、经济和安全的条件下，尽量共沟架设，并应尽可能在公路用地范围内布置。

3.1.1 统筹利用通道资源

为统筹利用通道资源，在设计阶段要树立全寿命周期成本理念，统筹考虑设计、建设、营运、养护的全过程，优化设计线形，系统解决工程结构的耐久性、安全性、可行性、防灾减灾的有效性以及环境景观的协调性等问题。设计中应贯彻环境保护意识，要“尊重自然、保护自然、恢复自然”，把景观设计融入全程设计中。通过采取各种技术措施，尽量减少耕地占用，避让基本农田和农作物区，充分利用荒山、荒坡地、废弃地和劣质地。

浙江省交通集团在项目规划设计阶段便开始对土地资源的合理化使用进行布局，从绿色环保的角度出发，在路线选型、选线方面以减少林地、耕地和农田的占用和降低对自然环境的干扰为主要目标，通过对线路走向和桥隧比的合理控制，以实现节约土地占用、保护生态环境的目标。各项目在规划设计时，针对路线选择、临建设施布置等工作进行了大量方案比选论证，以减少占用土地为目标，采用避让生态敏感区或增加桥隧比例的方式优化原设计方案，因地制宜，提出了更为合理的设计方案。

1）公路选线优化

（1）公路路线选择的原则

公路工程规划设计过程中，路线选择是否合理极为重要，要求必须在公路起始点与终点间选择公路路线，该路线应具备合理性、可靠性及经济性。同时还需对公路工程施工现场的周围环境进行充分考虑，降低对自然环境的影响。在公路路线设计中，需对路线可能出现的影响因素进行分析，对各个细节全面掌握，才能实现路线选择最优化。为此必须遵循以下原则：

①路线的基本走向必须与公路的主客观条件相适应。限制和影响公路基本走向的条件很多，但归纳起来有主观条件和客观条件两类。主观条件是指设计任务书（或其他文件）规定的路线总方向、等级及其在公路网中的地位和作用。客观条件是指公路所经地区原有交通的布局（如铁路、公路、航道、航空、管道），城镇、工矿企业、资源的状况，土地开发利用和规划的情况及地形、地质、水文、气温等自然条件。上述主观条件是公路选线的基本依据，而客观条件是公路选线时必须考虑的因素。

②正确掌握和运用技术标准。在工程数量增加不大时，应尽量采用较高的技术标准，但不可片面追求高指标。路线布设，应在保证行车安全、舒适、快速的前提下，做到工程数量小、造价低，运营费用少，效益好，有利于施工和养护。

③注意与农业配合选线时要处理好公路与农业的关系，注意与农业基本建设的配合，做到少占农田，并应尽量不占高产田、经济作物田或穿过经济林区（如果园、橡胶、茶林）等。注意与修路造田、农田水利灌溉、土地规划等相结合。

④选线应该注重水文、地质问题不良地质和地貌对公路的稳定影响极大，选线时应对工程地质和水文地质进行深入勘测调查，弄清它们对公路的影响。

⑤重视环境保护工作，加强环保工作，重视生态平衡，为人类创造良好的生活环境，是我国的基本国策。在选线时应综合考虑有公路修建、汽车交通运行所引起的环境保护问题。主要应注意以下几点：

a. 通过名胜、风景、古迹地区的公路，应注意保护原有自然状态，并注意与周围环境、景观相协调，严禁损坏重要历史文物遗址。

b. 路线对自然景观与资源可能产生的影响。

c. 占地、拆迁房屋对环境带来的影响。

d. 路线布局对城镇布局、行政地区、农业耕作区、水里排灌体系等现有设施造成分割而引起的影响。

e. 噪声以及对大气、水源、农田污染所造成的影响。

f. 充分考虑对破坏自然景观、资源和污染环境的防治措施及其实施的可能性。

⑥选线应综合考虑路与桥的关系在选线中,个别特殊大桥桥位,一般作为路线总方向的控制点;大中桥位原则上应该服从路线的总方向,一般作为路线走向的主要控制点,小桥涵位置应服从线路走向。

(2)公路路线优化的依据

方案比较是选线中确定路线总体布局的有效方法,在可能布局的多种方案中,通过方案比较决定取舍,选择出技术合理、费用经济、切实可行的最优方案。路线方案的取舍是路线设计中的重要问题。方案是否合理不仅直接关系到公路本身的工程投资和运输效率,更重要的是影响到路线在公路网中的作用,直接关系到是否满足国家政治、经济及国防的要求和长远利益。

①原则性的方案比较。

从形式看,方案比较分为质和量的比较。对于原则性的方案比较,主要是质的比较,多采用综合评价的方法,这种方法不是通过详细计算经济和技术指标进行比较,而是综合各方面因素进行评比。主要综合因素有:

a. 路线在政治、经济、国防上的意义,国家或地方建设对路线使用任务、性质的要求,以及战备、支农、综合利用等重要方针的贯彻和体现程度。

b. 路线在铁路、公路、航道等网系中的作用,与沿线工矿、城镇等规划的关系以及与沿线农田水利建设的配合及用地情况。

c. 沿线地形、地质、水文、气象、地震等自然条件对公路的影响,要求的公路等级与实际可能达到的技术标准及其对公路使用任务、性质的影响;路线长度、筑路材料来源、施工条件以及工程量、三材(钢材、木材、水泥)用量、造价、工期、劳动力等情况及其对运营、施工、养护的影响,以及施工期限长短等。

d. 工程费用和技术标准情况。

e. 其他如与沿线历史文物、革命史迹、旅游风景区的联系。

②详细的方案比较。

详细的方案比较是在原则性方案比较之后进行的量的比较,它包括技术和经济指标的详细计算。一般多用于做局部方案的分析比较。

a. 技术指标的比选。主要包括:路线长度及延长系数路线延长系数 = 路线方案实际长度/路线方案起终点间的直线距离有时在初步比较时,可知路线计算方案各大控制点检直线距离之和,可不计算路线方案实际长度。这时计算的系数叫路线技术延长系数。其值一般为 1.05 ~1.2,视地形条件而异。转角数包括全线的转角数和每公里的转角数;最小曲线半径数;回头曲线数;与既有公路和铁路的交叉数目(包括平面交叉和立体交叉);限制车速的路段长度(指居住区、小半径转弯处、交叉点、陡坡路段等)。

b. 经济指标的比选。主要包括：土石方工程数量；桥涵隧道工程数量；挡土墙工程数量；征购土地数量级费用；拆迁建筑物及管线设施的数量；主要材料的数量；主要机械、劳动力数量；工程总造价；投资成本-效益比；投资内利润率；投资回收期。

(3)公路路线优化

选线应在广泛搜集与路线方案有关的规划、计划、统计资料、相关部门的各种地形图、地质气象等资料的基础上，深入调查、勘察，并运用遥感、航测、GPS、数字技术等新技术，确保其勘查工作的广度、深度和质量，以免遗漏有价值的比较方案。项目建设过程中，以前期规划设计为基础，但在施工建设过程中，由于项目沿线自然环境、人文环境复杂应根据项目实际区位周围特点，本着环保节能、降低对自然环境干扰的目标，改善、调整、优化原设计方案，以提高资源利用效率，达到最优化设计的目标。

公路选线一般按全面布局、逐段安排及具体定线三个步骤进行：

①全面布局。这是在路线总方向(起、讫点和中间必须经过的城镇或地点)确定后，从大面积着手、由面到带进行总体布置的过程。此项工作宜在1∶10000～1∶50000地形图上进行路线布局，选定出可能的路线方案，然后进行踏勘与资料收集，根据需要与可能并结合具体条件，通过比较落实必须通过的主要控制点，放弃那些避让的控制点，逐步缩小路线活动范围，进而定出大体的路线布局，为下一步定线工作奠定基础。

②逐段安排。在总体路线方案既定的基础上，以相邻主要控制点间划分段落，根据公路标准，结合具体地形通过逐段加密细部控制点，进一步明确路线走法，这样就构成了路线的雏形。这一步工作的关键在于探索与落实路线方案，为实施具体定线提供可能的路径，这一步工作如做得仔细、研究得周到，就可以减少以后不必要的改线与返工。

③具体定线。根据地形复杂程度，可分别采取现场直接插点定线或放坡定点的方法，插入一系列的控制点，然后从这些点位中穿出通过多数点(特别是那些控制较严的点位)的直线段，延伸相邻直线段的交点，即路线的转角点。随后拟定出曲线半径，至此定线工作基本完成。做好上述工作的关键在于摸清地形情况，全面考虑前后线形衔接与平、纵、横的综合关系，恰当地运用合适的技术指标，以期使整个线形得以连贯协调。

杭州绕城高速公路西复线杭绍段工程统筹考虑工程选线、生态选线、景观选线，全面分析、综合论证，选择综合效益最佳的线位方案，做到优选公路线位，实现综合效益最佳。该项目规划区制约因素多，项目邻近杭州城市西侧，有大禹谷旅游度假区、未来科技城、科创大走廊、青山湖科技城、富阳高教园区及场口镇规划开发区等影响；高等级路交叉影响大。沿线总共与5条高速公路、1条铁路和8条国省道相交叉；地质条件复杂多变，存在滑坡、崩塌、岩溶、矿区、煤带等不良地质。

因此，如何选择合理的路线方案进行全方面比选，充分体现"地形选线、地质选线、安全选线、环保与景观选线"是该项目的重点和难点。为了解决这些问题，项目组提出了有效的对策措施：

①路线布设尽量避开村镇、工厂、学校等人口稠密区，一般路段采用曲线为主的柔和线形，从而较好地绕避了村庄，减少了拆迁及对沿线居民的干扰。路线与村庄和学校保持一定的距离，距离居民区较近地段设置声屏障，以减少噪声和废气污染通过村庄、果园、人员活动

密集区，尽量减小纵坡，以最大限度地减少汽车尾气的污染，路面设计采用沥青混凝土结构以减少噪声和污染。

②本项目地形地质条件复杂，受高差制约，高填深挖不可避免。设计中部分采用了高架桥方案，减少高填深挖路段，减小公路建设对沿线自然环境的破坏程度，尽量利用路堑挖方、隧道弃渣作为路基填料，力求使土石方纵向平衡，减少弃方数量。

③在路基设计方面，为防止路基边坡受到冲刷和水土流失，设计中采用骨架护坡、客土吹附植被护坡、植被护坡(TBS)等多种防护形式对路基进行防护加固。

绕城高速公路西复线扩容段总体走向基本按照“工可”报告中所推荐的路线方案和可研批复的路线控制点进行设计，结合地质选线，节约土地和减少拆迁的原则，对“工可”推荐线位方案进行了全方位的优化。主要优化路段 4 处，分别为：钱江农业生态观光园段、杜墓村段、拔山村段、下塘村至霄井村路段。

在工可方案中，钱江农业生态观光园段(K72 + 200 ~ K75 + 600)。路线横穿农场地块，将该农场一分为二，线位本身平面布设和施工期间高路堑，桥梁桩基等施工对其影响也较大。在初设方案中，为了减小对该农场的影响，线位向北偏移，采用较小的半径布设，如图 3-1、图 3-2 所示。

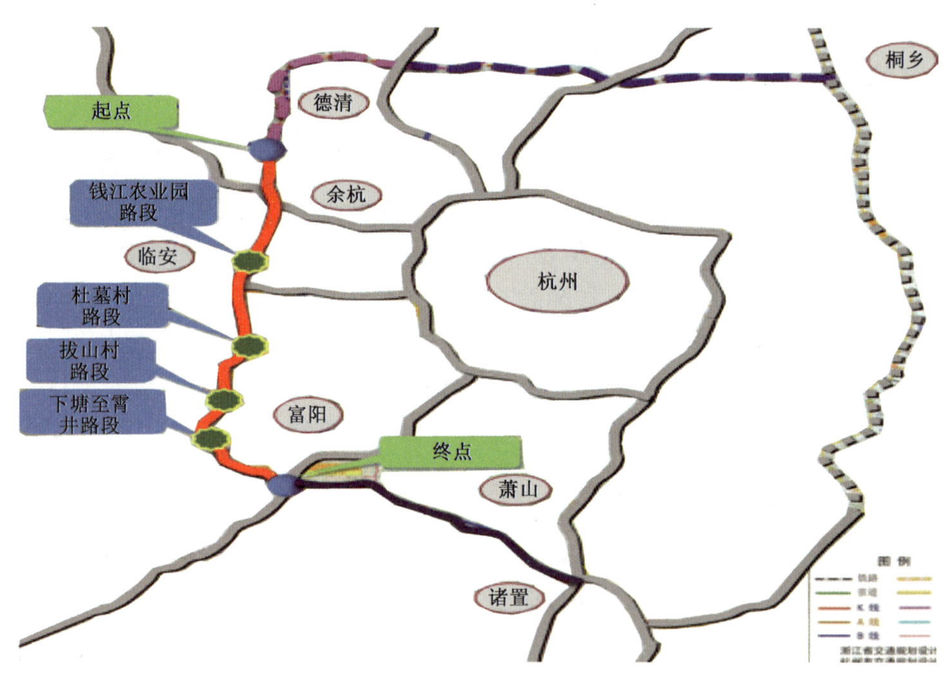

图 3-1　钱江农业生态观光园段

杜墓村段(K83 + 800 ~ K87 + 800)。此段路线穿越大量农田，隧道出洞口偏压严重，路线距杜墓村仅 40m，并穿越羊角里村。在初设方案中，调整后路线往西偏移沿山脚布设，少占农田，改善隧道出洞口条件，路线距离杜墓村 80m，避让羊角里村，减少拆迁，降低对沿线村庄的影响。如图 3-3 所示。

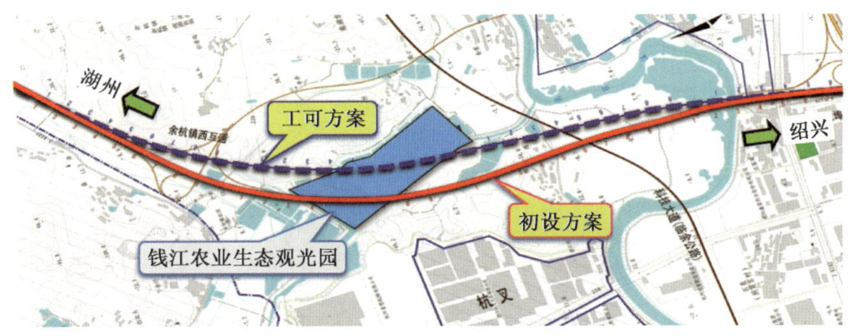

图 3-2 钱江农业生态观光园段方案路线

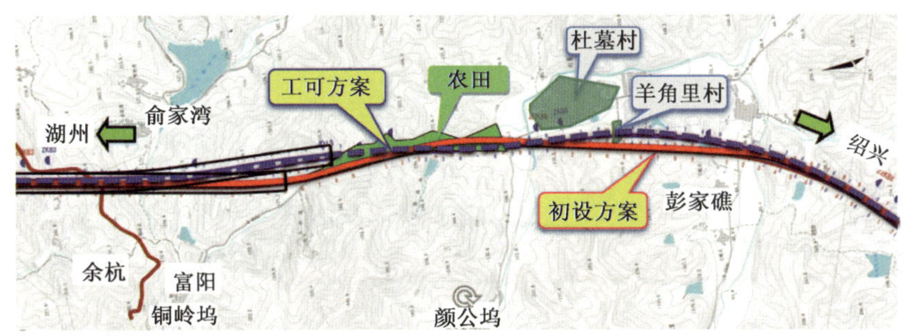

图 3-3 杜墓村段

拔山村段(K95 +600 ~ K96 +000)。采用路堑形式穿越拔山村茶山,开挖高达 50m 多,占用茶园面积较大。在初设方案中,路线往南微调约 15m,设连拱隧道穿越茶山,路线调整后少占用茶园地约 3.0ha,拆迁房屋减少约 6000m^2,避免高压线改移。如图 3-4 所示。

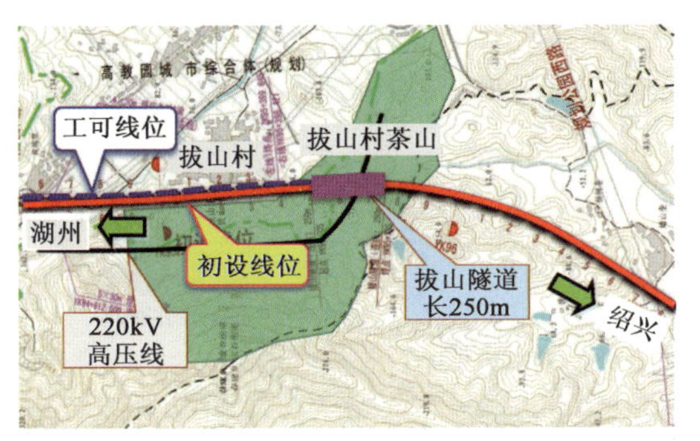

图 3-4 拔山村段

下塘村至胥井村路段(K99 +600 ~ K103 +400)。路堑挖方边坡较高,距离胥井村较近,需整体迁移海鑫生猪养殖场及教堂。在初设方案中,避免了 YK101 附近高边坡,减少路堑开挖,避让海鑫生猪养殖场主体及教堂,远离胥井村,降低对村庄的影响。如图 3-5 所示。

余杭义桥段。原线位方案穿越新规划的义桥中心村,经现场踏勘,优化线路避让中心村规划,有效减少了对余杭街道义桥村庄规划用地的占用。如图 3-6 所示。

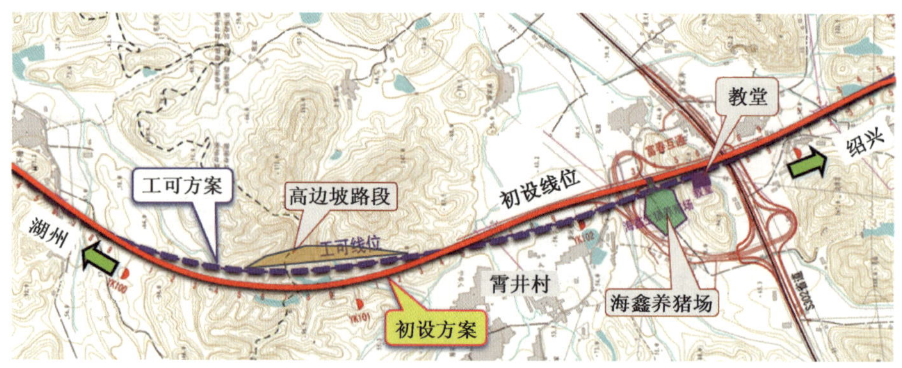

图 3-5　下塘村至霄井村路段

图 3-6　余杭义桥段

富阳中埠段。原线位方案需拆迁状元坞陵园、改移龙门溪及整体搬迁柏树下村，优化后线位给予避让，同时也大大减少下坞、诸佳坞、枫树湾村的拆迁量。如图 3-7 所示。

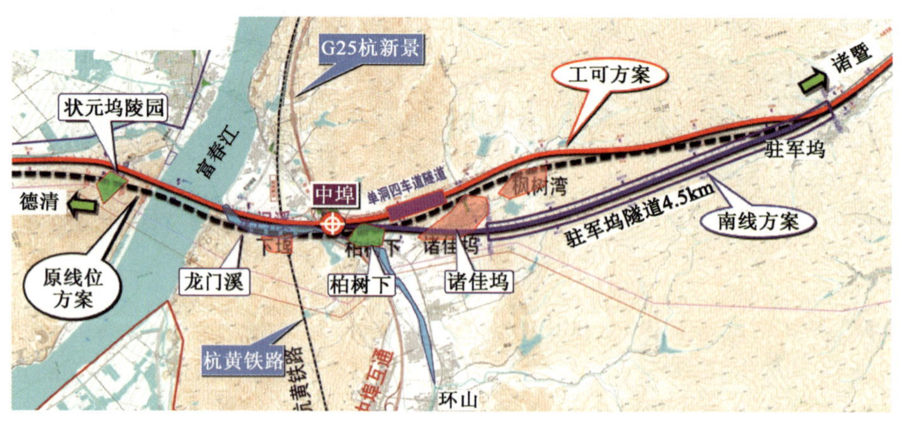

图 3-7　富阳中埠段

萧山段。原线位方案对王岭脚、大黄岭和铁皮石斛基地拆迁量大；穿越省重要地质遗迹；火焰山隧道制约楼塔互通的布设。优化后，增加隧道避让大黄岭村和铁皮石斛基地，同时取消火焰山隧道,改善了楼塔互通布设条件。如图 3-8 所示。

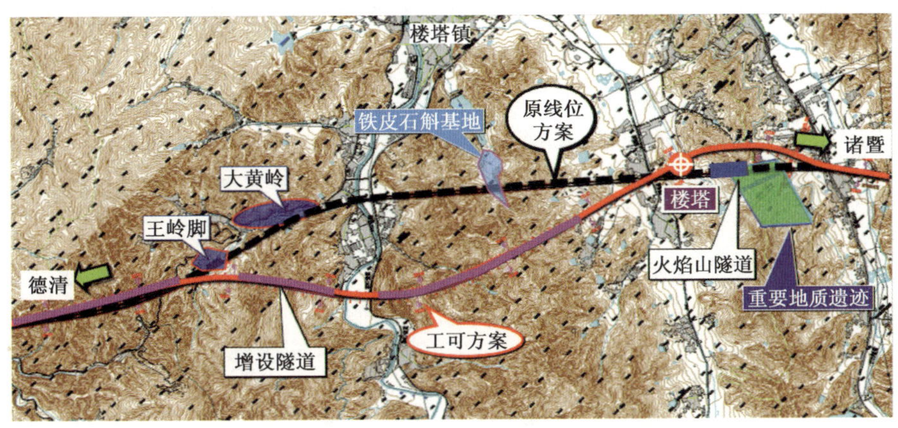

图 3-8 萧山段

诸暨段。原线位方案穿越省重要地质遗迹,对沈坞、扎箕坞等村庄拆迁量大,隧道受石煤带地质影响大。优化后,拆迁量减少,降低了石煤带对隧道的影响。如图 3-9 所示。

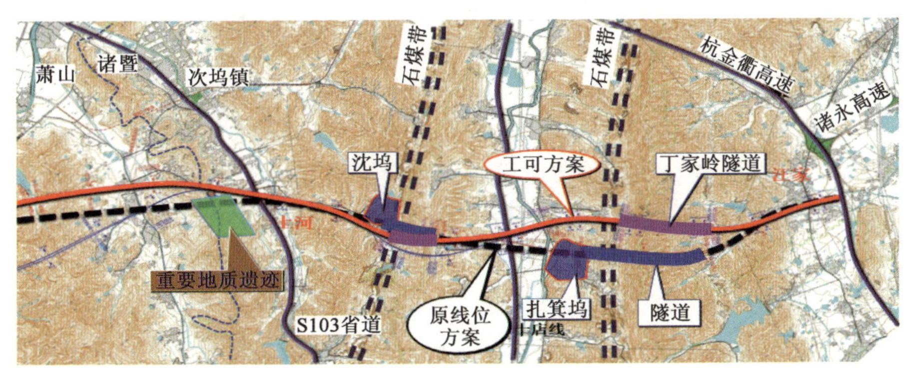

图 3-9 诸暨段

临建高速公路在集约节约使用土地方面指出,在选线过程中,要对沿线的土地资源进行认真、详细的调查,结合当地国土资源的发展规划合理开发。合理选择路线方案的走向、位置,尽量少占农田、耕地、果园。路线方案和走向总体确定后,通过经济技术比较,设置挡土墙、护坡等,以减少占地数量。具体有以下措施:

①选择合理的路线方案和走向、位置,尽量减少和沿线乡镇规划用地的冲突。

②选线时考虑与基本农田及村落相结合,做到少占田地,并尽量不占高产田、经济作物及房屋等。

③取土时,应结合当地的国土总体规划,选择贫瘠地段集中取用,注意保护当地的植被和水土资源,并将弃土和取土坑结合起来,综合利用。施工时的废方弃堆应尽量少毁植被、少占农田。弃土场要及时整平复垦后绿化,以提高其使用价值。

④合理选择路基的边坡坡率并设置合适的支挡结构物,如设置路肩墙、田路分界墙等,以达到少占土地的目的。

⑤耕地保护措施。除上述条款外，根据 1998 年 8 月 29 日国家主席令第 8 号令颁发的《中华人民共和国土地管理法》和 1998 年 12 月 27 日国务院第 256 号令颁发的《中华人民共和国土地管理实施条例》，本项目的耕地保护措施还有：

a. 精心设计。合理确定路线方案。路线布设时，要选择在耕地区通过的最短路程，以减少占地数量。具体线位要尽量靠近山边，选在荒山贫瘠地区布置。在进行经济技术比较后，合理地选择桥梁长度，一般在经济比较认为同等的前提下，要多架桥、少填路基，以减少占用耕地。

b. 精心施工。业主必须严格按设计资料提供的占地范围和数量进行土地征用、赔偿和交纳税费。施工单位必须严格控制在用地范围内工作作业，不得私自以任何名义在计划用地范围外购买土地和进行非法交易、强行占用。临时用地必须按时复垦归还，并利用荒地取土还用。

⑥耕地开垦措施。根据《土地管理法》第三十一条的规定，非农业建设经批准占用耕地的，按照“占多少、垦多少”的原则，由占用耕地的单位负责开垦与所占用耕地的数量和质量相当的耕地；没有条件开垦或者开垦的耕地不符合要求的，应当按照省（自治区、直辖市）的规定缴纳耕地开垦费，专款用于开垦新的耕地。

临建高速公路在路线比选优化时，遵循科学合理选线、布线、避让基本农田、禁止超占、减少分割土地的原则。其中，临安至建德工程桐庐县横村镇、莪山乡及钟山乡线位走向和互通出进行了对比优化。横村镇是省级中心镇，其城镇人口数量、社会经济发展水平有较强的集聚和辐射功能，城镇发展空间将逐步沿分水江东翼扩展，横村互通是桐庐县城对外交通的西大门，所选方案更靠近桐庐县城。经桐庐县委、县政府研究，为使高速公路更好地服务于沿线经济发展，便于沿线居民出行，建议本次临建高速公路临安至建德段工程初步设计阶段采用途经横村镇附近的方案作为推荐线位方案，并结合沿线情况对该线位方案的互通出口方式在原工可方案的基础上进行优化设计。这能有效带动当地经济发展，方便居民出行，提高生活水平。

2) 枢纽互通设计

互通式交叉是公路的重要组成部分，具有多层结构的空间形态，并有立体交通转向的功能，各互通以及互通各部位的服务水平保持在一个协调的水平上，使互通立交及其附近路段的交通流平稳流畅。

路线互通式交叉设计应体现“以人为本”和“公路与自然环境相协调”的理念。路线互通式交叉设计应结合本地区自然地理条件，灵活应用技术指标。指标选用以适应地形，满足安全性、功能性为主，不片面追求过高的技术标准；充分考虑线形流畅与自然环境和景观的相互关系。为减少平整场地的土石方数量以降低工程造价，互通区建筑物应尽最大可能地结合原地貌进行设置。沿线设施外侧的边沟、排水沟的设置及边坡防护等均与主线相同并应同步施工。

（1）互通式交叉设计的特点和种类

①收集资料。在进行互通式交叉设计方案前，我们需要收集相关的资料，以求得设计的

合理性。主要包括以下方面的收集工作:调查好公路网规划的现状和城市的布局等情况;交叉路段的公路路面现状,需要进行现场调查;转换交通量;其他文物类的调查;系统调查处收费的管理模式等。

②种类。各类因素均影响着互通式的发展,因此需要根据影响的因素来设计不同种类的交叉形式,常用的有菱形、环形、喇叭形、涡轮形、苜蓿叶形及定向形等。复杂及繁华地带可根据不同要求采用多种形式的综合,不同种类有不同的特点。单喇叭形:仅能设计一处为平交品,收费道路处也设立一处为收费站,而设立的左转匝道为次要道路。这种类型比较适用于封闭式的收费方式,在交通流量比较单一的情况下,修建时的造价较低,是收费公路中的常用的形式。双喇叭形:这种类型适用交叉的两条公路下,并且只有一处收费站,也是方便收费站的管理,造价却很高,不利于两方的车流情形。半苜蓿叶形:这种形式是道路的直行必须畅通,交叉处路段有两处平行路段出口,并有两处收费站,比较适用于封闭式收费的管理,与单喇叭形互通相比,此形式由于两个交口可以缓解其交流量和突发状况的分散,从而提高使用效率。

③互通式交叉设计车速。我国对设计车速的定义是:在天气良好、交通量小、路面干净的条件下,中等技术水平的驾驶员在道路受限制部分能够保持安全而舒适行驶的最大速度。设计车速实际是理论车速,而车辆的运行车速是设计车速的85%。

(2)互通下的相关设计研究

在互通的范围内,车流量是不受控制而不断变化着的,因而在交叉的设计方面应该符合一般指标的规定。根据互通的地形和条件等因素,在平衡造价和车辆安全通顺的情况下,选择合适的路段指标来设计。主要要注意以下几个方面的问题:纵横线的连续性;在高指标的情况下,匝道设计要接近收费站的出入口;平交口处可适当降低指标;对跨桥部分要进行严格检查。

①关于匝道的设计。

苜蓿叶形交叉中,环形匝道主要方便于单车道行驶,在交通量过大时可以采用定向匝道的设计。喇叭形交叉形式中,又分为左旋型和右旋型。左旋型主要是内环匝道为流出匝道,但是由于环形的半径比较小,主线的公路流出车辆在行驶中存在安全隐患;右旋型则是内环匝道为流入匝道,在速度上是由低而高,从而有利于公路车辆进入高速公路,比较安全。喇叭形交叉在互通交叉设计上要注重流量及流向,保障主线的交通畅通和顺捷,使用外环匝道迎接交通流量较大的情况,而流出匝道应选用外环,有利于车辆的安全。

环形匝道选用“水滴形”,其匝道和主线的交线呈60°~70°的角,环道半径约60m,交通量小于6000辆每日的环道半径则可以为45m。匝道设计的速度一般为正常公路设计速度的50%~70%。匝道的设计速度与互通交叉的形式及规模、交通量、车辆运行的条件等有密切关系,因此也要遵循相关的公路路线设计规范。

②关于跨线桥的设计。

互通内的跨线桥主要分为两跨和四跨桥型,而桥台和桥下都不应阻挡视线。其设计主要要求有:结构轻轻和造型比较美观;应采用连续结构;桥台不阻挡公路视线。需要设置桥墩时,应采用薄壁墩为主。

③关于非机动车道的设计。

互通交叉设计设立在一级公路或较繁华的双车道公路路段时，一般使用双喇叭形互通式。考虑到非机动车辆和机动车辆、行人的交通量较大，因而要设置较宽的非机动车通行道。在一定范围内，将非机动车道和汽车道进行分离，两侧的非机动车道设计速度为30km/h，并将互通内的通道和桥梁合理利用起来，形成经济快捷的互通道路。

④关于平面交叉的设计。

在相关互通形式中，平面交叉是互通中的重要部分，直接影响到互通的通行能力和交通安全。平面交叉设计中需要注意下面几个问题：需要根据设计速度，结合地形、交通量、用地条件等综合因素，确定合理的平交形式，综合考虑设计和交通的管理方式；注意路面的排水设计，公路路基上做到排水顺畅、无积水；需要拉开两个平交口的距离。

⑤关于景观的设计。

互通交叉设计中要注重道路与环境协调的作用，提高立交的整体景观效果和识别能力，增加安全感和舒适感。主要遵循以下原则：

a. 坡面景观的设计十分重要，主要有边坡的修整、坡面规则及坡脚顺适。

b. 要设计中间带、边缘、景观三类绿化。

c. 匝道转弯处的三角区可种植花草。

d. 注重生态环保，保护自然环境，做好排水系统。

e. 桥梁、挡土墙和防噪声等设施需要优美。

⑥安全因素。

a. 互通式立交设计时，无论交通量是否有变化，都要满足车道平衡的要求。车道平衡的概念是在出口和进口方面必须达到和谐的运营，减少车道变化，清楚地显示前方的道路去向。在出口处，车道平衡要求一次只能增加一个车道；在入口处，车道平衡要求一次只能终止一个车道。基本车道数和车道平衡通过增加具有足够长度的附加车道来充分利用出口和入口的通行能力，并提前设置适当的标志。

b. 出入口设置在互通立交的引道上尽量采用单出口。这是因为一个出口比两个出口容易设标志，且不易造成混乱，因而是较安全的方案。这种布局的缺点是其通行能力略低于一对分离式匝道出口的通行能力。在出现通行能力问题的地方，宜在出口引道上增加辅助车道的长度。所有出口都设置在构造物的引道一侧。相邻出入口之间应当有足够的距离，满足布置交通标志的要求并给予驾驶员足够的反应和操作时间。当不能保证主线出入口间的应有距离或遇转弯车流的紧迫交织干扰主线车流时，应采用与主线相分隔的集散车道将出入口串联起来。

c. 立交间距及与其他设施的间距相邻的互通式立交应该尽可能独立存在，以保证形式的单一和运行的独立，避免使驾驶员在短时间分析过多的信息而造成操作失误。当相邻立交净距较小时，应当采用设置辅助车道、集散车道或者设计成组合式立交的形式，以便消除和减少交织路段，保证交通安全。互通式立交与服务区、停车场、隧道之间的距离不但应该满足布置交通标志的需要，而且要有足够的交织长度，以保证直行车流流畅。隧道出口与匝道出口之间应当留有足够的距离，使得驾驶员能够适应光线的变化观察标识，以免错过出口。

综上，公路路线互通交叉的设计要注重以人为本、自然协调的设计理念。需要结合地区的自然条件和地形等客观因素，灵活运用相关的技术指导，以满足安全和功能性为目的，融合自然环境和景观设计的基础上，减少工程造价，达到多功能性。加强交旅融合，科学设置互通及连接线。应根据现有及规划路网、景区景点分布、区域发展规划等，结合景区化高速公路的功能需求，统筹考虑互通立交的设置位置和连接线的设置方案。在满足交通功能的前提下，互通立交的形式选择应综合考虑其发展定位、功能需求、地形地貌等方面，注重互通立交与周围环境的高度融合，并通过立交范围内的地形整治实现合理的线形设计和景观营造。互通立交及连接线的绿化应与沿线自然环境相协调，并注重绿化的视线引导功能和美化行车环境功能的充分发挥。连接线的布设应在安全、通达、绿色、舒美、经济的基础上，尽可能多地串联和辐射沿线旅游景区、特色小镇、文化遗产、历史名城名镇名村、农家乐示范村、健康产业基地等，实现项目建设对沿线旅游产业开发和旅游经济增长的有效带动，最大限度推动区域旅游经济的发展。

杭州绕城高速公路西复线杭绍段项目与4条高速公路交叉的枢纽方案是该项目研究的重点和难点(图3-10)；尤其是终点的直埠南枢纽(图3-11)，它和现有的直埠枢纽复合成一个大型枢纽，技术比较复杂。

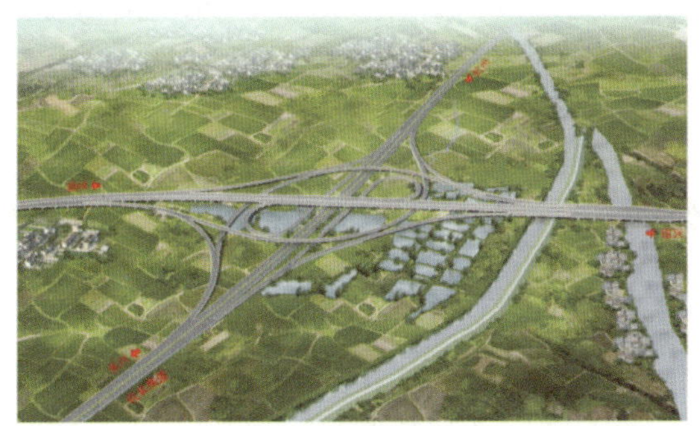

图3-10　径山枢纽汪家埠枢纽

图3-11　中埠枢纽直埠南枢纽

为了解决这些问题，提出以下对策措施：

①互通式立交位置是以当地现有或规划公路、城镇道路为依托，与沿线各城镇的整体规划相结合而选定的。互通式立交所连接的公路应具有足够的通行能力，对附近道路上的交

通能起到集散作用,有利于沿线产业的开发与发展。互通式立交宜设在交通联络方便的地点,既要考虑与沿线县、市的联系,又要考虑与连接道路的关系。

②互通式立交形式和规模的选择应与交通量需求及被交道路等级相匹配。立交的总体布置需要根据主线平纵面指标、地形、地物、转向交通量需求、结构物设置及征迁等因素综合考虑。

③互通式立交位置离城镇宜遵循“离而不远、近而不进”的原则,互通式立交间距取决于交通密度、相邻立交之间的间距要求、造价、路网的密集程度等诸因素,立交的疏密与沿线的经济发达程度相适应。

富春互通立交位于富阳城区以西,考虑带动新登镇发展,减少对农田的占用,被交线为S305省道,一级公路兼顾城市道路功能,双向六车道。结合转向交通量、地形地物、拆迁、收费等因素,采用双喇叭,主线下穿通过。避开养猪场、主要村庄,靠近山体,以减少对农田的占用。收费站与隧道救援站、养护中心合建,共占地 3. 67hm^3。

建金高速公路的梅城互通位于梅城开发区南侧(图 3-12),双九坞村。其采用 A 型单喇叭互通与建德停车区合建,停车区位于互通内部,分布于主线两侧,并在主线两侧设置贯通车道,沟通两侧服务区。互通区地形复杂,地形起伏较大,主线线位较高,与连接线的高差较大。互通 A 匝道上跨主线,匝道与互通连接线 T 形交叉。该方案占地较少,停车区离梅城镇及开发区较近,方便沟通,便于带动周边经济发展。

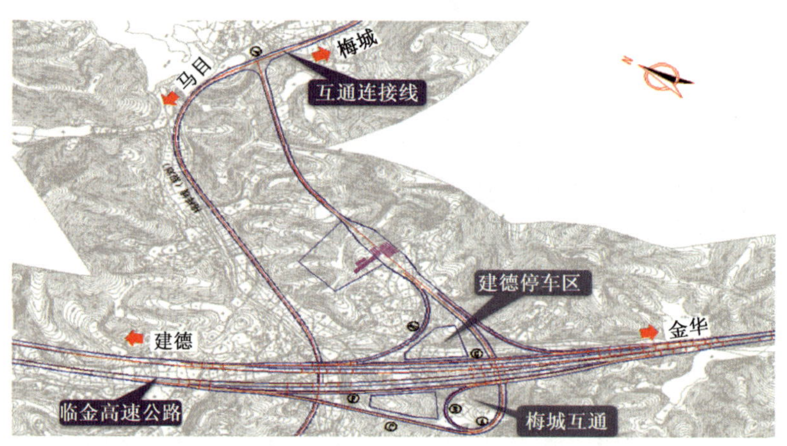

图 3-12 建金高速公路的梅城互通平面图

大洋互通位于大洋镇西南侧。通过比对不同方案的优缺点,考虑到工程量大小、周边农地的占用及对周边居民的影响等诸多要素,最终选择绕行的方案(图 3-13)。该方案较其他方案,桥梁工程规模小,房屋拆迁较小,对周边村镇居民影响较小,少占农田,总造价最省。

大丘田互通采用 A 型单喇叭式互通立交(图 3-14),互通出收费站后与互通连接线相接,连接线起点与 A 匝道相接,终点与规划支将线相接,路线全长 3. 9km。通过对 LK0 + 600 ~ LK3 + 600 段的线位进行优化调整,使其尽量沿山脚布设,有效减少了对农田的占用。

马涧互通段线位位于马涧镇及柏社乡交界处(图 3-15),为避免对乡镇中心及镇学校等敏感区干扰,线位选择保留一定空间距离,同时考虑到少占良田,线位贴山布设,将马涧互通布置于低山区域。

图 3-13　大洋互通位

图 3-14　大丘田互通位

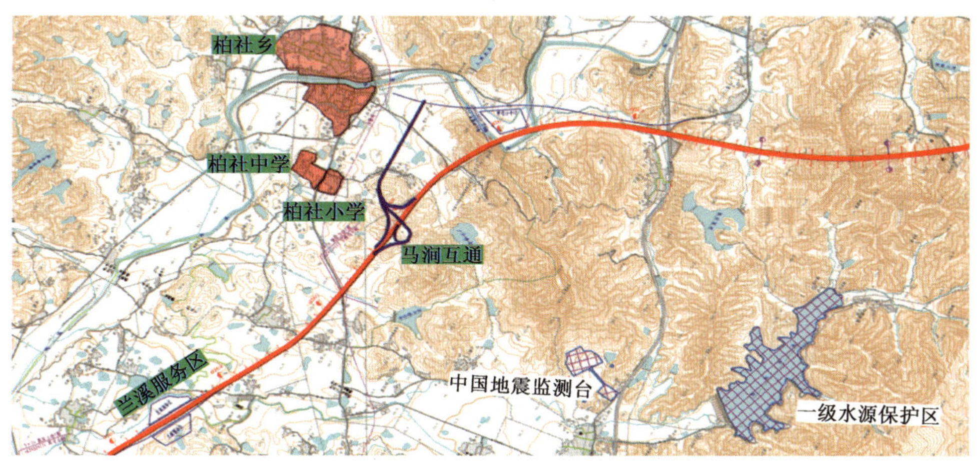

图 3-15　马涧互通段线位

二仙桥东枢纽互通位置为赤松镇与曹宅镇的交界处(图 3-16),与金华东枢纽间距为 2.3km,其主要用于建金高速公路与杭金衢高速公路、金丽温高速公路之间的交通转换。其将通过主交通流建德往来丽水方向的 A、B 匝道将两个枢纽的其他相关匝道串联起来组成

两层的复合式T形枢纽互通，该种设计的主交通流向采用匝道相连，指标相对较低；对金华东枢纽影响相对较大，施工难度大，但占地小、拆迁少、工程量小、造价低，有效改造了金华东枢纽的事故多发点。

图3-16　二仙桥东枢纽互通位

临建高速公路的潜川互通位于於潜镇境内古竹村东侧，被交道路为潜川连接线。通过比较不同方案的特点，发现方案一为A型单喇叭互通，合理利用地形布置互通及停车区位置，填挖方量基本平衡，桥梁规模较大，总投资较小；方案二与方案一基本相同，停车区布设位置，桥梁规模较小，但挖方量大，防护工程大，总投资较大。最终选择方案一，以减少挖方，平衡填挖方量，有效保护沿线土地资源。

3）驻地、场站布设

（1）驻地、场站布设

科学选址场站。驻地和场站就近有适用场所，且符合标准化建设要求时宜尽量租用；需新建时，应多利用红线范围内用地，譬如预制场设置在路基范围内，项目部驻地、钢筋加工场、混凝土拌和站等施工临时用地设置在公路主线或取弃土场范围内，可以有效减少临时借地的环境破坏和对路容路貌的影响。

场站建设应按照“工厂化、集约化、专业化”的要求进行设置和规划。综合考虑施工生产情况，编写建设方案内容包括位置、占地面积、功能区划分、场内道路布置、排水、设施布置、水电设施设置及施工设备的型号、数量等。施工场站中的实验室如图3-17所示。

图3-17　湖州段J01标工地实验室

①施工、监理和建设管理单位驻地布局合理,现场及场内主要公路做硬化处理,排水设施完善,生活、生产污水和垃圾应集中收集及处理。

②施工场站应执行混合料集中拌制、钢筋集中加工、混凝土构件集中预制的"三集中"制度,做到施工材料管理集中、生产工厂化、施工专业化。施工场站内应设洗车池、污水沉淀池和排水系统。

(2)预制梁场布设

预制场选址与布置应经过多方案比选,采用就近桥梁的原则,便于预制梁板架设。同时按照工期计算出面积、台座数量、机械配备,经验收合格后方可投产。严格执行审批验收及模板准入制度,模板经验收后方可投入生产。合理划分办公生活区、制梁区、存梁区、构件加工区域等。预制场建设宜与桥梁下部结构施工同步启动,避免出现"梁等墩"及"墩等梁"现象。桥梁预制场为防止产生不均匀沉降变形而影响桥梁预制的质量,应对场地分层碾压密实,并对台座基础进行加固,尤其台座两端应用 C20 以上的片石混凝土扩大基础进行加固,以满足梁板张拉起拱后基础两端的承载力要求。同时对存梁区的枕梁要视基地的承载力情况适当配筋,并在台座上设置沉降观测点进行监测。预制场布置应符合工厂化生产的要求。道路和排水畅通,场地四周用砖砌围墙(或通透式围栏)。预制梁场主要道路、制梁区应采用不低于 20cm 厚半刚性基层或砂砾垫层 +20cm 厚 C30 混凝土面层进行硬化处理。存梁区硬化应采用 C20 水泥混凝土,厚度不小于 10cm。

预制梁的台座强度应满足张拉要求,台座尽量设置于地质较好的地基上。

对软土地基的台座基础应进行加强,台座与施工主便道应有足够的安全距离。底模采用钢板,不得采用混凝土底模,钢板厚度不小于 6mm,并确保钢板平整、光滑。预制台座、存梁台座间距应大于 2 倍模板宽度,以便吊装模板。预制台座与存梁台座数量应根据梁板数量和工期要求来确定,并留有一定的富余度。

台座应满足不同长度梁板的制作,台座两侧用红油漆标明钢筋间距。用于存梁的枕梁可设在离梁两端面各 50~80cm 处,且不影响梁板吊装的位置,枕梁应适当配筋。支垫材质应采用橡胶板或方木,且不污染梁底,禁止使用沙袋。T 梁横隔梁的支撑优先选用固定式底座,底座应与 T 梁台座同步建设。

杭绍段全线合计涵洞通道 42 道,混凝土方量共计 12661.4m^3。出于集中化管理、节省功耗、经济合理的考虑,对 G25 富阳至 G60 诸暨联络线设计施工总承包项目装配式箱形构件首件预制进行总体部署和筹划,为实际建设中达到施工质量、进度、安全及文明施工控制目标提供技术支撑,拟建立装配式构件预制中心负责加工装配式拱形、箱形构件。

根据 G25 富阳至 G60 诸暨联络线设计施工总承包项目招投标文件、施工图纸相关要求以及对提高工程质量、保障安全作业、力求降低成本、促进环境保护的要求,将装配式构件预制中心选址在十店线分离桥 YK143 +900 ~ YK144 +000 范围右侧,长 180m,宽 40m,合计面积 7200m^2。主要包括中心实验室、装配式预制中心、梁板预制中心、小型构件预制中心和基础及下部结构钢筋加工配送中心 5 个部分。如图 3-18 所示为预制梁场布设。

4)土石方平衡

为有效预防、减轻公路建设造成的环境污染、生态破坏以及检验环保工程效率,必须科学、严格地执行公路建设项目环境影响评价制度。土石方是构成公路工程的主要部分，土石方平衡不仅直接影响公路建设的投资、经济技术方案的比较，更直接影响公路建设可能对周边环境产生的影响大小及后续的环境治理。土石方平衡分析评价是公路项目环境影响评价中需重点关注和加强的部分。

图 3-18　预制梁场布设

公路建设项目的土石方不仅是指土石方工程的挖填和弃置，通过土石方的平衡可以评价公路选线的合理性，取料场、弃渣场设置的必要性和合理性，标段划分等施工组织设计的合理性，高填深挖的合理性等。特别是在山区公路建设过程中，涉及的土石方数量大、结构物多、开挖和填筑范围广，容易造成植被破坏和水土流失，对生态环境影响较大。通过对土石方平衡的评价，优化工程选线、选址，本着“不破坏就是最大的保护”的思想，既可使生态环境得到保护，减少地质灾害和水土流失的发生，又可保护公路设施，促进公路交通的可持续发展，实现公路建设与环境保护并重，实现公路建设项目与自然环境的和谐。

(1)土石方平衡原理

目前，在公路建设项目的主体设计中缺乏统筹性，土石方平衡往往只包含主线路基的工程量，没有考虑路基与其他各项目之间的土石方的相互利用问题，而在实际的施工过程中，各项目的土石方数量一般包括以下几种情况：

①主线路基为余方，其他项目为缺方。

②主线路基为缺方，其他项目为余方。

③主线路基和其他项目均为缺方。

④主线路基和其他项目均为余方。

在情况①时，若没有考虑主线路基与其项目土石方之间的相互利用，就会将主线路基的余方作弃渣处理，同时其他项目中的缺方还需另行取料，但若考虑主线路基与其他项目间的相互利用，主线路基中将有余方用于其他项目的缺方中，就会减少余方和缺方数量，从而减少弃渣和取料数量，甚至会出现仅有弃渣或仅有取料的情况，这样不仅可降低工程造价，还可减少因取料及弃渣而造成的对水土保持设施的破坏及由此所带来的水土流失，减少因取料及弃渣所需的防护成本。在情况②时,也会出现类似的结果。在情况③和④时,不会产生这种后果,但这两种情况出现的概率较低。可见,主体工程中所使用的土石方平衡方法,若没有考虑最大限度地利用工程中的开挖方,很容易破坏水土保持设施,造成水土流失,还将增加工程造价及水土保持投资。

(2)土石方填挖平衡与调配思路

设计中重点考虑环境景观的协调,重视环保设计。因此路基填挖工程以及取弃土工程应作为重点,减小填挖方和减少取弃土,从而减少占地,减少对植被的破坏,使高速公路融入自然环境中。

①取弃土设计原则上就近解决,并考虑水土保持和复耕工程:

a.根据地形灵活布设路线,减少填挖方高边坡以减小填挖土石方量。采用全曲线法布设平面设计线,设计思路上以纵断面先行,在优化后的初纵断面基础上,以设计高程对应的地形折线为平面设计基准,灵活采用合理的技术指标,尽可能切合地形,随弯就势设线。从而减少路基段内的填挖方高边坡,一方面减少大填大挖段落,在根本上减少路基填挖方总量,减少取弃土量;另一方面也可使得路基在横断面上实现大致的填挖平衡。

b.在平纵面设计中注重局部填挖方平衡。通过全线平纵面综合考虑,在可行的路段抬高纵断面增加填方,消化废方,在路基土石方总量上实现了大致平衡,但因隧道和大桥交替,多数段落难以有效调配利用,因此设置多处弃土场的基础上还需设置取土场,以满足不同路段的土方需求。贯彻局部填挖方平衡的总体设计思路,将路线以大桥和隧道为界划分为诸多设计单元,在平纵面设计中灵活合理地采用平纵面指标,力求实现设计单元内部的填挖方平衡。

c.以施工合同段划分为基础,结合工程管理实际进行土石方调配利用:总结以往高速公路项目的设计经验和教训,在高速公路全线基础上进行的土石方利用调配虽然近乎合理,但往往因为不同合同段的施工进度差别的原因,跨合同段的调配利用难以协调实现,对施工单位的协作要求高。贯彻结合工程管理实际的思路,在土石方利用调配中尽量以施工合同段为单位进行,对必要的合同段间调配,也充分考虑临时堆置场地的需求,密切结合工程管理的实际,方便施工单位的施工调度。

②对土石方平衡的分析应从以下7个方面入手:

a.土石方的调运原则的合理性评价:是否最大限度地利用了开挖方,是否仅因调运距离或是造价原因,出现了又要弃渣又要取料的情况。

b.弃渣场设置的必要性、合理性评价:是否可综合利用弃渣,是否有更好的替代方案,是否涉及敏感目标的影响。

c.取料场设置的必要性、合理性评价:是否可利用附近工程的弃方。

d.标段划分的合理性评价:是否出现了因标段划分不合理,导致某一标段开挖方没有得到充分利用而弃渣,而另一标段却出现了填方不够而大量取料的情况;是否可以通过标段的调整消除以上问题,既可减少弃渣又减少取料,从而减少可能的环境影响。

e.施工组织设计合理性评价:是否可以通过如施工时序上衔接的调整,充分利用弃渣。

f.大的挖填方必要性评价:是否可以通过选线等的优化,减少高填深挖对环境的影响,是否可以通过设置桥梁、隧道等,使土石方的平衡更加合理并减少对现状地形地貌和植被的破坏。

g. 工程土石方平衡等是否与当地规划相协调,以免弃渣或取料落空,从而造成更大范围的破坏。

h. 土石方调运过程中是否涉及重要保护水域、文物保护单位等敏感区域。

杭州绕城高速公路西复线杭绍段丘陵区地形比重较大,土石方纵向调配条件差,充分重视土石平衡,重视高填土路基方案的研究来消耗弃方,合理利用填筑材料是设计的一个重点。为了解决上述问题,提出以下对策措施:

①力求达到挖方与填方基本平衡和就近调配,使挖方量与运距的乘积之和尽可能最小,即土方运输量或费用最小。

②土方调配应考虑近期施工与后期调配相结合的原则,考虑分区与全场相结合的原则,还应尽可能与大型地下建筑物的施工相结合,以避免重复挖运和场地混乱。

③合理布置挖、填方分区线,选择恰当的调配方向、运输路线,使土方机械和运输车辆的性能得到充分发挥。

④好土用在回填质量要求高的地区。

⑤土方调配应尽可能与城市规划和农田水利相结合,将土一次性运到指定弃土场,做到文明施工。

施工图阶段应进一步优化平纵面设计、合理调配土石方,减少弃方的同时,结合水土保持、环境保护等具体要求,对于少量的弃方,可结合主线互通区内绿化的需要进行合理应用。与地方政府进一步加强沟通、统一管理调配,并将部分弃渣运至周边相关工程综合利用,切实落实完善弃土方案设计。

杭州绕城高速公路西复线扩容段项目隧道较长,全线挖方大于填方,为减少弃土场的设置,设计对土石挖方、隧道洞渣的资源综合利用方案如下:

①填石路基:条件允许路段采用填石路基,充分利用路基挖方及洞渣。

②二次加工利用:经加工破碎后的碎石料及机制砂,作为挡土墙、边沟、等圬工的集料及路面材料。

③局部填筑:分离式路基中间带采用弃渣直接填筑至路基设计高程。

④场地填筑:服务区、收费站的场地采用弃渣填筑。在实际施工中,改项目不设永久弃土场,废方可用于防护、路面材料等,借方需外购或业主协调不同合同间调配。其中,路基填筑材料:宕渣主要采用沿线路基、隧道开挖后的土石混合料,就近调配使用。第2、4合同需考虑从临安或湖州外购宕渣或利用3合同段废方;第5~7合同考虑在萧山诸暨等地附近合法料场购买。

⑤填筑石料:比较近的有临安板桥乡、富阳新义乡、萧山区临浦镇、进化镇等地的石料场,主要出产碎石、块片石。也可以利用路基挖方中符合质量要求的石料。

⑥砂料:砂砾采用富春江中上游所产天然河砂。集料:比较近的有诸暨应店街镇、次坞镇等地石料场。路面上面层所用玄武岩碎石可以从上虞市等地购入。

为了体现节约用地的理念,减少对农田路段耕地的占用,填方边沟采用矩形。其中,余杭冲积平原区采用预制矩形边沟，体现小型构件预制化的理念；富阳低山丘陵区采用浆砌片石矩形边沟，适应地形变化特点并可合理消耗洞渣。结合其隧道长、路堑多、弃渣量大的特点，部分高填方路段采用填石路堤工艺进行设计，减少了弃渣石料的“解小”工作量，降低能耗，节约资源、节能环保。

建金高速公路初步设计阶段对路基土石方平衡按所属行政区域进行，除非适用土外，能利用的尽量利用，尽量减少弃方。考虑到资源综合利用，石质较好的洞渣（次坚石）考虑加工后作为路基防护排水工程材料，经检测合格后可作为路面结构基层底基层材料或用于制作机制砂，也可堆置于临时堆场，后期作为养护材料。不能利用的，在废方集中路段设置临时中转场地，后期调运至弃土场。

其中，半源弃土场位于兰溪市马涧镇半源村，陈山隧道和金华山隧道之间路线右侧山凹，主要堆弃陈山隧道和金华山隧道弃方（图3-19）。考虑到资源综合利用，次坚石合计33万 m^3 留作利用，堆置于马涧养护工区，弃方合计38万 m^3，有效减少了弃方量。东宝寺弃土场（图3-20）位于金东区曹宅镇姜山村，主线AK2471+900左侧100m外山谷，主要堆弃金华山隧道弃方。考虑到资源综合利用，次坚石合计31万 m^3 留作利用，堆置于临时堆场；弃方合计75万 m^3，大大减少了弃方量，做到了资源的综合利用。

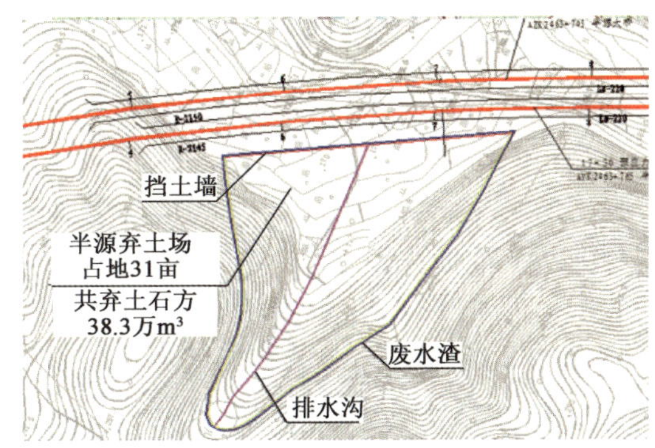

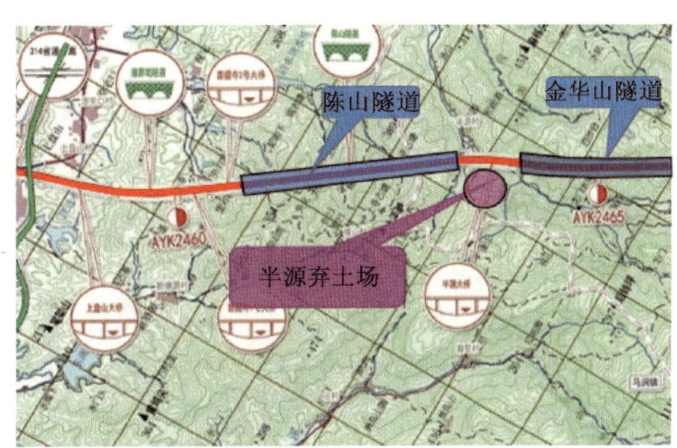

图3-19 陈山隧道和金华山隧道弃土场

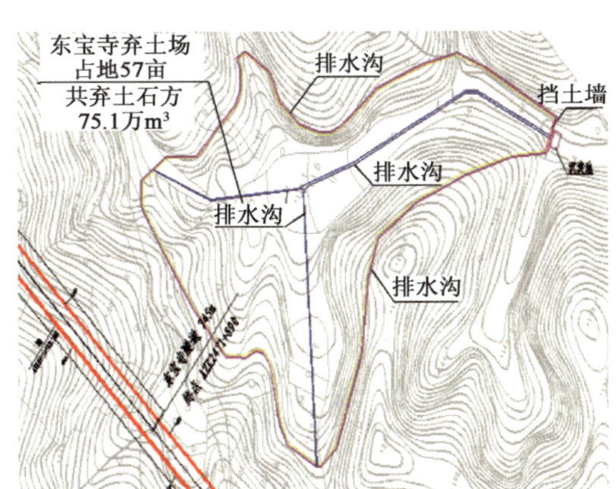

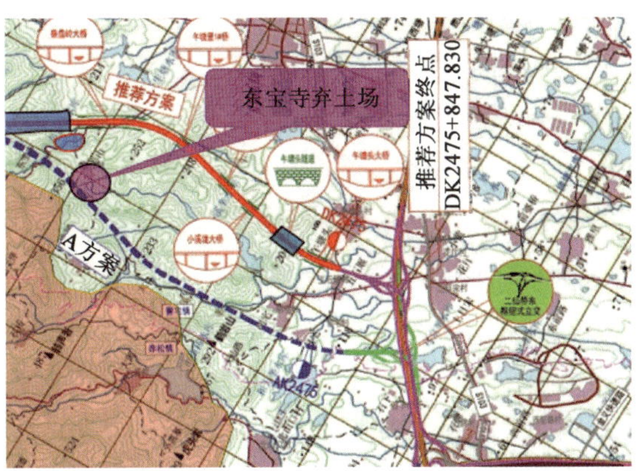

图3-20 东宝寺弃土场

建金高速公路在建设过程中，一方面从土石方平衡角度出发，通过线路优化避免较大的填挖不平衡，减少弃渣量；另一方面则从弃渣合理利用角度，对隧道弃渣和路基路堑边坡挖方等进行综合利用，并合理调配各标段土石方。对土石方资源综合利用进行了专项设计，编制了《长春至深圳高速公路(G25)浙江建德至金华段公路工程土石方调配利用方案》。其土石方综合利用及调配建议如下：

①施工图阶段土石方平衡原则上按土建标段进行，缺方或弃方的土建标段可从相邻的土建标段中合理调配，能利用的尽量利用。

②贯彻“因地制宜、就地取材、资源节约、循环利用和保护环境”的原则，对隧道挖方弃渣进行回收利用，对质地坚硬、洁净的岩石，经分类筛选后就地集中加工破碎成符合设计及施工要求的碎石粗集料、细集料(或机制砂)，可用于沥青路面结构半刚性基层、隧道衬砌混凝土、桥梁桩基等结构物的粗、细集料，最大限度地减少弃渣运输和占地面积。

③路基路堑边坡挖方由于施工过程中会产生土石混合，性质不单一，且总体岩质较差，土石方利用只考虑用于路基的填筑以及加工成透水性材料，不考虑作为路面及结构的料石材料进行利用。

3.1.2 工程建设永临结合

公路建设传统模式一般是将土建、路面、交安、机电、绿化、房建等工程进行分阶段招标实施建设，交(竣)工验收后移交公路管理局运营、属地养护中心或公路分局进行养护，建管养未实现一体化，全寿命周期建管理念体现不足。随着国家深化基础设施建设投融资管理制度改革，公路建管模式也在不断发生变革更新，施工总承包、设计施工总承包(EPC)等工程总承包模式和建设—经营—转让(BOT)、BOT + EPC、政府和社会资本合作(PPP)等投融资模式也不断被付诸实践，项目合同段划分都十分庞大，投资管控目标和环保、水保竣工验收标准对项目管理提出了更高要求。如何在新时代新形势下实现交通建设高质量绿色发展，永临结合建设理念的应用实践需要我们认真探索和研究。

永临结合是一种工程建设理念，是指将工程建设投产后的永久性工程与施工过程中所使用的临时性工程进行综合考虑、统一建设，变两次投资为一次投资的建设实践活动。公路作为服务国民经济发展的重要基础通道，投资大，建设周期长，主体工程施工往往需要配套大量的临时工程进行作业，临时设施投入多而繁杂；认真分析研究公路工程建设时空次序，合理组织，科学有序施工，将永久工程建设结构充分应用于临时工程，实现永临结合建设是非常可行和必要的。

1)公路建设临时工程

公路建设临时工程主要分为以下几种：

①用于主体工程施工的临时道路工程。

②项目部、实验室及其他生产用驻地建设。

③混凝土、混合料拌和站、钢筋加工场、临时堆料场、物资仓储库房等公路建设用临时配套场站设施。

④建设期的施工电力及通信管线等临时设施。

⑤建设期信息化管控的内外场监控设备及站房等。

⑥桥梁现浇上部结构的大型临时支架、临时支墩工程。

⑦临时工程设施建设占用的各类临时用土地。

2）临时工程的特点

（1）相对于主体工程的临时性

按照公路工程建设环保、水保要求，公路工程交工验收前，临时道路、电力通信、场站驻地、监控设施、临时占地等临时工程均需拆除恢复；桥梁支架、支墩等随着主体工程的建成而自然拆除。

（2）服务主体建设所占成本大

线状工公路程所经区域一般自然条件差，工程构筑物分布零散，项目驻地场站、临时道路、监控设施、电力通信线路、桥梁支架等工程投资规模较大，据统计公路建设场站驻地、施工便道、临时支架、管线等临时工程可达建安工程总成本的3%～10%。

3）永临结合建设工程表现形式

（1）占地方面的永临结合

主要表现为通过施工组织的时空合理安排和调配，将公路主体设施永久占地用于临时场站、驻地、通行道路等设施占地，减少项目建设过程中的临时占地数量，实现临时工程占地的永临结合。

（2）建筑设施的永临结合

主要表现为通过前期施工图设计，将公路主体电力管线设施、地方道路还建、服务区设施、房建工程、运营监控中心等永久性建筑设施与施工中用于生产的电力通信设施、施工便道、驻地场站、监控设施等临时工程进行统筹设计与施工考虑，使永久建筑设施服务于临时工程。

（3）取弃土场的永临结合

取弃土场占地在公路施工图设计中表现为临时占地，但公路建成后该区域由于取弃土而实际无法恢复原貌，表现为永久占用。取弃土场的永临结合主要表现为前期设计与后期施工的统筹规划，使该区域变为政府能够重新规划利用的农田或具有可开发利用功能的土地，实现取弃土场的综合利用。

（4）桥墩与支架永临结合

主要表现有：

①在设计现浇桥梁上部结构方案时，利用已建成桥梁墩柱和系梁，采用贝雷梁结构将支架布设支撑于墩柱或系梁，实现永久性墩柱系梁与临时浇筑支架的完美结合。

②利用墩柱实体分段加固塔吊立柱。

③桥墩盖梁施工采用的抱箍或销钉支撑工艺。

④高墩翻模顶升工艺预埋于墩柱中的顶升支撑钢柱等。

4）永临结合建设理念应用分析

（1）节约临时占地，减少水土流失

①梳理设计中的养护工区、停车区、服务区、互通立交、运营监控中心、收费管理所、交

警及路政管理服务中心等永久性服务设施位置及占地规模，结合项目承发包模式和重点构造物分布情况以及工程建设时序，统筹规划布置沿线混凝土拌和站、钢筋加工配送中心、路面混合料拌和站、小型构件预制场等大型临时场站和项目部、实验室等中小型临时建筑，充分利用永久性占地代替临时工程占地，尽量减少占地造成的环境破坏和水土流失影响。

②根据桥涵等工程结构物分布位置和路基地质情况，充分利用主线路基和互通立交等永久占地布设梁板预制场，降低临时工程占地规模，减少水土流失和原始生态破坏。

③结合地方道路应用现状和项目施工计划，尽量利用红线内占地建设纵向临时道路，专项设计和改造利用已有地方道路作为横向施工便道，减少临时占地数量。

(2)统筹规划设计，提高投资效益

①提前与政府相关部门进行战略规划合作，降低临建设施恢复费用。

②将高速公路隧道等工程的永久用电线路与施工期的临时用电线路进行统筹设计，降低公路桥隧施工用电设施安装成本，变临时工程为永久工程。

③在高速公路建设期的信息化管控系统设计建立时，充分考虑运营期监控中心的设置位置和设备功能，在参数选取时尽量与后期机电工程型号标准保持一致，购买设备时尽量选择主流厂商适用性广的型号，并将详细信息登记造册，以便在完成施工期监控任务后将设备用到建成后的运营中去，实现设备的充分利用，降低总体成本。

④对于建设周期长或选择驻地困难的高速公路项目，可以考虑将房屋建筑工程做先期实施，先期建成后利用收费站所或服务区营房作为项目指挥部或项目管理公司或施工项目部等，变永久工程为临时使用，可充分降低建设管理费用。

(3)拓展综合功能，实现绿色环保

①高速公路建设对生态环境的影响主要来自其自身对生态环境的切割和搬运土石方造成的水土流失，其中搬运土石方主要由取弃土场承载。公路水保验收的一项主要指标就是取弃土场的综合治理效果。深入分析取弃土场综合功能，秉承临时工程永久化建设理念可实现环水保验收与工程建设双赢。

②建设前期充分规划弃取土场占地位置、规模和场地荷载指标，积极与地方政府部门沟通联系，将土场占地与地方建设项目规划有机结合，做好占地手续和水保验收衔接，将临建场地使用完毕后及时转为地方建设用地。如此既可减少临时占地治理投入，又可为地方规划增加建设用地。

③将永久性防排水支挡防护与弃土场治理相结合，充分利用弃土反压稳定冲沟侧壁土体，完成冲沟区域综合治理。

④严格按设计要求剥离取弃土场表土并集中存放，待路基工程建成后，利用取弃土场形成的平整地块和前期存放的表土进行还田造地，结合绿化工程设计进行植树造林，对取弃土场破坏区域进行专项整治，实现临时工程综合利用与绿色施工。

(4)优化建造工艺设计，展现永临科技魅力

①桥梁抱箍法在圆形墩柱盖梁支架施工中应用广泛，但在桥墩较高的方柱墩与薄壁墩中应用受限，此时销钉支撑就发挥了其优势，但销钉支撑的缺点在于其对墩柱的结构断面影

响。为消除销钉支撑工艺的应用缺陷,墩柱主体结构设计时充分考虑永临结合建设理念,将用于销钉安装的预埋部位进行特殊设计和工艺补强,实现永久墩柱设计与临时支撑工艺的完美结合。

②在大型现浇桥梁施工中满堂式支架被广泛应用,但满堂支架对地基承载性能要求较高,且需要一定时间的预压处理,有时还需对不良地基进行换填加固,桥墩较高或地基不良时使用局限明显。采用永临结合的桥梁支架方案可以彻底解决满堂支架对地基的依赖以及高墩支架作业繁杂带来的不便和使用局限。现浇桥梁上部支架永临结合是采用系梁或墩柱预埋件作为钢管立柱梁式支架的基础,同时以加强弦杆贝雷梁作为支架主梁,将整跨上部箱梁支架全部支撑于主体结构系梁或墩柱上,有效地规避了不良地基和高墩对现浇支架施工带来的不利影响,实现了永久性桥墩结构与临时工程的完美结合。

③在桥梁施工中采用永临结合的理念进行科学的支架设计和施工应用,不仅体现了桥梁施工的机械化、标准化和装配化,还体现了工程建设的环保、水保绿色理念,实现了科学设计与绿色施工的完美融合。相对于满堂支架工艺,永临支架工艺在时间节约方面可提高施工效率50%以上,工程成本方面可节约费用50%以上,环水保方面可减少破坏80%以上,经济和社会综合效益显著。

永临结合建设理念和工程实例在公路工程建设中表现形式多样,其核心意义在于提高公路工程建设的经济性、环保性、科学性、安全性,实现统筹规划、节能环保、科学设计、安全施工,提升工程项目建设投资的综合效益。永临结合是一种科学的社会实践活动。实现公路工程建设的高质量发展,永临结合建设理念必不可少。公路设计施工总承包模式的推广以及PPP投资经营大时代的到来,必将推动其迅速发展,并在工程全寿命周期带来十分显著的社会经济效益。

临建高速公路因地制宜,推广永临结合。围绕“共享、共建”理念,确保电力专线和三集中场地与养护基地永临结合的落地,在节省造价的基础上提前解决施工进场后的“三通一平”工作,缩短施工工期。便道便桥的建设可以与地方改河、改渠、改道“三改”相结合,使便道、便桥成为永久性地方道路,并纳入设计范围。加强道路施工的供配电方案与临时供配电方案结合设计,鼓励临时用电设施与永久用电设施有机结合。便道、便桥应按照永临结合原则,进行专项规划设计,并与现场的存放场、仓库、施工设备等位置相协调,满足施工车辆的行车速度、密度、载重等要求:

①施工便道按照投标文件承诺和施工组织设计的要求合理布设。自建施工道路宽度不小于4.5m,铺设厚度不小于20cm的沙砾路面,并每隔500m设置20m紧急停车带。

②便道路基地段为不小于20cm的砾石垫层。

③各场(站、区),重点工程施工等大型作业区,进出场便道100mm范围应采用厚度不小于20cm的C30混凝土进行硬化,并设置碎石或灰土垫层,基础应碾压密实。

④施工便道应设排水沟,沟底宽度和深度不小于30cm,排水通畅。

⑤便道经过水沟地段,要埋设钢筋混凝土圆管或设置过水路面,做到排水畅通。

3.1.3 表土资源综合利用

表土是重要的自然资源,既是土地生产力恢复的基础,也是自然生态恢复的保障。高速公路建设项目前期均涉及大量表土清理工作，建设中期及后期又涉及大量生态工程任务，需要消耗土壤。为促进生产建设项目表土资源有效保护和高效利用，在建设期内循环利用表土资源，既是节约土地、保护生态、避免土地二次破坏的主要途径，也是实现绿色、环保、可持续发展的重要保障。

1）利用原则

（1）优先利用原则

高速公路建设期内会面临大量的工程创面生态修复、景观绿化及减量化复垦等任务，期限确定，一般要在项目竣工前完工，需要消耗大量优质土壤。因此，坚持优先使用表土资源，减少外部土壤输入，既能节约土地资源，又能快速修复生态。

（2）就近利用原则

高速公路作为线性工程，地域跨度较大，表土资源利用宜遵循就近利用的原则，避免长距离调配增加成本。对于严重缺土又无法内部调配的标段，为避免取土增加新的工程创面，可跨标段或跨区域酌情调配。

（3）充分利用原则

表土资源保护利用应以剥离收集为出发点，以充分利用为根本落脚点。因此，务必做到剥离与利用的无缝衔接，避免表土闲置浪费，劳民伤财，尽可能做到充分利用，合理利用。同时，最大限度地避免因建设用地生态修复、绿化种植、减量化复垦等工程异地再取土而增加新的工程创面。

（4）因土施用原则

不同类型表土资源的质地和理化性质差异较大，应分类收集、存放，因“土”施用，充分发挥表土资源利用的生态环保和社会经济价值，做到表土资源利用综合效益最大化。

2）保护与利用

（1）表土资源剥离措施

高速公路地域跨度大，工程建设挖山填沟，清表工程量大，沿线地形地貌复杂多变，既有平缓地，也有山坡地、沟谷地，而且土地类型杂而多，几乎涵盖了耕地（旱地、水田）、园地、林地（原始林、人工林）、草地、湿地等。不同类型土地的表土差异较大，剥离前应对清表区进行评价分类，因“地”剥离，分类收集。以清（远）云（浮）高速公路为例，根据表土质量差异和保护利用综合效益来评价清表区类别及表土剥离的优先级（表3-1）。其中，Ⅰ类清表区表土必须剥离，Ⅱ类清表区表土应该剥离，Ⅲ类清表区表土建议剥离，或根据实际情况确定，Ⅳ类清表区可不予剥离。

清理区评价分类表及表土剥离优先等级表　　表3-1

评价因子	Ⅰ类清表区	Ⅱ类清表区	Ⅲ类清表区	Ⅳ类清表区
土地类型	农田、园地	林地、草地、湿地	林地、草地、湿地	林地、草地、湿地
土壤质地	壤土类	壤土类	黏土、砂土类	砾石＞20%或重黏土
有效土层厚度	≥50cm	≥30cm	≥20cm	＜20cm

续上表

评价因子	Ⅰ类清表区	Ⅱ类清表区	Ⅲ类清表区	Ⅳ类清表区
地形地貌	地块平整	地块平缓,少量起伏或凸陷对机械作业无影响	不平整,山坡或沟谷地,尚能机械剥离作业	地形复杂,难以机械剥离作业
可视杂物	无或易清除	局部较多易清除	较多但能清除	较多但能清除
较多但能清除	无或轻微能修正	轻微能修正	有但能修复	有但能修复
表土剥离优先级	必须剥离	应该剥离	建议剥离	不予剥离

工程实践表明,表土剥离深度宜控制在 30 ~ 50cm。根据地形地势的不同,剥离深度有所不同,若地势高时可适当增加剥离深度,地势低时可适当减少剥离深度。根据土地类型不同,农田、园地等土壤深耕程度高的剥离深度可达 50cm 左右;林地、草地等剥离深度一般在 30cm 左右,若底土质量尚可,剥离深度也可放宽到 30 ~ 50cm 甚至更深,但应不低于地下水常水位。表土剥离可采用"条带复垦表土外移剥离法""梯田模式表土剥离法"及"分层平移表土剥离法"等。可即剥即用的表土应直接运送到利用区及时利用,短时间内不能利用的表土应就近堆放在待利用区或附近适宜的堆放场,并做好标识和保护措施。

(2)表土资源质量评价

高速公路工程项目特点,决定了在项目建设中期及后期会面临大量的工程创面生态修复、沿线景观绿化及减量化复垦任务,对优质土壤的需求量很大。按照国内以往的施工惯例,工程创面生态修复、沿线景观绿化种植所用的土壤基本都是外部输入的心土或母质土甚至是渣土,造成后期工程效果较差。无论是减量化复垦,还是工程创面生态修复、景观绿化种植等,对土壤质量的要求都比较高,而且对表土的利用方法也不尽相同。然而,不同类型的表土质量一般差异较大,而且表土的剥离收集过程也会影响表土质量。依据因土施用原则,应对表土质量进行必要的评价分类,确定不同类型表土的最佳利用方式,使表土利用综合效益最大化。根据清云高速公路沿线的表土资源保护利用经验,高速公路建设期内的表土质量评价分类与再利用优先级见表 3-2。

表土质量评价分类与再利用优先级 表 3-2

评价因子	土壤类型	可视杂物(石砾)	土壤质地	自然密度	有机质含量	发芽指数	是否存在障碍因子	再利用优先级
Ⅰ类	耕地 园地 林/草地	无或极少量,个别杂质易剔除	壤土	$<1.4g/cm^3$	≥20g/kg	≥90	无或轻微可修正	农田复垦
Ⅱ类	耕地 园地 林/草地	30mm 以上含量小于 5%,50mm 以上无	壤土、黏土	$<1.6g/cm^3$	≥15g/kg	≥85	轻微可修正	景观绿化种植上边坡生态防护—喷播基材
Ⅲ类	林地土壤 草地土壤	30mm 以上含量小于 10%,50mm 及以上无	壤土、黏土、砂土	$<1.8g/cm^3$	≥10g/kg	≥80	一般可修正	生态林/草地复垦—下边坡绿化防护

评价因子	土壤类型	可视杂物（石砾）	土壤质地	自然密度	有机质含量	发芽指数	是否存在障碍因子	再利用优先级
Ⅳ类	林地土壤 草地土壤	30mm 以上含量小于 15%，50mm 及以上无	壤土、黏土、砂土	$<1.8g/cm^3$	≥5g/kg	≥80	中度可修正	下边坡绿化防护
Ⅴ类	林地土壤 草地土壤	30mm 以上含量不小于 15%，50mm 以上含量≥5%	重黏土、重砂土	$\geq 1.8g/cm^3$	<5g/kg	<70	严重较难修正	底土层

3）利用途径与方法

高速公路作为线形工程，具有线长、面宽、地域跨度大等特点，不可避免地会永久或临时占用大量土地资源，并在工程建设施工期内形成大量工程创面。在各种工程创面或破坏土地中，约 30% 为临占用地，70% 为裸露边坡，其中挖方边坡约占 40%，填方边坡约占 30%。在高速公路建设中期及后期，沿线面临大量的工程创面修复、建设用地减量化复垦、景观绿化等生态任务，均需要消耗大量的土壤资源。限于多方面因素，国内高速公路生态工程施工中，所用土壤多是外部输入的母质土或心土，甚至“渣土”，造成沿线生态景观效果较差。然而，高速公路建设中剥离收集的表土土质肥沃，土壤微生态功能完善，同时也是优良的乡土植物种子库，作为珍贵的土壤资源，用于沿线生态工程具有无可替代的作用。根据多年工程实践经验，表土资源在高速公路生态工程中的利用途径广泛，主要包括工程建设用地减量化复垦、沿线景观绿化、工程创面生态防护三个方面。其中，表土用于工程建设减量化复垦，主要包括在临占地再造耕地、生态林草地等利用；工程沿线景观绿化利用，包括中央分隔分带、路肩绿化带、服务区、互通立交等绿化种植利用；工程创面生态防护主要是挖方边坡与填方边坡生态防护利用。如图 3-21 所示。

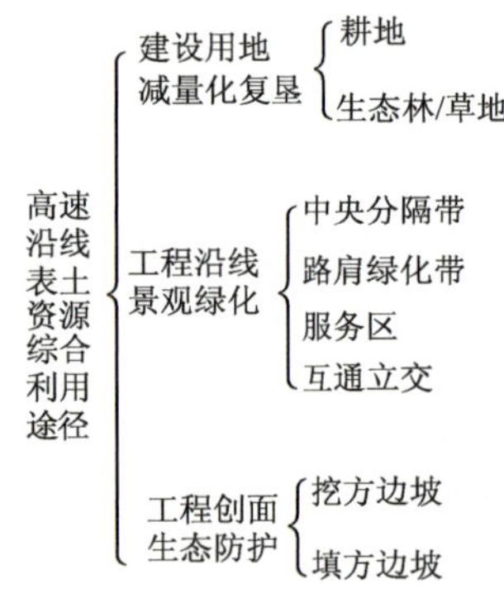

图 3-21　高速公路建设期内表土资源综合利用途径

表土资源在高速公路生态工程中的利用方法比较多样。如表 3-3 所示，表土利用方法根据利用时是否需要改良，可分为直接利用和改良利用；根据施工工艺不同，可分为喷播利用和回覆利用；根据表土受用区与剥离区的空间距离，可分为就地利用和异地利用。

高速公路建设期内表土资源利用方法　　表 3-3

利用方法		说明
改良与否	直接利用	表土无需经过任何处理直接利用
	改良利用	表土需粉碎、筛分及改良后利用
施工工艺	喷播利用	作为喷播基材或替代基材，通过表土喷播及喷播植草工艺利用
	回覆利用	作为景观绿化种植土或减量化复垦回填利用

续上表

利用方法		说明
空间距离	就地利用	表土就地用于剥离区域工程创面修复或减量化复垦
	异地利用	表土通过调配,用于异地的工程创面修复或减量化复垦

表土资源在高速公路生态工程中的利用技术要点,根据工程实践经验,表土资源在高速公路建设用地减量化复垦、沿线景观绿化、工程创面生态防护三大用途中的利用技术,一是喷播利用技术,包括作为主要喷播基材的表土喷播和喷播植草利用技术;二是回覆利用技术,包括回填复垦利用和绿化种植利用技术。

(1)作为主要喷播基材的表土喷播利用技术

高速公路沿线工程开挖,往往形成大量的路堑、路堤边坡。根据过去20余年的工程实践,我国高速公路边坡植被防护技术主要采用客土喷播(喷混植生)和喷播植草技术。喷播植草技术是将纸浆、植物种子、黏结剂、保水剂、复合肥等加水混合成浆液进行喷播,多用于填方边坡。客土喷播一般用于路堑边坡,尤其是岩质边坡。客土基材多是从周边林地甚至农田挖取的母质土或心土,添加一定比例的复合肥、有机肥(泥炭土)、植物纤维、种子等,稍加改良用作喷播基材。因此,客土基材质量难以保证,而且挖"田土"补"创面"的治理方式不仅浪费土壤资源,也易形成新的工程创面。

①原表土替代纸浆的喷播植草利用技术

根据实践经验,利用表土替代纸浆配置喷播植草基材,效果更好。喷播植草施工多是采用液力喷播机作业,表土用量不大但要求颗粒细而均匀,所用表土为经过5mm网筛筛出的粉质细土。喷播植草基材配置如表3-4所示,首先要在自带搅拌机的液力喷播机罐体中加入不超过3/4容积的水,边搅拌边按比例依次加入过筛细表土、黏结剂、保水剂、复合肥、灌草种子等,配置成泥浆悬浮液。喷播植草作业时边搅拌边喷播,必要时可喷播多次。实践表明,填方边坡一般喷播2~3cm的种子营养层效果较好。

喷播植草配置方法　表3-4

材料	用量	材料	用量
水	1.0m^3	缓释型复合肥	5.0~8.0kg/m^3
过筛细表土	300~500kg/m^3	保水剂	4.0~6.0kg/m^3
黏结剂	1.0~1.5kg/m^3	染色剂	0.5kg/m^3
灌草种子(总量2/3)	10~15g/m^2		

②原表土替代客土的喷播利用技术

高速公路沿线剥离收集的表土,多含有一些植物根茎残体,或夹杂少量碎石块等异物。而客土喷播工艺多是采用液压泵送式湿喷机或多功能液力喷播机进行喷播作业,对土壤质量要求较高,若含有较大块的植物残体和碎石,易造成堵管。因此,利用表土作为主要喷播基材,替代传统"客土"用于喷播,技术要点如下:

a.筛分表土:首先将收集的表土资源适当晾晒后进行筛分,将较大块的植物残体或碎石块祛除干净。根据实践经验,选用20型滚筒式筛分机,配套20~25mm网孔的钢丝轧花网筛即可满足筛分需要。若利用2~3t的装载车供土,可提高筛分效率,每小时筛分$30m^3$左右土壤。筛分出的匀质细土应做好防雨措施备用。

b.配置喷播基材:将筛分的匀质细土作为主要基材,添加适当比例的复合肥、有机肥、保水剂、黏结剂、土壤团粒剂及部分乔灌木种子等,混拌成喷播基材(表3-5)。

表土喷播基材配置方法　　表3-5

材　料	用量(质量百分比,%)	材　料	用量(质量百分比)/%
过筛表土	90~98	黏结剂	0.05~0.10
有机肥或泥炭土	5~15	土壤团粒剂	0.10~0.15
植物纤维(谷糠或锯木屑等)	0.50~1.00	水	适量
缓释型复合肥	0.20~0.50	乔灌木种子(总量1/3)	$8\sim12kg/m^2$
保水剂	0.05~0.10		

c.坡面预处理:人工清理坡面,铺挂镀锌铁丝网并用锚杆固定。

d.基材喷播:利用自带搅拌功能的液压泵送式湿喷机或多功能液力喷播机,将配置好的基材加水搅拌成黏稠的泥浆,在坡面喷播形成6~8cm厚的喷植层。

e.面层喷播:面层喷播基材配置如表3-6所示。利用液力喷播机在喷植层表面喷播1~2cm厚度的含有灌草种子的面层。工程实践表明,10天左右种子即可发芽,月余坡面即可覆绿。

面层喷播基材配置方法表　　表3-6

材　料	用　量	材　料	用　量
水	$1.0m^3$	保水剂	$4.0\sim6.0kg/m^3$
过筛细表土	$300\sim500kg/m^3$	染色剂	$0.5kg/m^3$
黏结剂	$1.0\sim1.5kg/m^3$	灌草种子(总量2/3)	$10\sim15g/m^2$
缓释型复合肥	$5.0\sim8.0kg/m^3$		

(2)表土回覆利用技术

工程实践表明,高速公路建设中、后期,沿线景观绿化和工程建设用地减量化复垦等任务重、时间紧,且期限确定,一般要在竣工前完工,对土壤消耗量巨大。充分利用表土,既是物尽所用,也是保护土壤资源,使用技术如表3-7所示。

表土回覆利用技术　　表3-7

利用途径	表土质量要求(按体积比计)	使用范围	回覆厚度
填方边坡	表土中小于30mm的砾石等杂质含量不超过15%,或重量在0.5kg及以上砾石不超过3%	格构梁、人字梁内	与格梁基本平齐
		碎石渣填方边坡,土壤贫瘠的下边坡	3~5cm
绿化种植	表土中小于20mm的砾石等含量不超过15%,或重量在0.25kg及以上的石砾不超过1%	中分带、路肩绿化带、服务区、互通立交等	绿化种植>50cm
景观草坪	表土中小于20mm的砾石等含量不超过10%,或重量在0.15kg及以上的石砾不超过1%	服务区、互通立交等	绿化草坪>20cm

续上表

利用途径	表土质量要求(按体积比计)	使用范围	回覆厚度
耕地复垦	表土中大于15mm的砾石不超过1%的优质表土	宜耕复垦地	≥30cm
生态林地	表土中小于30mm的砾石等含量不超过20%,或重量在0.5kg及以上砾石不超过3%	宜林复垦地	≥50cm
生态草地	表土中小于30mm的砾石等含量不超过15%,或重量在0.25kg及以上砾石不超过1%	宜草复垦地	≥20cm

①建设用地减量化复垦

将表土资源用于高速公路建设用地减量化复垦,尤其是耕作层再造,不仅是对土壤和土地资源的最大保护,也是我国高速公路建设可持续发展的保障。工程实践经验表明,我国高速公路建设期内,平均每千米高速公路的各种临时用地面积超过5000m^2,其中超过80%的临时用地可以有效复垦为耕地或生态林草地。高速公路建设用地减量化复垦应坚持"宜耕则耕、宜林则林、宜草则草"的原则。复垦为耕地前应平整场地,或采用分层回填方法,将土质较差的母质土作为底土层回填并加以平整,在底土层基础上均匀回覆优质表土再造耕作层。复垦为生态林地或草地,选用土质一般的表土即可,或将土质较好的表土与母质土或心土按1:1混拌后回覆利用,并及时植草防护,防止表土流失。根据实践经验,为保证复垦效果,再造耕作层的表土回覆厚度应不小于30cm,作为生态林地种植层的表土回覆厚度应不小于50cm,作为草地种植层的表土回覆厚度应不小于20cm。若表土质量较差,或复垦要求较高时,可在表土中添加一定的基肥或土壤改良剂,保证土壤良好的通气性和透水性,以利耕作或种植。此外,客土喷播中表土筛分出的含有较多植物残体的筛上物亦可作为良好的有机土回覆利用。

②景观绿化回覆利用

高速公路沿线景观绿化区域包括路肩绿化带、中央分隔带、服务区、互通立交等,对土壤需求量较大,但对土壤质量要求一般。表土若足够富余可直接作为绿化种植土回填,否则可与母质土或心土按1:1混拌后再回填利用。实践表明,用于栽植乔灌木的表土回填厚度应不小于50cm,用于建植景观草坪的表土回填厚度应不小于20cm,则效果最佳。因表土回填后会有一定沉降,中央分隔带回填可适当"高"填。

③填方边坡回覆利用

高速公路工程地域跨度大,沿线地质异质性强,在土层较薄又以填方为主的路段,碎石渣填方路基一般较多。工程实践表明,此类填方边坡往往缺乏土壤,直接利用喷播植草工艺来恢复植被,效果都较差。因此,此类填方边坡应先回覆5cm以上的表土,创造植被生长的基本土壤环境,再结合喷播植草工艺进行植被防护为佳。

④表土循环利用

对路基、服务区、互通区、取弃土场等场地的表土进行集中收集、单独堆放、定期养护,后续用于回填和植被恢复,最大限度保留和利用本地肥沃土壤,减少外购腐殖土。为避免新增占地,收集的表土应尽量堆放于互通立交、服务区等位置;或在红线范围内开辟临时表土堆放场,并同步完善排水设施,设置临时拦挡。

杭州绕城高速公路西复线杭绍段项目对建设期内表土进行充分利用,对表土进行清除,再进行回收利用。首先布设临时排水设施,在路基施工前做好施工期排水规划和建设,做好原地面临时排水设施,并与永久排水设施相结合。临时排水不得流入农田、耕地;亦不得引起水沟淤积和路基冲刷。再对表土进行清理并压实,对路基范围内的原地面表层腐殖土、表土、草皮等进行清理,并整平压实到规定要求。路基用地范围内的树木、灌木丛等应在清表前砍伐或移植,砍伐的树木应堆放在路基用地之外并妥善处理。路基用地范围内的垃圾、有机物残渣及农作物根系应予以清除,原地表以下 30cm 的草皮、表土应予以清除并有序集中堆放,以供土地复耕和绿化使用。路基范围内的坑穴应填平夯实,并进行填前碾压,达到规定的压实度要求。

临建高速公路积极推进取土、弃土与改地、造地、复垦综合措施,高效利用沿线土地。为了做好表土资源收集和利用,共清理表土 55.3 万 m^3,利用互通区临时堆放。后期利用表土进行边坡、互通区绿化。综合利用隧道洞渣、路基挖方,隧道挖方 682 万 m^3,其中岩质较好 326 万 m^3 路面基层材料、路基防护排水、桥梁隧道等的混凝土集料,其余 356 万 m^3 路基填料。路基挖方 1226 万 m^3,路基填方 1223 万 m^3。弃方 359 万 m^3,拟通过地方建设消耗,实现零弃方。对于无法利用的土方尽量利用荒山、空地、劣地堆放,少占耕地和良田,并对弃土场进行复耕、绿化与生态修复。

建金高速公路曲线路基长度 23.1km(含互通主线),占路线总长的 40.3%。其中填方路基长度 9km,占路基长度的 39%,挖方路基长度 14.1km,占路基长度的 61%。结合沿线地形地貌和地质条件,对高填深挖等重点路段进行工点设计和动态设计。填方路基主要位于冲洪积平原、坡洪积沟谷处,场地浅部分布冲洪积粉质黏土、卵石或坡洪积粉质黏土、含黏性土碎石等,工程地质条件一般 ~ 较好;下伏强 ~ 中风化基岩,工程地质条件良好。表层土清除后,经过碾压夯实等处理后可以进行路基填筑,对表土资源有效进行了利用。

3.2 弃渣再生综合利用

在公路修建过程中,由于建设条件的限制和公路等级的要求,往往对山丘开挖形成路堑,沟壑填筑形成路堤。当这种挖方大于填方或因土质原因挖方不能用作填方时,这些挖方弃渣(即废弃土、石料)必须弃掉。施工便道和其他辅助工程取土作为路堤填方、路堑以及隧道进出口开挖等都会产生弃渣。特别是在山区公路中,由于山岭地区地形复杂,山高谷深,地势陡峭,往往存在较多的沿河线、越岭线和隧道涵洞,在工程实施过程中都会进行挖方作业,由此产生大量的弃土弃石方。同时,相对其他基础设施工程而言,山区公路在弃渣处理上也具有弃渣困难、弃渣点多、弃渣量大及弃渣时间较长等特点。新建改建公路和施工临时道路两侧施工过程中对地貌的损坏呈线状,弃渣分布点较多,取料场等在施工过程中对地貌的损坏呈点状，跳跃性较大，弃渣较为分散，因此公路建设中面临大量弃渣处置问题。

在公路开挖后，特别是隧道开挖后，将产生大量的废弃土石方，其中石方占隧道出渣的50%～80%。这些隧道洞渣随意丢弃将造成大量的水土流失和生态破坏等危害，这些危害应引起人们足够的重视。在山区公路项目建设过程中，弃土场一般位于沟谷之中，弃土弃渣自然堆放，一般不碾压整理，结构松散，孔隙率大，降水入渗快。其形成的坡度就是土体的自然休止角，这样的斜坡本已处于临界状态，且大量的弃渣堆放将破坏工程建设区和工程直接影响区内原有的地表植被，在暴雨作用下很容易造成极为严重的水土流失，有时还可能形成泥石流，甚至诱发滑坡灾害。更为严重的是，大量弃渣若直接堆放在河滩、河岸及支沟内，当雨量较大时将随径流流入或直接滑入河道，使河道淤积、抬高河床，影响河道的过流能力，对工程区及下游地区的防洪和当地人民群众的生命、财产及生存环境构成严重威胁。同时，由于弃渣不密实，若在上面进行填土造地，易造成耕植层失水，不保墒，降低土地使用效益。弃渣表面未作植被处理是沙尘的起源，如果弃渣中含有有害物质，则会对水土造成污染。

3.2.1 弃渣的危害

1）占用大量土地，改变了原有地表环境

弃渣场地占用了大量农田和土地，影响了农业耕作，对土地性状和实用功能产生很严重的影响，使得临时用地的土地条件变差，可耕种性、可绿化性降低，即使采取了一定复垦措施，短时间内也难以达到占用前的效果。地表原有的植被生态环境被改变，使土壤砂砾化，土壤结构亦受到不同程度的损害，土壤抗侵蚀能力减弱。即便是对弃渣表层绿化，也需要很长的时间，尤其是在的生态环境比较脆弱的西部地区，甚至可能导致土地沙漠化。

2）诱发地质灾害

弃渣场地多选取沟道型等坑凹地带，这种弃渣场如不采取有效的防护工程，可能会诱发一些小型地质灾害，在建设过程中扰动和损坏了原土层结构，易引起滑坡和泄流，同时弃用的大量土石，大大增加沟道输沙量，造成严重的水土流失危害，对生态环境和下游河道行洪构成潜在影响。在原滑坡体上堆弃弃渣造成滑坡自重增大，山坡坡地的大量弃渣在暴雨时，极易产生整体滑动。在河道中随意弃置弃渣，则会造成河道行洪断面不足，容易发生洪灾。

3）对下游及周边地区的环境危害

弃置隧道弃渣的大量弃渣场上游均或多或少地存在一定的汇水面积，对于弃渣的方式及防护显得尤为重要，在建设过程中如不能很好地进行施工管理和弃渣拦挡等措施，将很可能导致大量的弃土、弃渣下泄，产生泥石流和洪水，并将抬高河床，影响到区域内的道路交通，对下游地区人民的生产生活造成较严重的危害。

3.2.2 弃渣的利用现状

目前，公路弃渣的应用主要有以下几个方面：一是垫砌填方段路基；二是回填取土场凹地；三是开挖地段的地貌恢复，充填平整低洼坑地，进行土地整治平整，填筑沟壑；四是用于淤背护堤、桥涵台背、挡墙等的回填用方；五是加高培厚河流堤防、加高地基；六是地基处理

中的渣石料或复合地基的用料；七是弃石用于建设景观园区，修建人工景点等设施；八是一些优质的弃渣可作为混凝土集料料源、路面垫层基层的施工，含特殊矿物质的弃渣也可用于各种工程材料的加工生产，如用于烧制水泥等。在以岩质山为主的山区，挖方和隧道弃渣较多，只有部分被利用，可用于修建弃渣场的地方也较少。而有些修建的弃渣场尽管采取了一定的措施，但仍裸露基础，表层无土壤层，无法保水保肥，植物不能生长。在有些挖方边坡，石质坡面常采用框架或拱形骨架护坡（如再植草绿化），由于缺乏土壤层，绿化效果差。如采用喷播方法绿化，由于土层厚度小，在较陡的石质边坡上不能长期有效生长。

1）绿色公路弃土场设计与施工技术研究及应用情况

（1）国内外研究现状

我国交通运输部颁布的《公路路基设计规范》（JTG D30—2015）、《公路环境保护设计规范》（JTG B04—2010）以及水利部组织编制的《开发建设项目水土保持技术规范》（GB 50433—2018）中均提出了弃土场选址的原则性要求，由于缺乏硬性指标的规定，公路弃土场选址规划实际处于无章可循的局面。当前我国山区公路弃土场的选址设计一般采取图上作业方法，导致施工期变更大，不符合国家环保、水保的有关要求，行业内外意见较大。如何采用新的技术手段来开展弃土场的选址设计研究刻不容缓，同时应尽快建立选址环境合理性的评价指标体系，使弃土场的选址评价有标准可循。

弃土场渣体稳定性机理研究空白，弃土场设计参数与施工控制标准未形成相关标准与规范，不同项目因设计单位的不同导致其土场的设计内容、参数以及施工控制指标不一，导致弃土场施工质量评定无据可依。弃土场的拦挡工程、截排水工程设计目前都参照相关路基拦挡、排水标准规范，而水利部也提出了相关标准，如何协调两行业标准、规范之间的关系，确立适合山区公路弃土场实际的设计标准与参数具有重要意义。关于弃土场的后期恢复目前尚未有恢复模式选择标准方面的研究，工程实践中弃土场的恢复方式选择非常随意，恢复方式与弃土场环境特点不匹配，导致恢复效果差、水土流失严重。因此，建立相关恢复模式选择标准，推荐适宜的施工技术与方法，有助于尽快恢复弃土场植被或复耕，有效控制弃土场水土流失及其危害。

近几年来，随着我国经济、社会的发展，为满足国民经济均衡发展的需要，解决经济欠发达地区的交通“瓶颈”问题，山区公路基础设施建设逐渐成为我国公路建设的重点和主战场。公路建设特别是山区公路建设，由于地形地貌的限制，土石方的纵向调配十分困难，不可避免地会产生大量弃土（石），必然要设置大量的弃土场来满足处置弃土的需要。根据水利部、中国科学院和中国工程院三部门联合开展的“中国水土流失与生态安全综合科学考察”调查结果，仅“十五”期间，我国各类开发建设项目所产生的弃渣总量约为 92 亿 t，其中公路项目弃渣量最多，为 42.4 亿 t，占开发建设项目弃渣总量的 46.1%。“十一五”期间，西部山区公路建设规模的持续增长，产生的弃渣量远大于“十五”期间，弃土场的数量及占地面积均较大。

“山区公路弃土场设计与施工技术研究”项目通过研究，构建了山区公路弃土场环境评价指标体系及模型，开发了基于高分辨率遥感影像和 GIS 的山区公路弃土场规划设计管理系统；提出了弃土场分类方法和设计原则，建立了红砂岩等典型弃土场稳定性分析模型与评价方法,开发了公路弃土场支挡工程稳定性分析与施工图设计软件;提出了弃土场的植被恢复目标,确定了不同自然区域公路弃土场植被自然恢复的适用条件、最小覆土厚度及建植技术,建立了山区公路弃土场复耕适宜度评价指标体系;提出了山区公路弃土场施工质量检验评定指标,编制了《山区公路弃土场设计与施工技术指南》。

(2)弃土场土地整治工程

弃土场土地整治工程的内容主要为表土剥离及堆存、表土回填。

①表土剥离及堆存。表土剥离及堆存是指将扰动土地表层土壤剥离并搬运到固定场地堆放,并采取必要的水土流失措施,待主体工程完工后,再将其回铺到需要恢复植被的扰动场地表面的过程。表土剥离厚度根据表层熟化土厚度确定,一般为20~80cm。原地类为耕地的,表土剥离厚度一般为50cm;原地类为牧草、造林的土地,剥离厚度一般为20~30cm。

剥离表土就近集中堆存于征用的土地范围内,且堆放场地表土不易受到水蚀,一般采用推土机堆叠,在自然稳定的前提下堆高2.5~3.0m。堆存表土应采取土袋拦挡、苫盖、边坡撒播草籽等临时防护措施。

②表土回填。弃渣施工完毕后,对顶面适当进行平整,然后回填事先剥离并临时堆存的表土。回填厚度设计为:恢复为耕地的。回填厚度30~60cm:栽植乔灌木树种进行植被恢复的,回填厚度40cm以上;绿化植草的,回填20cm。

2)弃渣的再利用与合理处置

公路施工过程中,隧道开挖将产生的大量弃渣,本着节约成本的原则,同时也是为了更好地保护生态环境,应尽量使其尽其用。对于有危害或无利用价值的隧道弃渣,应妥善处置好。

(1)作为工程材料再利用

在公路施工中,可以将隧道弃渣用于路堤填料、混凝土工砌筑、机制砂加工、碎石加工、隧道衬砌和明洞及仰拱回填等多个方面,也可以用于隧道附近的一些工程中。

①路基填料。

对隧道弃渣经行初级筛选,将筛检出的隧道弃渣,依据《公路路基设计规范》(JTG D30—2015)中要求的填料强度和粒径,采用二次破碎后的石料进行路基填筑。采用隧道弃渣填筑的路基,其石料含量应大于70%,石料强度应大于15MPa,最大粒径应不超过30cm。

②路基防护工程。

经过试验检验满足混凝土集料的各种质量和性能要求的弃渣石块,可以用作混凝土各类集料加工及路基边坡骨架防护、弃渣场挡墙等的原材料或半成品。挡土墙墙背2m范围内填筑未筛分碎石,填料最小强度(CBR)(%)大于8.0,其压实度要求同土质路基。

③隧道明洞和仰拱填充。

隧道弃渣中的片石,可用于隧道明洞和仰拱的填充。填充材料一般要求达到一定硬度的石。

④机制砂和碎石。

选择质量好、强度高的隧道弃渣,用于加工机制砂。机制砂应符合《建筑用砂》(GB/T 14684—2011)中关于分类和规格的要求。机制砂在类别和用途方面要求如下:Ⅰ类宜用于强度等级大于 C60 的混凝土；Ⅱ类宜用于强度等级 C30～C60 及抗冻、抗渗或其他要求的混凝土；Ⅲ类宜用于强度等级小于 C30 的混凝土和建筑砂浆。碎石规格为：在筛分后的碎石规格为 10～30mm，可以用于隧道二次衬砌；碎石规格为 5～9.5mm，可以用于普通混凝土级配。具体强度和级配须满足相关的设计要求。

⑤软土地基处理。

利用隧道弃渣中的片石或石块，对路线所经过的河滩或湖泊沼泽处的软土段进行回填片石处理。

⑥其他工程。

隧道弃渣中碎石和块石经加工后可用于附近区域其他的工程建设。例如城市工业、经济等开发区基础设施建设、水利河堤防护工程等。

杭州绕城高速西复线杭绍段项目用地总规模达到约 18496 亩❶，总拆迁建筑物约 82 万 m^2，且由于项目地处低山丘陵为主，人均耕地面积极少，土地占用后难以就近补充耕地，极大地影响着沿线群众的生产生活。因此重视敏感点分析，合理选择工程方案，减少征地拆迁数量，降低政策处理难度是该项目重点和难点。

为了解决这些问题，项目组提出以下对策措施：

①优化路线设计方案，公路选线设计中尽量利用荒山、荒坡地、废弃地、劣质地。

②路基断面优化设计，通过耕地路段，根据地形设置部分挡土墙，收缩坡脚。

③排水系统优化设计，适当减小护坡道和排水沟宽度，尽量减少对耕地占用。

④隧道三角地优化设计，部分有条件的采用缩小隧道净距。

⑤互通优化设计，部分交通量小的互通采用标准的低值，在满足功能的前提下减少用地。

⑥弃土场尽量利用山凹、废弃地、荒地弃土，减少对耕地、林地的占用。

临建高速公路填挖交错频繁，废弃方大、土石方纵向调配困难。该项目范围内受地形条件限制，路基填挖相互交错频繁，部分边坡较高，处理情况复杂；且隧道较长，存在大量的废弃方量。路线穿越大山、跨越溪流次数较多，桥隧结构物设置集中，土石方纵向调配条件差，耕地资源紧张，弃土场选址局促，设计时需合理运用平纵指标，线位顺应地形，尽量做好填挖平衡，充分合理地综合利用挖方，将其尽可能用于隧道衬砌、桥梁、圬工等结构物、加工成机制砂。

（2）弃渣的合理处置

①应遵循“少占农田，不占好田，尽量复垦”的原则设计，尽量利用荒滩、荒地弃置，不得已占用农田时应考虑复垦。有条件复耕的弃渣场，应与周围农田连成一片，依据生态学原理与有关农艺措施，种植一致的农作物。

②必须在规定的指定存放地堆放，不得任意丢弃指定存放地以外。在堆放弃渣前，应划定弃渣场地范围，严格按照要求弃置。

③在堆放弃渣以前，应对弃渣场地及周边进行充分的各种资料调查，以充分考虑堆放隧

---

❶ 1 亩≈666.6 平方米。

道弃渣后带来的影响。调查弃渣场地及附近的水利设施和其他建筑物情况,应避开一般水利设施和较大的建筑物。收集弃渣场地附近河流的水文资料,如河流的高、中水位,流速,流量防护洪水位,河道冲於变化等资料,以便确定弃渣场的防护形式和高度。对弃渣场及附近的地形和地质条件进行调查,确保弃渣场地不会产生不良的地质灾害和其他负面影响。

④在弃渣场地应设置永久性挡护工程、渣顶截排水系统、渣底渗排水系统等附属设施。由于隧道弃渣的永久性、松散性和易流失性,因此必须对其进行有效的挡护工程,可以根据具体情况采用土夹碎石、浆砌片石、钢筋混凝土、干砌片石等的挡护结构,但挡护结构必须得协调、环保和经济。

⑤弃渣场地应进行相应的环境保护设计。必须做好弃渣场的环保设计,并使弃渣场人工环境与周边自然环境协调一致。对弃渣场表面应采取恢复植被防护等措施,还可以进行复耕。弃渣应分清层次,尽可能使坚硬的石块和碎石放在下层,软弱石块和土体放在靠近表面,最好是将洞口开挖的表层土体放在弃渣场地堆积的表面,这样有利于植被的生存。如果工地缺少黏土和表层土,也可以从弃渣场附近找寻一些表层土,但不应影响和破坏调运点的生态环境。弃渣场的弃置高度应尽量与周边地形吻合,这样可以保证弃渣后的绿化环境和周边环境相互协调。对于靠近城市、风景区、铁路和公路附近的隧道弃渣场,应在恢复植被后采取必要的自然朴素的景观设计。

⑥对弃渣场地设计进行经济分析,在确保防护可靠的条件下尽可能降低成本。施工地点到弃渣场的距离不应太远,应合理规划、集中堆放,以降低弃渣防护成本,科学合理地选定弃渣场。

各项目通过全线路堑和隧道开挖的弃土、弃渣的统筹调配及综合循环利用,可作为路基填筑、路面集料、结构物集料等,也可用于互通区匝道环内、分离式路基间、隧道渐变段、路侧等部位的边坡放缓和地形营造,为打造协调融合的道路景观提供地形骨架。

临建高速公路项目路基范围内有多处垃圾等弃渣填土;墨斗山隧道进口 K123 +400 处有一废料填埋场,基本位于路基范围内,主要为塑料生活垃圾。废料填埋场具有成分复杂、强度低、难于压实等问题,无法满足路基填料的要求,采用整体挖除换填。

建金高速公路根据初设批复意见对 K2440 ~ K2444、K2452 ~ K2456 等段平纵面进一步进行优化设计,在 K2439 +000 ~ K2444 +000 段,进行了平面及纵面的调整优化,通过平纵优化,塘前坞隧道出洞口消除了初设的偏压状况,减少了本段部分路段的填挖高度,减少占地。在 K2452 ~ K2456 等段进行了平面及纵面优化设计,不仅避免了初设对部分房屋的拆迁,同时部分路段减少填挖高度,节约占地。

3.3 长寿命钢结构桥梁

随着改革开放的不断发展,我国路面硬化面积不断增大,公路桥梁的铺设成为公路建设的必要手段。然而,以前在公路桥梁的设计阶段,很少考虑桥梁施工和营运期间可能遇到的问题,这导致了目前我国很多桥梁都存在功能退化、抗疲劳性不强、使用寿命短等问题,进而引起的维修费用高昂,给国家和社会造成巨大的经济负担。基于综合考虑桥梁施工、维修养护和管理的全寿命理念设计成为解决这些问题的有效手段。

我国涉及钢结构长寿命、抗疲劳设计的规范包括中华人民共和国国家标准《钢结构设计规范》(以下简称“钢结构规范”)、中华人民共和国行业标准《铁路桥梁钢结构设计规范》(以下简称“铁路规范”)以及《公路桥涵钢结构及木结构设计规范》(以下简称“公路规范”)。钢结构规范主要适用于房屋建筑和一般构筑物,该规范最新版本于2003年颁布,将原有的规定 $n \geqslant 10^5$ 时需进行疲劳验算,修改为 $n \geqslant 5 \times 10^4$ 时就应进行疲劳强度验算;并对疲劳细节的分类做了部分修改。其中公路规范是针对承受货车作用的公路钢结构桥梁,相比于国外规范和我国钢结构规范中的疲劳设计部分,我国的公路规范中疲劳部分的内容落后得多。该规范仍然采用应力比来控制疲劳细节疲劳强度,缺乏疲劳荷载模型,且仍然使用的是应力极值而不是应力幅。这一理论与最新的理论相比相差较远,不能反映结构或构件真实的受力情况,很有修正完善的必要。

桥梁的设计最重要的目标是要保证桥梁的使用寿命,也就是利用各种先进的桥梁设计技术来对桥梁的安全性、抗疲劳性等因素进行分析设计,进而促进桥梁的使用安全和延长桥梁的使用寿命。但是,桥梁一经投入使用,将会受到自然环境、车辆负载等因素的影响,这些都会导致桥梁使用寿命缩短,过去只注重桥梁的设计,却忽略桥梁施工、维修养护的设计理念已经不能适应当前公路桥梁建设的要求。因此,必须引进全寿命理念,以生态环境、桥梁使用功能和经济效益以及人文等方面的需求为出发点,对桥梁的设计、施工、养护及管理进行综合考虑,寻找最优的方法,满足桥梁的最优设计要求,提高桥梁的抗疲劳性,延长桥梁的使用寿命。

基于长寿命设计理念的公路桥梁设计,要求对桥梁的生态自然环境、使用功能、成本以及人文等因素进行综合的考虑和分析,同时还要注意桥梁的安全性、美观性和协调性,使桥梁设计符合可持续发展的战略要求。因此,基于长寿命理念的公路桥梁设计的主要内容包括以下四个方面:经济效益的需求、生态环境的需求、使用功能的需求、人文需求。

在对公路桥梁结构进行设计之前,设计人员首先应该明白建设项目的总体目标和业主的要求,对桥梁工程进行总体的设计构思,对桥梁建设条件、建设环境、设计准则、预期使用寿命以及投资预算等进行综合全面的考虑。在这个阶段,设计的中心内容是基于长寿命设计理念,区别于现行的设计特点,搞清楚长寿命设计的一般规律,提出桥梁设计理论框架和一般性原则,确保桥梁总体设计的科学性,增强桥梁的抗疲劳性。

3.3.1 技术要点

1) 确定疲劳荷载

与铁路桥梁设计疲劳验算不同,公路钢结构桥梁上通过的车辆数量变化幅度很大,同时车辆间距、车型等都存在不同,纵观钢结构桥梁设计规范,可以将钢结构疲劳损伤等效折算成标准疲劳车,但是值得注意的是,必须保证疲劳车总重量是相同的。线长度局部计算需要以标准轴重荷载为根据进行,标准轴重荷载为标准疲劳车轴重荷载的1.1倍。

2)准确确定验算位置

所谓验算位置主要包括疲劳敏感细节及部位,公路杆结构桥梁疲劳验算中,需要对每个小节点、每个焊缝趾等很多地方进行验算,同时,需要对焊接缝、结构倒角处、焊趾、冲孔及剪开边等重点部位进行验算。

3)确定加载次数

公路钢结构桥梁疲劳设计工作中,需要对疲劳应力进行计算,并确定疲劳车影响线长度、一次加载次数以及疲劳车轴距之间存在的关系。按照钢构件性能钢结构桥梁性质,一个轴重即一次加载按照效应相等的原则,可以将复杂应力循环转换成不同单个循环代数表示。

4)构件需满足的要求

按照多年以来在公路钢结构桥梁设计工作中的经验,结合现有桥梁设计规范等相关文件要求,现代公路钢结构桥梁设计过程中,钢结构构件必须满足以下几方面要求:

(1)公路钢结构桥梁设计对承受弯曲、拉伸等钢构件,需要利用一些长且圆的过渡性钢构件,有效减小钢结构刚度变化。

(2)在钢结构桥梁设计中,应利用线合理选用对接焊缝,同时应该保证构件焊缝字应力区之下,还要进行必要的焊后处理。此外,对于一些比较复杂的构件来说,可以利用辅助疲劳设计方式展开辅助设计。

5)复杂应力状态下疲劳验算

在单向应力作用下,结构或构件疲劳强度计算需要对疲劳应力进行控制,不能大于疲劳容许应力,但是设计钢结构桥梁构件不仅会受到单向应力作用,同时还会受到多向应力的作用。而对于不仅要承受弯矩,同时还要承受剪力作用的构建来说,可以利用相关公式进行验算。

3.3.2 推广应用情况

杭州绕城高速公路西复线杭绍段、湖州段桥梁(图3-22)总体设计原则如下:①以采用预制结构为主,力求桥梁标准化、装配化、工厂化;②统筹选择预制结构的经济跨径,力求协调和统一;③跨越斜角较大道路、河流时,首选错孔或门架墩,采用标准跨径正交跨越;④提高互通区桥梁上下部结构的标准化程度。

图3-22 杭绍段钢混结构桥梁

湖州段京杭运河桥主桥长341m,采用93m+155m+93m预应力混凝土箱梁矮塔斜拉桥结构,主墩处采用塔梁固结、墩梁分离的结构体系。主梁采用单箱五室大悬臂变高度箱形截面。主墩墩顶处梁高5.8m,边墩墩顶处、跨中处梁高3.3m,索塔塔根至两侧梁体直线段之间梁底曲线按二次抛物线变化,单侧变高段梁体长度18.0m。箱梁顶宽34.5m,单侧悬臂长4.0m,跨中箱梁底宽23.5m,主墩根部箱梁底宽18.987m。箱梁外侧腹板采用斜腹板,厚度为45~70cm;内侧为直腹板,厚度为45~70cm;底板厚度在箱梁根部为120cm,渐变至中跨、边跨等高度梁段处至25cm;顶板厚28cm,其中中室顶板加厚为50cm。

主梁在每根拉索锚固点处均设有横隔板,厚度50cm,纵桥向间距为4.0m。主墩横梁厚度为5.0m,边墩横梁厚度2.0m。箱梁0号梁段长11m,1~5号梁段长3m,6~19号梁段长4m,中、边跨合龙段长2.0m。

主梁采用纵、横、竖三向预应力体系,主梁纵桥向采用15-13、15-15两种钢绞线,配套采用内径为90mm的塑料波纹管成孔。两端张拉,张拉时设计锚下控制应力应根据锚具实际的变形及钢筋回缩值确定。顶板横向预应力钢束采用15-3钢绞线,配用BM15-3扁锚,采用塑料扁波纹管成孔,顺桥向间距为50cm,采用单端张拉,张拉端、锚固端交错布置。竖向预应力钢筋采用15-2钢绞线,配用二次张拉低回缩锚具,采用塑料波纹管成孔,顺桥向钢束间距为50cm,采用单端张拉。

斜拉索锚固点处的横隔板采用15-15钢绞线,采用内径为90mm的塑料波纹管成孔;端横梁和中横梁采用15-12,采用内径为75mm的塑料波纹管成孔。索塔布置在中央分隔带上,桥面以上高约33.0m,为钢筋混凝土结构,采用多边形实心截面,塔根部顺桥向长5.0m,横桥向宽2.0m,塔顶顺桥向长约3.0m,横桥向宽2.0m。塔上部设有斜拉索转向鞍座(分丝管),以便拉索穿过。每根斜拉索对应一个鞍座,斜拉索横桥向呈双排布置,鞍座亦设双排,间距1.0m。主塔内设置劲性骨架,采用Q235B槽钢,由施工单位根据现场情况做详细设计,经监理和设计方确认,按实际发生计量,图中数量暂按45t计。

索塔外形可根据景观要求做适当装饰,但不得影响斜拉索及索塔结构受力。斜拉索利用中央分隔带作为拉索的锚固区采取单索面半扇形布置。塔根附近无索区长41m,跨中无索区长10m。塔上竖向锚固间距为1.5m,梁上锚固间距为4.0m。塔上每个锚固点处,横桥向并排设置2根拉索,间距为1.0m。

全桥共设4×14根斜拉索,斜拉索采用中s15.2的高强度低松弛环氧喷涂钢绞线,抗拉强度标准值为$f_{pk}=1860$MPa,斜拉索规格为55中s15.2,单股中s15.2的环氧涂层钢绞线外包PE保护,整束斜拉索所外包彩色聚乙烯(PE)护套,护套内填充防腐剂。斜拉索张拉端设在梁上,锚具采用和斜拉索配套的可单根更换索式15-55锚具,塔上斜拉索通过分丝管贯通,分丝管为多组钢管组焊而成,塔端设置抗滑装置。

桥面采用的钢纤维混凝土中钢纤维的体积比1%(78.5kg/m),钢纤维长度25~50mm,等效直径0.3~0.8mm,且钢纤维混凝土的强度等级不应低于C50混凝土的同等强度,其中钢纤维混凝土抗弯拉强度应比同级混凝土抗弯强度提高40%以上,并不小于7MPa。搅拌采用机械搅拌,搅拌的次序和方法应以搅拌过程中钢纤维不产生结团和保证一定的生产率为原则,并通过试拌确定。建议采用将钢纤维、水泥、粗细集料先干拌而后加水湿拌的方法,必要时采用钢纤维分散机布料，且干拌时间不宜小于1.5min。

其中，小跨径桥梁上部结构形式比选类型主要为空心桥梁和矮T梁。空心桥梁具有梁高低、施工方便、吊装重量轻等优点，但是其整体结构性差、典型病害较多；而矮T梁具有传统T梁的特点，为横向湿接缝刚性连接，其整体性、耐久性均比空心梁好，选择矮T梁能有效地提高桥梁的寿命。标准长桥上部比选结构型主要有小箱梁、钢混组合梁及T梁。小箱梁有着建筑高度适中、稳定性较好、外观简洁等优点，但是其易出现一些典型病害、耐久性差等危害，考虑到桥梁的使用寿命，在比选时弃用小箱梁。钢混组合梁有着施工快、外观简洁等优点，但是其为新结构，缺乏施工经验，且后期养护费用、造价比T梁高，在最后选用整体性好、施工快、耐久性好、养护费用低的T梁为上部结构。这不仅符合桥梁长寿命设计理念，提高了桥梁的使用寿命，还大大降低了养护费用，符合节约利用要求。

临建高速公路伍村桥选择双主梁钢板梁+预制桥墩结构，该结构钢材强度高，建筑高度较低，构造较为简洁，吊装重量轻，工期短，重要的是耐久性好，防腐要求高，养护工作量较大，大大提高了桥梁的寿命。在分水互通主线2号桥的设计中，设计了双脊骨梁，该结构吸收了T梁和现浇箱梁各自的优势，并规避它们的缺点，形成了独特的技术特色：①采用开放的断面形式，极大简化现场模板；②对斜交、变角度的布跨有良好的适应性；③便于运营期间养护、检测；④在临界填高以下兼顾经济性（上部省去混凝土铺装、下部省去盖梁）。该结构的使用使得2号桥的耐久性、抗疲劳性大大提高，延长了桥梁的使用寿命。

建金高速公路的杨村桥枢纽、二仙桥东枢纽采用钢结构桥梁跨越杭新景高速公路，为加强钢结构桥梁的构造设计，钢材牌号采用Q345D，钢结构防腐采用长效防腐体系，以保证结构耐久性。杨村互通AK0+175.9A匝道大桥主桥采用56m简支钢板组合梁，二仙桥东枢纽ZRK1+209.3/YRK1+208.3R匝道3号特大桥右幅主桥采用38m+57m+45m连续钢箱组合梁，均采用工厂分节段制造加工焊接工艺，并对主桥主梁钢结构部分的承载能力、抗剪连接件、主桥结构稳定、疲劳强度、挠度、预拱度、施工阶段、抗倾覆，以及对桥面板的承载能力、裂缝宽度，桥墩、支承反力、桩基均进行了验算，结果表明各项指标均符合规范要求。

生态保护与修复

4.1 原生态景观保护

4.1.1 全寿命周期生态景观保护理念

交通基础设施在建造过程中,始终面临较多的环境制约因素。项目沿线噪声、空气敏感点较多,工程沿线涉及部分饮用水水源保护区,拟建路线穿越两处国家级风景名胜区,区域生态环境非常敏感、生态功能非常重要。因此,需要从设计、施工及营运三个阶段进行生态高速公路的建设。

1)设计阶段环保措施

设计阶段应当从项目的整体规划、合理布局,区域规划、突出特色,景观规划、注重美感,合理利用、保护资源等方面入手,结合项目实际情况,工可和施工图设计阶段进一步加强环境保护设计。从可行性研究及初步设计阶段将公路设计与环境设计相协调,为进行环境保护设计和采取环保措施提供依据;其次,在初步设计及施工图设计阶段,单独进行环境保护设计,采取一些简单但造价较低的环保措施。

2)服务区污水处理

(1)高速公路建设施工过程中严格落实环保政策,严格遵守设计及规范要求。施工取土时采取平行作业,边开挖、边平整,有计划地取弃土,及时恢复耕地,设计挖方尽量进行纵向调配利用,采用集中取弃土方式设置土坑、弃土堆及弃渣场。在雨水较多地区,根据实际需要设置排水沟及截水沟,避免边坡滑坡、冲坡等问题的产生。在路基附近地面水较多的部位,及时设置临时沉淀池拦截混砂,待路基施工完毕后,及时将沉淀池推平,进行绿化或还耕。对施工临时用地,先将农耕土集中堆放,待施工完毕后,再将农耕土土推平,及时进行复耕。

(2)施工料场、拌和站应在空旷地区进行建设,尽量远离环境敏感点,比如村镇、医院、学校等,如在村镇附近,应尽量少安排夜间施工。注意机械保养,使机械保持最低声水平。安排工人轮流进行高噪声机械操作,减少工作的时间。对接触噪声时间较长的工人,发放防声头盔、耳塞等,重视对工人的保护。

(3)明确各种对环境有污染的材料出入库管理。沥青、油料、化学物品等不堆放在民用水井及河流湖泊附近,并采取措施,防止雨水冲刷进入水体。将驻地的生活污水、生活垃圾进行集中处理,不能直接排入沿线河流等低坡地带。对跨河桥梁施工机械进行检查,防止油料泄漏。

(4)施工便道采取洒水抑制扬尘措施,渣土等散装货物装载拍平压实,不准超载,必要时覆盖毡布,减少遗洒;在扬尘较大处,采取湿法作业;合理组织运输,精心计划和安排,避开交通高峰期时段,以减少对交通的干扰。针对工区实际情况,隧道施工中定时安排洒水车在施工通道上运行。对于外部材料运输,集中在夜间运输,避免干扰。

(5)设置集中垃圾场放置生活垃圾,派专人管理,定期清运;营地内物料码放整齐,做好挡护。

(6)保留互通区内原有植被,保持自然原生态,对互通区内植被加以利用。

(7)合理利用表土有利于公路景观的营造,对项目红线内路基占地、服务区、立交互通区、取土场、弃土场、拌和站、梁板预制场和施工便道等地区的表土加以利用。在进行表土剥离前,对被剥离表土地区进行测量,结合地质勘探和现场勘探情况,依照同等高线的原则进行放线,划分表土剥离条带。从条带高程最低处开展表土施工作业。就近设临时堆土场,临时集中堆放在互通立交区、服务区、停车区和观景台等占地范围,但不可影响施工进度。以上占地面积不足时,可临时租用沿线挖掘场地或荒地。按土壤类型分别堆放储存,最好储存防护。后期对于丧失营养价值的表土可用于互通区的地形改造回填、下边坡的回填等。如图 4-1 所示为施工现场照片。

图 4-1 施工现场

3)营运阶段环保措施

(1)交通噪声防治:对公路附近的学校、工厂和其他单位,根据具体情况采取噪声防治措施,如修建高围墙、设置声音屏障、临路两侧密集植树绿化、建筑物设置双层窗或封闭外走廊等。

(2)路边植树绿化:这样既可净化吸收车辆尾气中的污染物,衰减大气中的总悬浮微粒,又可起到美化环境、降低噪声以及改善公路路域景观的作用;严格执行车辆排放检验制度,利用收费站对汽车排放状况进行抽查,限制尾气排放严重超标的车辆上路。

(3)水污染防治:严禁各种泄漏、散装、超载车辆上路,防止公路散失物造成水体污染;在公路交通管理部门的生活区设置污水处理站,各种污水经处理达标后方可排放。

(4)潜在风险及农作物污染防治:对运载危险品的车辆严格进行检查、严格监控,防止事故发生;在洪涝季节,要加强与气象水利部门的联系,确保洪水期行车安全;在公路两侧严禁种植蔬菜等可食用的农作物。

4.1.2 生态环境的保护措施

1)动植物保护措施

(1)林地、植物保护措施

①施工前,需进行工程占地范围内的林地核查,对有一定树龄的、绿化观赏价值较高的

成材林,应考虑结合工程沿线的绿化设计加以利用,另外,对占地范围内的林地损失要进行一定的补偿平衡。

②施工过程中,拟定施工方案应尽量避免减少林地的占用,并注重优化施工组织和制定严格的施工作业制度。尽量将挖填施工安排在非雨汛期,并缩短挖填土石方的堆置时间;挖填方边坡、路堤和路堑边坡等应进行防护,减少水土流失。

③在工程建设施工过程中,须加强施工队伍组织和管理,应明确施工范围和行动路线,不得随意扩大施工活动区域,进行文明施工,不强砍林灌草丛和乱毁果树作物,降低植被损害。

④本工程不新设采石场,石料由市场采购,石料场的生态恢复和水土保持设施需由石料场业主负责。建设单位在与石料场业主签订石方供应合同时增加有关石料场地生态恢复和水土保持设施的条款,以确保石料场业主落实保护措施。

⑤合理安排工程用地,节约土地资源,合理设计、尽量缩小用地规模,尤其对占地大的互通枢纽区域,尽量减少占用林地、施工临时用地尽量选择工程永久占地区域内,确实需要临时征地的,应尽量避免占用林地。

⑥加强公路沿线控制带、中央分隔带、隧洞口、深挖边坡、互通枢纽、服务区的绿化建设。

⑦建议道路两侧可以适当插种一些乔木,特别是在靠近环境敏感点附近路段,应种植一定宽度的乔灌相间的绿化带,可起到抑尘降噪的作用,减少汽车尾气及噪声对环境敏感点的影响,路基、边坡草皮种植面大的匍匐型草种。

⑧绿化栽植当地植物,严禁使用可能会造成生物入侵的外来种。

(2)动物保护措施

①野生动物保护措施。

工程沿线虽未发现受国家和地方保护的野生动物,但也必须加强施工人员宣传教育,文明施工,减少施工人员干扰对野生动物的影响。施工期间遇到常见的野生动物,应进行避让或保护性驱赶,严禁施工人员对区域一般野生动物捕杀。当发现珍稀保护野生动物时,应向当地林业主管部门汇报,并做好记录,根据野生动物的活动规律和林业主管部门的意见,必要时设置动物活动通道。施工期间如误伤野生动物,应立即送往当地动物医院进行抢救。

②水生生物保护措施。

下一步设计中进一步优化桥梁设计,尽量减少涉水桥墩设置的数量。

桥梁桩基施工时做好钻渣泥浆的处理,禁止将含泥沙、油污、生活污水、垃圾、废弃物排入水域,有毒有害、油料等化学品应远离岸边储存并采取防渗防漏的措施,防止污染水体水质,从而影响水生生物的生境。

根据沿线河流水生生物的生活习性优化施工方案,施工区设置避开天然水域,合理安排施工工期,制订科学合理的施工计划,尽量缩短打桩作业的时间,将高强度的施工作业尽可能安排在生物量低的冬季。

加强施工人员的环境保护教育,严禁施工人员利用水上作业捕杀鱼类。

选用低噪声施工机械设备,合理安排,缩短施工时间,减少施工噪声振动对附近水域水生生物正常生理活动的影响。

2)临时设施区生态恢复措施

(1)临时占地在施工结束后要及时复耕或复植,占用的农田及时恢复,不得荒废,占用的林地要及时补种草植树。恢复水土保持设施,减少水土保持设施面积的损失。

(2)施工过程中,路堑开挖土石方、临时堆料及其他临时土石方堆置均需集中堆置,且控制在征用的土地范围之内;堆置过程中做好堆置坡度、高度的控制及位置的选择。对堆置地应采取草包填土作临时围栏、开挖水沟等防护措施,以减少植被损坏和水土流失。

(3)对于清基耕植土在施工初期,应先挖出表层土壤,并设固定区域就近堆放保存,待施工完毕,将保存的表土回用可恢复区域。

3)基本农田保护措施

建设单位对局部路段建设方式进行进一步深入论证,在填方路段、占用基本农田路段,能架桥通过的地段尽可能以桥梁形式通过,尽量减少占地规模。对占用基本农田的路段必须以路基方式通过的,需收缩边坡,并对占用的基本农田按照有关规定进行申报。

施工便道、临时施工设施要根据工程进度统筹考虑,尽可能设置在公路用地范围内或利用荒坡、废弃地解决,不得随意占用农田。

施工临时占地占用耕地的,应将剥离表层土临时堆放,并加以防护,待施工完毕用于造田还耕。项目完工后临时用地要按照合同条款要求及时恢复。

公路绿化,需根据《国务院关于坚决制止占用基本农田进行植树等行为的紧急通知》(国发明电〔2004〕1号)的有关要求,对公路沿线是耕地的,要严格控制绿化带宽度。在切实做好公路用地范围内绿化工作的同时,要在当地人民政府的领导下,配合有关部门做好沿线的绿化工作。

保持基本农田占补量的平衡,建设单位应负责开垦与所占耕地数量和质量相当的耕地,向当地国土部门交纳耕地补偿费,对占用耕地进行补偿。

公路占用水、旱田等耕地路段,用地边界必须在排水沟边界外1m范围内。

4)高填深挖路段生态修复措施

工程有两处深挖路段,建议下阶段建设单位开展关于大开挖路段的工程方案比选。若确需采取大开挖方案,则在施工前做好施工方案,尽量减少对路段植被的损失、避免扩大施工范围,在施工过程中应重点防护,在路段路堤、路堑保证边坡稳定的基础上,应采用植物防护或工程与植物防护相结合的设计方案,降低大开挖带来的风险。为减轻路线深挖对生态环境的影响,深挖路段施工中首先测量定线,挖掘机进程从坡顶向路基高程开挖,同时在顺坡面外侧2~5m外开挖截水沟,边开挖边修坡,开挖至路堑路基高程。路基形成后立即修筑边坡,针对不同岩土质地的边坡采取护面墙、抗滑桩或防滑挡土墙等措施,浆砌片石骨架内种草、机械液压喷播或满铺草皮等措施进行坡面防护。

5)隧道口施工植被恢复措施

隧道开挖尽量采用小爆破方式,严禁土石抛洒,隧道洞渣(料)及时清运利用,采用挡板良好的车辆运输,以防洒落;不能及时清运利用的洞渣,临时堆放于工程设置的中转料场,并加以防护。

施工结束后，隧道洞脸边坡采用厚层基材植被护坡的方式进行喷播绿化。

6）保护植物和名木古树保护措施

（1）保护植物

工程沿线本次调查仅发现了6株野大豆，建议采取迁地保护和留种保护两种方式进行保护。工程附近为秃瓣杜英和桂花苗圃地，迁地保护具备条件，此外工程设有一处服务区，可根据情况，迁移至服务区。

此外，建议采取留种处理，8—9月采集种子，于次年3—4月播种，以保护野大豆资源，播种地点主要选择在项目服务区；播种方式采用条播或穴播，并由服务区今后实施统一的绿化、园林管理维护，在下一步服务区景观、绿化设计中应考虑保护物质移植、留种种植的区块。

工程沿线未发现其他国家和地方保护的野生动植物，但也必须加强对施工人员的宣传教育，在施工过程中如发现有珍稀保护野生植物的，应向当地林业主管部门汇报，并采取避让、移植等措施尽量保存其野生植株。

（2）古树名木

工程沿线6株古树均不在工程红线及占地范围内，不产生直接影响，但需在施工过程中依据《中华人民共和国野生植物保护条例》，加强保护，不得砍伐、破坏，在相对距离20m左右的古树周围应结合施工布置，在下一步施工方案中落实是否需要确定保护范围、设立围护等，保护范围内不得堆置施工材料、机具及土方等。同时确保施工时的泥浆不流入保护范围内。

7）生态公益林保护方案

（1）确因工程建设必须征用、征收或者占用生态公益林林地的，用地单位应当向所在地的林业行政主管部门提出申请，经审核后，按照管理权限报上级林业行政主管部门审核，再由国土资源行政主管部门依法办理土地征占用审批手续，并按照规定标准缴纳森林植被恢复费。

（2）在施工期内，应当加强对生态公益林的保护，制止破坏林地、林木的行为、清除可能的火灾隐患，做好病虫害预防工作；对发生严重的病虫害、火灾或其他自然灾害，应当立即报告当地人民政府和林业行政主管部门，采取措施进行防治。采取标语、广播、电视、讲座等形式，广泛开展生态公益林区划分布、管护要求、环境道德、生态意识、生态保护知识及森林效能等方面的宣传教育。建立生态公益林范围界限标志，使人们能准确分清生态公益林和商品林。

（3）临时占地等应禁止设立在生态公益林区。在林地施工时，施工活动要保证在征地范围内进行，施工便道及临时占地要尽量缩小范围。减少对林带的占用。

8）景观保护方案

景观设计应考虑当地地形条件、景观控制点、保护对象、风景资源、文物古迹等，选择适合德清县域特色的颜色和特性的材料来提高建筑物的结构美学、提升文化品位，使得公路建筑对周边自然环境的冲击降至最小。通过合理的设计和建设，将公路融合到周边景观中，充分利用地形地物、树木、花草等把公路对视觉的影响降低，突出自然美，提高自然景观的价值和增进公路的吸引力。

4.1.3 建金高速建设对环境的影响及对策

1) 建设高速对工程环境的影响

(1) 对生物环境可能的影响

对生物环境的影响主要表现为修建公路时取土、弃土所引起地形、地貌的改变,原有植被的破坏,动物栖息环境的变化以及修建公路引起山体自然平衡、水土流失、河道及池塘淤积等情况。

施工期间,由于开挖作业等,地表覆盖会受到严重破坏,在雨水集中季节将遭受严重的土壤侵蚀,成为水土流失的主要因素之一。修建桥梁时,会引起河道临时堵塞和临时改变水流的流向和速度。施工期间,各种车辆、机械的噪声和振动会对周围环境有较大影响,影响居民的生产、生活及学生的学习。另外,施工期间带来的扬尘污染、空气污染、水源水质污染都会对周围居民的生产、生活带来影响。但是,这些影响只是短期的、临时性的、局部范围的。随着施工期结束,影响也将随之消失。为了使这些影响减小到最低程度,施工期间必须高度重视,科学管理。

在公路营运期,汽车的噪声、废气、扬尘以及营运车辆从公路上经过所散落的石油、沥青、农药、化肥以及其他有害物质都会影响水源水质,并使周围空气中悬浮粒增多,导致水质、大气质量下降。这些杂物的尘埃撒落在路边以及一定距离范围内的植物和建筑物上,会影响植物和建筑物的形象和寿命,有害物质和危险物品还会影响周围居民的安全。

公路建成后将改变原有景观,同时也会造就新的景观。当公路投入营运3~5年后,由于排水设施的完善和植被的恢复,施工期加重的水土流失强度可恢复到施工前的水平。同时,公路沿线实施的绿化工程也将对生态平衡的恢复和水土流失的减缓起到较好的作用。

(2) 对社会环境可能的影响

对社会环境的影响主要是永久性占用耕地、河流,拆迁房屋和其他工程设施所引起的沿线居民生产和生活设施的调整。公路建成后,汽车噪声对公路沿线影响较大,特别是对公路两侧的学校、医院等的影响最大。这些对声环境要求高的单位,超标现象时有发生,首先在布线时要绕避;二是要采取防噪措施;三是建议这些单位的建筑远离公路,并控制在两侧一定的范围外;四是尽快拟定建筑红线,以减少沿线乡镇的地方建设和本工程冲突。

(3) 对土地利用可能的影响

公路工程的建设占用土地是不可避免的,所占用的耕地将不再产生直接经济效益。本项目主体工程占用土地量较大,工程的建设将对沿线土地资源产生一定的负面影响。公路投入运营后,将实现公路特殊用地价值的转化,公路的建成会带动沿线第三产业的发展,而新的产业的出现会提高沿线农村人口的就业率。从土地使用类型来看,将加快其从耕地向非耕地、种植非经济作物向经济作物的转化趋势,因此,从总体来看,公路建设对沿线土地资源的利用是有利的。

公路是为社会各行各业服务,公路既有直接的经济效益,即节约运输费用、缩短运输时间、减少交通事故、加快货物周转、增加交通舒适感;又有较佳的社会效益,能促进社会流通和各行各业的发展,因此,公路用地的利用价值广泛,利用率高。但是,土地是一种无法再生的资源，土地的农业利用价值是其他用地无法替代的。因此，在设计施工中须注意土石方的纵向平衡，尽量减少借土方量和弃土方量，尽可能减少污染和侵占良田。

本项目在研究过程中，对沿线的土地资源进行了认真、详细的调查，但是在路线选取过程中不可避免地与沿线当地国土资源的发展规划和乡镇规划产生冲突，所以在设计过程中结合当地国土资源的发展规划和开发，选择合理的路线方案和走向位置，尽量减少和沿线乡镇规划用地的冲突。

2）减缓工程环境影响的对策

（1）路线方案的对策

①合理利用土地资源

在选线过程中，要对沿线的土地资源进行认真、详细的调查，结合当地国土资源的发展规划合理开发，合理选择路线方案和走向、位置，尽量少占农田、耕地、果园。路线方案和走向总体确定后，又通过经济技术比较，设置挡土墙、护坡等，以减少占地数量。

②水源和水质保护

路线布设时，注重保护自然水流，尽量不改变水流方向、不压缩过水断面、不阻塞和阻隔水流。绕避中型以上水库，小型水库和灌溉、饮用水塘要尽量避让。若无法避让而非得占用时，采取设置挡土墙等形式将路堤坡脚压缩，尽量保持原有水源的面积和容量，或将路线布设于水体下游，并采取绿化、氧化、过滤、隔离等措施，以保护水质免受污染。路面水、边沟也作了专门设计。坡面需进行绿化防护，设计的沟渠应进行加固，以防止冲刷和水土流失，破坏公路占地以外的植被。

③设计控制

路线选线时，要与村镇规划相协调。路基设计高程要严格控制，合理使用技术指标，避免高填深挖。路基取、弃土考虑复耕以及水土流失的措施，采用合理可行、美观的路基防护措施，加强路基、路面排水系统设计。桥孔和路基设计要不压缩过水断面，不阻水，不改变水流方向。对被破坏和占用的其他设施应予以恢复。

（2）路基边坡防护对策

路基施工过程中，石方开挖时充分重视挖方边坡的稳定性，选用中小炮爆破，尤其是坡面附近采用打浅眼、放小炮，确保边坡表面平整、稳定；施工中尽量做到填筑到设计高度并碾压密实后或边坡开挖到设计高度、坡度时即采取防护措施，以使施工期间的水土流失降低到最低限度。对于填方路段，主要采用喷播植草等绿色生态防护为主，其他受路基高度及地物限制路段，设挡土墙防护；对于挖方路段，主要采用护坡植草技术等绿色生态防护为主，当挖方边界受到限制时，采用浆砌挡墙防护。

（3）借方、弃方及水土保持对策

本项目土石方数量较多，施工时的废方弃土场应尽量少毁植被、少占农田，并不得阻塞原有的排水系统。弃土场要及时整平复垦后绿化，以提高其使用价值。另外，建设单位要加强各标段施工单位工厂间的沟通、协调，使土石方的开挖、调运、填筑等施工活动紧密衔接，对有多余挖方的路段应尽量先开挖，并及时运至需填方的路段，使纵向调运能够及时得到利用。施工建设所需购买的砂料等筑路材料须从合法的料场购买。为减少土石方在运输途中的流失，运输车辆应采用密封型或用篷布遮盖，避免敞开式运输和沿路抛洒现象的发生。

路线布线时，注重保护自然水流，尽量不压缩过水断面、不堵塞和阻隔水流。路线经过鱼塘时对排水做专门设计，防止路面水、边沟水直接排入饮用水源。坡面需进行绿化防护，设计的沟渠应进行加固，以防止冲刷和水土流失，破坏公路占地以外的植被。

（4）绿化恢复植被对策

公路建设必然造成对环境的破坏，但采取一定的保护措施后会给沿线环境带来一道新的景观。破坏和改变了的环境要通过新的环境意识给予补充和修饰。公路美化、景观绿化设计不仅要满足防护、加固等工程上的需要，还需从美学、景观等方面给予更多的考虑，增加行车的舒适感。

本公路应以恢复植被、恢复自然景观的生态方式为主。根据沿线的气候地理条件，选择地方普适性较好的物种作为道路边坡种草的首选草种，护坡种草以混播为主，可选择由3～4个草种组成的混播组合。

施工时要严格控制工程破坏植被面积，完工后迅速用草皮或其他防护材料进行覆盖。一般宜先种草再种树。取土、弃土场除统筹安排外，还应将所弃土方及时整理并覆盖草皮后再种树。所有路堑边坡、路堤边坡、排水设施都应在施工完成后迅速防护并加固，以防止水土流失，促进植被的恢复并形成多层植被形式。施工单位完工离场前，应对临时建筑予以拆除，对临时用地填平复垦。

（5）其他对策

①公路施工期间噪声和空气污染的防治措施

加强对各种筑路机械、车辆的维修养护，包括安装有效的消声器。凡施工现场200m以内有居民区时，应合理安排施工时间，尽可能将噪声大的作业安排在白天施工，避免夜间过晚施工。必须在夜间施工的项目，要有安民告示和计划。采石场、采砂场要经常洒水、整修，水泥混凝土拌和站、沥青拌和站要定点，并选择在人烟稀少的荒地上，离居民区至少500m。干旱季节施工，还要注意山林防火。

②公路运营期间的环保措施

除满足路线、路基、路面、桥梁等构造物的技术指标，施工质量保证路基稳定、路面平整、各种防护、排水设施齐全，降低汽车噪声，防止空气、污水等污染外，还需对超标路段采取降噪等处理。同时，还要利用各种立面标志对驾驶员、乘客进行各种环保宣传。运营期间来自道路附属设施排出的污水和路面排水对水体产生一定影响，建议对这两种污水引入附近桥涵，不要直接引入水塘，以免由于货物运输过程中有害物质的遗漏对其产生不利影响。

4.2 生态防护与绿色恢复

4.2.1 路域生态恢复的主要措施

1）植被恢复

植被恢复是路域生态恢复的首要措施，是恢复退化生态系统功能的关键环节。植被恢复为适应性物种进入和新群落生成提供前提条件，保障生态系统的结构组成、生态价值与生态功能得到全面恢复。植被恢复措施包括土壤改性、植物选择和植被种植三个方面。

土壤改性是路域植被恢复的物质基础，其理化特征直接影响植被的选择与种植。土壤的理化特征主要包括土壤密度、黏度、颗粒大小、通气透水性等物理性质，以及酸碱性、化学元素（氮、磷、钾为主）含量等化学性质。对于板结或过黏土壤，可适量添加粗细砂并进行翻耕。对于酸碱性土地，可采用熟石灰、草木灰等改良酸性土壤；采用碱性石膏、有机酸或钠离子交换剂等改良碱性土壤，将土壤酸碱性调节至5.0~7.0，以便植物生长。土壤改性也与拟采用的整体生态恢复工程方案密切相关，例如采用客土喷播技术可以同时进行土壤改性与植物栽种两个工序，避免了传统方法先改良土壤再栽种的问题，大大提高植被恢复效率。其中喷薄机制提供植被生长的土壤条件，可由土壤改良剂、保水剂、黏合剂或高分子聚合物等复合而成。

植物群落恢复过程一般遵循以下顺序：先锋植物→草本群落→灌木群落→乔木群落。植物选择也涉及以上四种植物。先锋植物通常选择当地存在的生命力强、耐贫瘠的草本植物，以禾草类和豆科类植物为首选。草本群落的选择也应优先考虑当地的禾本科与豆科草本的搭配，并且兼顾深根与浅根植物、一年生与多年生植物的配置。灌木群落目前常见的有紫穗槐、沙棘和荆条等。乔木群落的选择原则需要兼顾生态、经济与美观作用，常见的有松、柏、槐、柳、杉等。

植被种植包含种植密度设计、植被配置与植被养护。种植密度设计采用大行距内密植的方法，既可以得到密集植被，又能够保证植物所需资源充足。植被配置一般分为行状与群状。行状特点是空间利用率高、植物生长均衡、便于管理；群状特点则是抗病虫害能力强，但后期需要人工间伐。植被养护主要是指为植被持续生长提供良好环境，包括灌溉、施肥、松土、修剪及防病虫害等内容。

2）野生动物保护

野生动物保护措施应贯彻高速公路工程建设的整个阶段，以公路设计阶段的保护措施为主，以公路施工与运营阶段的管理教育方法为辅，遵循“最大程度保护和恢复，最小程度破坏”的原则。

在设计阶段，公路设计方应该综合考虑经济效益与环境效益的关系，尽量绕过野生动物栖息地与迁徙路径。例如大广高速黄河大桥工程花费1年时间调研优化路线，显著减小对黄河湿地鸟类自然保护区的影响；云南小磨高速公路通过绕线11km，避开了西双版纳自然保护区等。设置动物通道也是设计阶段的主要保护手段。不同地域的野生动物种类与习性，动物通道的类型、尺寸、位置、维护以及警示标志等配套设施建设都是公路设计需要考虑解决的问题。例如，明哈高速公路结合当地动物的活动规律，以水源作为动物通道位置依据，并借鉴青藏铁路经营确定动物通道尺寸与类型。

在施工阶段，公路建设方应该针对施工人员开展动物保护与救助培训教育，制定相关管理条例约束员工行为，明确岗位责任，尽量减小施工人员、设备与污染对周边野生动物的干扰。在运营阶段，公路管理方则应该建立野生动物交通事故救助机制，针对驾驶员及周边居民开展野生动物识别与自然资源保护教育，在野生动物繁殖期或栖息地限制车流车速等。

3) 水土保持及净化

高速公路路域的水土流失与污染主要是由降雨径流造成。雨水径流会冲刷走边坡土壤,产生大量泥沙,并侵蚀路域良田;雨水中还富含悬浮物与有机污染物,造成周边水环境污染。水土流失与污染程度主要受到区域降水特征、地形地貌、路面与路域维护方式、车流量等因素影响。目前一般采用工程控制措施以实现水土保持与净化的目的,常见的工程技术有生态护坡、稳定塘与人工湿地等。

生态护坡是指恢复生态功能的自然边坡,或是具备水透性的人造护坡。恢复机理主要是提供生物栖息地和增加水体溶解氧,以保持周边生物的多样性和缓冲带的连续性。高速公路生态护坡既要保证公路路面与边坡的安全稳定,又要固定土壤砂石和恢复水体自净能力,还要具备生态景观功能。按照使用结构材料的不同,生态护坡可分自然型、半自然型及人工型三类。自然型生态护坡采用植被、干砌石或原木等柔性材料;半自然型生态护坡则在柔性材料基础之上加入混凝土、钢筋或高分子进行增强增韧,以提高坡面稳定性,如联合石笼网、生态袋和废旧轮胎,并在废旧轮胎腔体内种植香根草;人工型生态护坡使用生态混凝土、土壤固化剂、框格砌块等材料作地基,再铺设地表土种植草木,生态混凝土有利于藻类和微生物附着生长,具有改善水质和景观作用。

稳定塘是利用人造或天然池塘生态系统的自我净化能力来处理引入污水。作用机理主要是污染物的稀释、混凝、沉淀等物理修复;以及池塘中植物、藻类、微生物的生物修复。该技术建造运行成本低、管理维护方便、节省能耗、处理量大,适用于处理大规模污水。按照充氧情况及微生物类型划分稳定塘。稳定塘的发展方向是通过技术改进与工艺组合,来改善塘内供氧环境、微生物浓度与底部淤泥状况,例如一级降解动力学常数值较高的高效藻类塘;由底部污泥降解区和上部生物膜填料区构成的复合厌氧塘;采取底部分散进水且塘底铺设过滤基质层的生物滤池等。

人工湿地主要是在一定地形下建造的,由人造填料(基质)、水生植物和微生物构成的模拟生态系统,具有天然湿地的结构与功能。作用机理是水生植物对污水中磷、氮等营养元素的富集吸收;透水性人造基质的过滤、吸附、混凝和氧化还原反应等作用;以及微生物对有机物的代谢分解。人工湿地具有处理效果好、建造成本低、操作运行少等优点。

4.2.2 湖州段生态环境恢复措施

1) 湖州段边坡生态恢复

湖州段公路根据边坡岩土体性质进行稳定性分析,并结合气象条件、填挖平衡、美丽公路要求等确定路堑高边坡边坡形式和边坡防护措施:

(1)路堑高边坡加固工程设计遵循“一次根治,不留后患”的原则,采用稳定为本,加固为主,排水、防护并重的综合处理措施,确保施工中的临时稳定和通车后的长期稳定。

(2)工程措施紧密结合边坡的工程地质条件,尤其是倾向凌空面的不利节理面及地层构造、风化程度、水的作用等影响因素。

(3)采取综合整治措施,在地形条件许可的情况下,结合路基的取土,尽量刷方减重,减少支挡工程,加强地表水、地下水的排泄措施,以提高岩土的抗剪强度,增加坡体的稳定性。

(4)考虑全线工程的绿化问题，设计综合用到各种防护措施，重点采用了稳定与绿化相结合的综合防护措施，条件允许时，尽量绿化种植，美化环境。

(5)自上而下逐级开挖，逐级支护。雨季施工时，必须做好所开挖坡面未防护前的防水工程，可采取遮挡、拦截方式防止雨水、地表水对边坡的损害。施工中要求采用施工控制与监测相结合的方式保证边坡稳定，必要时加强临时支护。

(6)采用信息化施工管理措施，边坡开挖后其地质情况与设计采用的地质勘察资料可能会有出入，若出入过大，对边坡稳定有影响时，技术人员应根据现场开挖的边坡地质情况，进行动态设计。

挖方路段边坡根据不同的山体石质、边坡率，经稳定分析判定后，采用不同的坡面防护措施。挖方边坡应尽量保持边坡壁面的平整，边坡开挖修坡后采用 3m 直尺进行平整度检测，要求最大间隙不超过 10cm，如图 4-2 所示。低矮边坡以坡面绿化防护为主，采用放缓边坡坡率的形式，土质边坡直接植草防护，岩质边坡主要采用厚层基材绿化。一般边坡结合地形、地质情况，以厚层基材生态防护为主，对于坡面节理裂隙发育、岩石破碎，有可能发生滑石、落石但无不利结构面控制的欠稳定岩质边坡，采用柔性防护网与厚层基材相结合的防护方式保证边坡稳定。对于有顺层结构面或不利节理面的边坡结合锚杆框格梁加固，对坡面无不利节理面的中风化硬质岩体采用光面爆破施工。

图 4-2　湖州段边坡顶部平台设计

2)湖州段空气环境保护措施

(1)施工期

①汽车运输及施工机械维修

a. 加强汽车维护，保证汽车正常、安全运行。

b. 加强对施工机械的科学管理，合理安排运行时间，发挥其最大效率。

②运输扬尘

a. 加强运输管理，保证汽车安全、文明行驶。

b. 科学选择运输路线。

c. 运输道路应定时洒水，每天至少两次(上下班)。

d. 粉状材料应罐装或袋装，粉煤灰采用湿装湿运。土、水泥、石灰等材料运输禁止超载，并盖篷布。

③施工作业扬尘

施工作业时,应采取边施工边洒水等防止扬尘污染的作业方式。易产生扬尘的天气应当暂停建筑物拆除、路堑开挖等施工作业。

④混凝土拌和扬尘

根据《公路环境保护设计规范》(JTG B04—2010),混凝料拌和宜采用集中拌和方式,拌和站距环境敏感点不宜小于200m,并应设置在当地施工季节最小频率风向的敏感点上风向,以尽可能地降低扬尘对环境敏感点的直接影响。

⑤筑路材料的堆放起尘

a. 筑路材料堆放地点选在环境敏感点下风向,距离在100m以上。

b. 遇恶劣天气加覆盖。

c. 注意合理安排粉煤灰堆存地点及保护措施,减少堆存量并及时利用。必要时设围栏,并定时洒水防尘。

⑥沥青路面铺浇烟气

a. 根据《公路环境保护设计规范》(JTG B04—2010),沥青混合料应集中场站搅拌,场站与敏感点距离不宜小于300m,并应设置在当地施工季节最小风频风向的敏感点上风向,并且采取全封闭作业。

b. 后期本工程若需设置专门的沥青拌和站,需单独进行环评报批。

c. 当道路建设工地靠近住宅时,沥青铺浇应避开风向针对附近居民区等环境空气敏感点的时段,以免对人群健康产生影响。

d. 为操作人员配备口罩、风镜等,实行轮班制,并定期体检。

(2)营运期

①加强道路管理及路面养护,保持道路良好运营状态,减少和避免塞车现象发生。严格控制车况不符合规定、超载车辆上路。

②道路沿线进行绿化,并做好绿化工程的维护工作。

③规划部门严格控制公路红线两侧200m范围内的土地利用。根据沿线各城镇规划,沿线规划居住区与本项目间尽量规划30~50m的绿化带。沿线公路边界外50m内尽量不安排新建集中居民住宅。

④每个服务设施食堂须采用大型油烟净化装置,保证脱油效率在75%以上,并通过排烟竖井至屋顶排放。

4.2.3 建金段生态护坡与绿色生态服务区建设

1)路基边坡的生态防护措施

深路堑路基设计时按照“精、细、美”的创作设计理念,改变传统的多坡一设的机械设计方法,采用信息化动态设计、一坡一设、逐段逐坡、分侧进行细化工点灵活设计和创作设计,根据不同的山体石质、边坡率,经稳定分析判定后,采用支挡加固或放缓边坡坡率等不同的防护加固措施,同时做好排水设计,形成由地表水的截、防、排水系统及地下排水系统组成的综合排水系统,并应设置必要用于沉降和稳定观测点的检修道,确保边坡稳定和安全。

(1)路基边坡

根据路基情况分别采用 M7.5 浆砌片石框格植草、护坡植草技术等形式,连接线路基的防护措施与主线路基相同。

一般填方边坡和挖方边坡采用 M7.5 浆砌片石框格植草,框格植草采用 2.0m×2.0m M7.5 浆砌片石框格、水泥混凝土挡水条,框格内填土并植草。为了改善绿化效果,增加保水保土能力,建议植草时在草籽中混合灌木籽,以达到草灌护坡效果。

对于较陡较高的挖方土质边坡采用 TBS 植草防护。岩质挖方边坡视岩石风化程度,坡面节理发育情况及坡高等因素也采用 TBS 植草防护。石质或土石混合的边坡还可以用厚层基材植被护坡。基材混合物由绿化基材、纤维、植壤土等按一定比例混合而成;绿化基材由有机质、土壤结构改良剂等材料制成。绿化基材由有机质、土壤结构改良剂等材料制成,植壤土可选用工程地原有的地表土或附近农田土粉碎过 8mm 筛,含水率不大于 20%,风干过筛后的植壤土应采取放水措施;纤维可就地取秸秆、树枝等粉碎成长 10~15mm 的段,采用草籽混合灌木籽喷播,以达到草灌护坡效果。

沿线挖方边坡分台阶开挖,每级边坡高度 6~10m,碎落台宽度 2.0m,部分地质较好处减至 1m,平台上设侧沟并进行绿化,采用规则式园林绿化,种植草类并配置灌木。

(2)高次团粒防护技术

路堑工点(ZK2430+000~ZK2430+096)采用高次团粒防护,如图 4-3 所示。

图 4-3 建金段 ZK2430 高次团粒防护技术边坡绿化

地质概况:表面部分布残坡积含砾粉质黏土,紫红色,可塑,厚层状,切面较粗糙,含少量碎石,约占 10%,粒径以 2~4cm 为主,干强度中等,韧性中等。厚度 0.5~1m,为普通土。局部可见紫红色强风化中厚层状凝灰质粉砂岩,较硬,岩石具凝灰质结构,锤击易碎,岩体破碎,节理裂隙发育,裂面可见铁锰质渲染,局部可见方解石薄膜,厚度 2~3m,为软石(Ⅳ);下为中风化紫红色中厚层状凝灰质粉砂岩,坚硬,岩石具凝灰质结构,敲击声脆,岩体较破碎,节理裂隙较发育,裂面可见铁锰质渲染,为次坚石(Ⅴ)。路堑区水文地质条件简单,以基岩裂隙水为主,水量贫乏。根据调查,边坡区层面产状:340°∠15°。发育有两组节理:节理①:95°∠90°,1~2 条/m;节理②:160°∠90°,1~2 条/m。节理、层理与坡面倾向夹角大于 30°,非顺坡结构面,层理和节理组合形成的楔形体对边坡稳定性影响较小。

边坡防护加固情况:边坡最大开挖高度为 38.0m,自上而下,采用光面爆破或预裂爆破施工工艺分级进行开挖。第一级~第三级坡率 1∶1.0,每级坡高 10m,最后一级坡率 1∶1.25,开挖至顶。边坡两侧根据开挖台阶的不同,放缓边坡坡率,边坡平台宽度均为 2m,碎落台宽度(含边沟)为3m。

高次团粒防护技术:CS高次团粒混合纤维边坡防护技术是在富含有机质和黏土的殖壤土等客土中加入边坡绿化专用肥、保水剂、团粒剂、纯天然黏合剂等,在喷播客土的瞬间,客土中的团粒剂与空气发生反应形成与自然界表土相同的人造绿化基盘,由于其具有极强的黏结力,因此能够牢固地吸附在坡面上,喷播的营养基质在土壤表面形成松软而稳定的养生覆盖层,即使受雨水冲刷也不会脱落,在适宜的条件下草种便会很快萌芽和生长,迅速覆盖地面,以达到景观近似于自然绿化目的。经过一段时间的养护后,坡面即形成草、乔、灌相结合的植物群落。图4-8为建金段高次团粒防护技术边坡绿化。

(3)护坡道

主体工程设计对路基两侧护坡道进行规则式园林绿化,种植草类并配置灌木、乔木,草类、灌木树种、种植方式同中央分隔带,乔木种植一排,株距根据树种而定,一般为2~5m,可选择栾树、桧柏、水杉、龙柏、罗汉松、枫杨、女贞树等。

2)绿色生态服务区的建设

(1)生态服务区要求

服务区生态农业区为综合利用区域,地上为生态农业大棚和垃圾处理站,地下为雨水蓄水池(兼作消防蓄水池)、污水处理站、污水蓄水池。垃圾处理后作为生态农业的肥料,污水经处理后直接用于生态农业浇灌,实现污染物近"零排放"。

景观设计过程中,应适当提高整体绿化率,并注重与周围原有自然环境相互融合协调。在物种选择方面,选择适宜当地气候的本地物种,观花观叶兼顾,且注重季节性,保证服务区一年内大部分季节均有花可供观赏,提升服务区景观品质。同时,对合适区域的楼房墙面可选择种植喜阳或喜阴的攀缘植物实施立体绿化,图4-4为兰溪绿色服务区布置示意图。

图4-4 兰溪绿色服务区平面布置示意图

(2)服务区污水处理设计

高速公路服务区污水具有以下特点:水质水量波动量大,高峰期污水量和低谷期污水量相差巨大,低谷期甚至长时间段无污水,传统污水处理工艺对此具有一定难度;有机物浓度较高,可生化性强,主要污染物为悬浮物、碳氢化合物、蛋白质、动植物油、氮磷化合物、表面活性剂和无机盐等。

目前高速公路服务区可采用的较为先进的污水处理系统包括序批式活性污泥法(Sequencing Batch Reactor Activated Sludge Process,SBR)、厌氧好氧工艺法(Anoxic Oxic,A/O)、接触氧化工艺、活性污泥滤床污水处理工艺(ASBF ®)。SBR 工艺、A/O 工艺接触氧化工艺存在工艺复杂、占地面积大、运行费用高等特点,应用于服务区具有一定限制,因此本方案推荐采用 ASBF ®应用于兰溪服务区。

①ASBF ®介绍

ASBF ®,是对传统活性污泥法的进一步改进。ASBF ®是将缺氧,好氧和絮泥过滤澄清池融为一体的污水处理装置。ASBF ®综合利用了 AO 技术、生物絮凝技术、活性污泥滤床技术和气提技术,不仅可以大幅度提高活性污泥浓度,而且节约了能源,是目前最为先进的生物处理技术之一。ASBF ®技术工艺简洁,可以自我控制和调解。污水先进入缺氧区与活性污泥混合,然后以混合液态进入好氧区,经曝气器反应后流入沉淀区,利用生物絮凝和活性污泥滤床的作用进行泥水分离。分离后的水达标排放,剩余污泥排放至污泥池进行污泥脱水。为了更好地达到脱氮的目的,硝化液通过气提装置回流至缺氧区进行反硝化,工艺流程如图 4-5 所示。污水处理后出水满足《污水综合排放标准》(GB 8978—1996)中一级 A 排放标准。通过增加后处理流程,可达到污水回用标准。

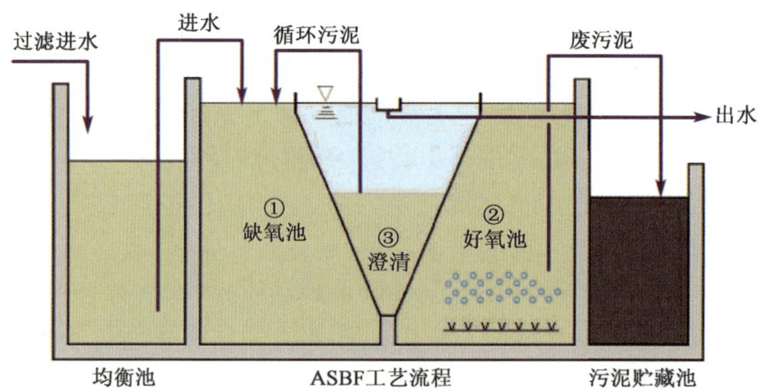

图 4-5 ASBF ®流程图

②适宜性分析

ASBF ®在国际上应用广泛,该技术工艺特点如下:

a. 此工艺技术先进,管理方便,运行成本特低,具有节能,减少运行时间,减少人员班次和劳动强度等优点,适合生活污水处理。

b. 此工艺的污染物去除率高;抵抗水质、水量变化的冲击负荷能力强,处理装置运行稳定性高。

c. 本装置考虑了污水出水回用,在供水紧张的服务区具有现实意义和示范作用使用,同时使用寿命达几十年之久。

d. 污水处理装置产生污泥量少,不但简化了处理流程,同时又将污泥的二次污染减少到了最低程度,剩余污泥量很少。

e. 本装置结构紧凑,占地面积小,设备一体化,投资省,自动化程度高。

该项目的实施可充分循环利用生活污水,对在小范围内实现水资源的循环利用具有示范性作用,对减少市政自来水供给,有效缓解水资源供需矛盾,维护生态系统平衡和促进经济社会可持续发展具有重要的作用。

③经济分析

本处理设备一次性投资约为 60 万元,包括 ASBF ®反应器、ASBF ®相关部件、进水系统、管道以及监控系统等,本系统无任何药剂费用,可满足 100t/d 的污水处理量。

本一体化设备用电装机容量仅为 2.75kW,用电设备只有一个进水泵和一个曝气机。通过已有工程核算,本处理设备的污水处理费用为每吨污水不超过 0.3 元。本工艺占地面积较小,占地约 300m^2,且可置于地下,因此建议设置在生态农业下方区域。

(3)服务区雨水收集系统

①雨水系统处理工艺介绍

传统服务区雨水一般直接排放,不进行收集利用。

兰溪服务区雨水采用预处理、储存沉淀、后期深度处理的原则,通过截污、弃流、隔油、沉淀、过滤、消毒等多种技术,实现雨水的良性水文循环,提高对径流雨水的调蓄、净化、利用能力,实现绿色生态的目标。

通过收集服务区内屋面、道路、绿地内的雨水,通过管道先进行截污、弃流、隔油的预处理措施,然后进入塑料雨水收集池储存沉淀,初期弃流的雨水经过生物净化后也进入塑料雨水收集池储存沉淀,然后经过絮凝、过滤、消毒、除味等工艺进入清水池提升回用。本项目两侧服务区分别建设一座 800m^3(其中 300m^3 的雨水用于消防用水,兼作消防储水池)和 500m^3 的雨水清水池,其余的雨水用于场地内的绿化浇洒、道路冲洗、菜园浇灌、冲厕等。清水池采用液位控制,当剩余体量不大于 300m^3 时,则回用泵停止工作,使清水池内始终保持 300m^3 的雨水用作消防用水,蓄水池自动向清水池补水,超过 300m^3 的液面范围回用泵继续工作。雨水池可置于地下,因此建议设置在生态农业下方区域。如图 4-6、图 4-7 所示。

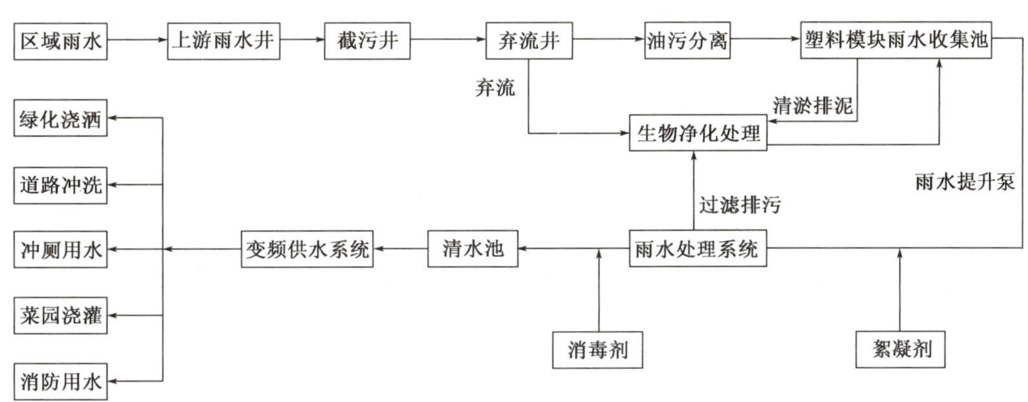

图 4-6 雨水系统处理工艺图

②雨水系统生态湿地建设目标

生态湿地对雨水的水质进行净化和保持,将湿地和绿化带合二为一,既能够充分发挥生态湿地处理效果好、运转维护方便、工程基建和运行费用低等的优点,又能够避免湿地占用服务区有限的土地资源。

按照湿地水深 1.5m、每天消纳 50t 的一级标准的进水,处理为地表Ⅴ类水后排放或者回用(服务区厕所用水、冲洗底面,洗车服务等),根据计算,需要约 1000m^2 的生态湿地。

图 4-7 雨水系统处理效果图

生态湿地建设内容包括：构建水下森林及水下草皮、构建改良浮游动物及有益微生物种群、构建底栖动物种群、构建水生动物种群、安装微循环系统、安装景观小喷泉、水面浮叶植物景观营造。

雨水系统生态湿地建设目标为：

透明度：施工完成后 1 个月，水体透明度达到国家标准中的 1.0 以上，施工完成 2 个月以后，除每次降雨后一周左右时间之外，依据国家标准水体透明度稳定保持 1.5m 以上，实现清澈透明的感观效果。

水质指标：一年中除去降雨及补水（补自来水除外）时间，主要水质富营养指标[总磷、氨氮、生化需氧量（Biochemical Oxygen Demand，BOD）、化学需氧量（Chemical Oxygen Demand，COD）、叶绿素]达到《地表水环境质量标准》（GB 3838—2002）中规定的地表Ⅳ ~ Ⅴ类水指标；

水下景观：水底植被覆盖率完工 3 个月后达到 80% 或以上，构建水体立体景观；

水生动物：根据水体保持生态平衡而投放和保持的螺、虾、贝类、鱼类，水体生态初步恢复。

无蓝绿藻爆发，无明显颜色和异味。

③投资回报分析

以一个服务区为例，雨水收集系统容积为 500m^3，按 3000 元/m^3 估算，总投资约 150 万元。生态湿地建设及运营造价：建设费用按照每平方水面面积人民币 300 元计算，建设费用约 30 万元。总投资约为 180 万元。

本项目设计的雨水收集池为 500m^3，雨水收集池回用可使用天数 = 500/78.32 = 6.4

(d),则每月可节约自来水约 $1000m^3$,一年则可以节约 $12000m^3$ 的自来水。

投资回报分析(国际通用算法)如下:

直接经济价值:$A = 12000 \times 3.5 = 4.2$(万元);

环境改善价值:$B = 4 \times 4.2 = 16.8$(万元);

污水排放减少价值:$C = 3.5 \times 4.2 = 14.7$(万元);

区域内雨洪削弱的防汛费减少:$D = 3 \times 4.2 = 12.6$(万元);

社会积极教育与影响价值:$E = 2.5 \times 4.2 = 10.5$(万元);

年投资回报:$F = A + B + C + D + E = 58.8$ 万元。

180 万元(总成本)÷58.8 万元(年回报)≈3 年,即大约 3 年可收回成本。

④服务区生态农业设计

长期以来,高速公路服务区餐饮所用蔬菜粮油都依靠周边城市供给,资源消耗大,而为了保证蔬菜的质量,在长途运输过程中往往需要增加很多保温保湿的措施,进一步提升了运输成本。为了节约成本,很多服务区出现餐饮品种较少或购进廉价低质量食品的情况,部分服务区甚至无餐饮设施。为了解决这一问题,充分利用服务区空间及周边农田,大力发展生态农业势在必行,农产品就地生产就地利用,既大幅度节约传统模式下粮油运输成本,解决可降解有机物的排放问题,同时发展健康农业也使服务区的食品健康问题得到了保证。

⑤服务区污废资源回收利用工艺

服务区废弃物分为粪便、餐厨垃圾、其他垃圾三类。建议将服务区废弃物分类收集,粪便、餐厨垃圾进行厌氧发酵堆肥处理,产出的有机肥就地利用于周边植被养护或绿植。不能利用的垃圾由专门车辆外运至城市进行垃圾集中处理。

粪便处理工艺流程:将收集的粪便经固液分离,固态与稻壳混合物的含水率调到 60% 左右,利用生物发酵升温杀菌,制得有机肥。液态经厌氧发酵后也可作为液态农肥。建议将有机肥就地利用于拟建温室大棚生态农业,多余部分可用于周围农田。系统流程如图 4-8 所示。

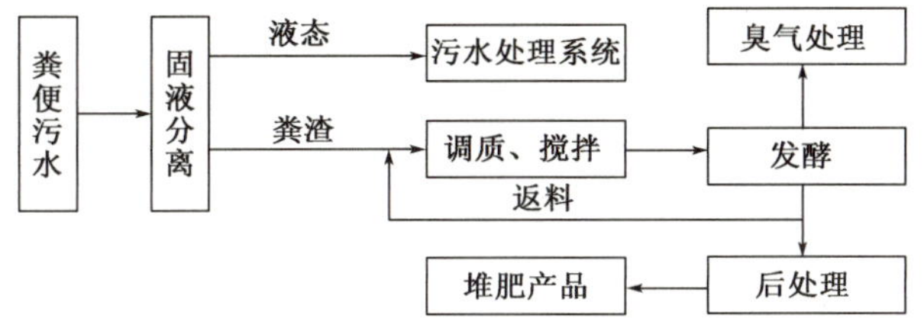

图 4-8 服务区污废回收利用系统流程图

⑥生态农业介绍

建议于服务区边缘区域搭设温室大棚,面积约 $600m^2$,棚内控制温度在 20 ~ 25℃,四季恒温,其中以种植非转基因蔬菜为主,供服务区使用,每年可种植 3 ~4 季。此外棚内亦可少量种植草莓等水果,供游人观赏及采摘。棚内蔬菜种植完全使用有机肥,不使用农药及除草剂,保证自产蔬菜的品质。温室大棚还可以设置 $1m^2$ 菜园,采用植物纤维等可降解材料制作成的美观且可拆装的容器,深度 30 ~40cm,利用自生产的有机肥、蚯蚓粪、苹果木为基质,种植一些非转基因蔬菜或草莓等水果。土壤表面铺设大灰藓等苔藓材料,既可减少裸露土壤的面积,增加美观性,同时还可利用其保水能力保持土壤水分,达到节约水资源的目的。

同时,在服务区设立生态文明展示区,将生态农业常识以及生态文明建设的相关理念以通俗易懂的方式刻画在展示板上,在展示区内利用生态学理念种植各种果树、中药以及各种经济植物,将理论宣传实际感受相结合,使人们能够更加全面地认知生态农业。除展示、讲解外,亦可对游人开放温室大棚,让游人可以有偿采摘大棚内的蔬菜,既能使游人在乏味的旅途中体会到一丝乐趣,同时也对有机生态种植起到普及与宣传的作用。在展示区内设立数个 1m² 菜园作为展示,其中分别种植不同的蔬菜或水果,通过现场展示与示范,利用高速公路大量人流优势,宣传并销售该产品,增加服务区生态产品多样性,同时减少可降解垃圾处理量,如图 4-9 所示。

图 4-9　兰溪服务区小型温室大棚示意图

(4)服务区建筑采用被动式超低能耗绿色建筑技术

①被动式超低能耗绿色建筑技术介绍

被动式超低能耗绿色建筑(以下简称“被动房”)是将自然通风、自然采光、太阳能辐射和室内非供暖热源得热等各种被动式节能手段与建筑围护结构高效节能技术相结合建造而成的低能耗房屋建筑。由于被动房所需能耗很少,因此给可再生能源利用提供了有利机会。一般来说,可再生能源(太阳能供暖、光伏发电、风力发电、生物燃料等)的单位产能较少,需要大面积敷设才能满足需求。对于被动房建筑而言,较少的设备产出的能源即可满足需求,可真正实现零能耗建筑。

被动式房屋自瑞典隆德大学 Adamson. Bo 教授自 20 世纪 80 年代提出后,全球范围内至今已有近 6 万栋、总建筑面积达 4000 万 m² 的建筑应用,涉及居住、办公、学校、养老院、工厂、超市、宾馆等。我国的被动房发展是 2009 年由德国能源署引入的,目前北京、上海、河北、黑龙江、安徽、新疆等多个省市已启动被动式房屋的建设工作。住房和城乡建设部《被动式低能耗居住建筑节能设计标准》(DB13(J)/T 177—2015)已发布实施,《绿色交通设施评估技术要求　第 2 部分:绿色服务区》(征求意见稿)中也将“服务区建筑满足被动式超低能耗建筑要求”作为节能的加分项之一。

被动房的优点包括:能耗极低,每年每平方米供暖负荷小于 15kW · h,所需供暖、供冷设备的功率仅为传统设备的四分之一;可利用可再生能源(太阳能供暖、光伏发电、风力发电、生物燃料等);在新风系统入口设置除 PM2.5 过滤器后,可有效净化室内空气,在新风入口加上除湿设备可有效降低室内湿度;保温的同时,也有很好的隔声效果,能控制到 30 ~ 40dB;建设寿命比普通房屋长很多,理论上可以是“永远不坏的房子”。

被动房的缺点包括:选用的建筑构件及材料要求质量高,造成初投资高;施工工艺复杂、精度要求高、对于非熟练工人感觉难度大,施工周期长;被动房造型不宜过于复杂。

②适宜性分析

由于服务区一般位于郊区,市政条件很差,采用被动房后,利用很少的能源即可满足建筑物的供暖供冷需求。而且,服务区一般单体多而且比较分散,传统做法需要铺设供热管网,投资大、运行费大而且后期维修量也大。如果采用被动房技术,可以进行分散供热,减少了外网投资,并且便于管理。

虽然被动房的气密性很高,但是被动房不是完全密闭的,是可以开窗通风的。当室外空气温度、湿度、污染度适合时,被动房也鼓励进行自然通风;当室外空气条件变差时,才转换成机械通风,此时良好的气密性既可以节省能耗,又可以保证机械通风的效果。

目前被动房理念已经被全世界许多国家认可并付诸实施,在世界各地、各个气候区域均有实际应用,包括比本项目所处纬度更低的地区。德国被动房研究所(Passive House Institute,PHI)非常重视被动房在我国的发展,已经把我国各个气候分区代表城市的气候数据录入了数据库,为被动房在我国的发展提供了技术保证。

③经济分析

目前已经建成项目中,平均增量成本约900元/m^2。服务区采用被动房技术后节省的费用有:锅炉、制冷站等冷热源设备费用;外网铺设费用;传统空调安装费用;空气净化设备费用。以上节省的费用约400元/m^2,扣除节省的费用,实际增量成本约为500元/m^2。兰溪服务区(两侧)总面积为4800m^2,初投资增量总额约为240万元。

被动房与普通房屋建筑能耗及运行费比较见表4-1,从中可以看出,被动房在10年后可收回成本。

服务区被动房技术运营费用对比分析 表4-1

类　别	单位负荷(kW·h/m^2年)	建筑面积(m^2)	电价(元/kW·h)	时间(年)	运行费(万元)
被动房	30	4800	0.8	10	115.2
普通房屋	100	4800	0.8	10	384
差价					268.8

此外,被动房对各构件、材料及施工要求非常高,带来的好处是维修量小,如果考虑被动房与普通房屋维修费的差别,那么被动房的投资回报期更短。

除兰溪服务区外,对于管理分中心也可以采用被动房技术,节省的费用主要有:锅炉、制冷站等冷热源设备费用;外网铺设费用;传统空调安装费用;空气净化设备费用;精密空调设备费用。节省的费用约600元/m^2,实际增量成本约为300元/m^2。管理分中心面积为3000m^2,初投资增量总额约为90万元,约5.5年后可回收成本。管理分中心被动房技术运营费用对比分析如表4-2所示。

管理分中心被动房技术运营费用对比分析 表4-2

类　别	单位负荷(kW·h/m^2年)	建筑面积(m^2)	电价(元/kW·h)	时间(年)	运行费(万元)
被动房	30	3000	0.8	5.5	39.6
普通房屋	100	3000	0.8	5.5	132
差价					92.4

(5)服务区充电桩设计

①充电桩介绍

对服务区可设置充电桩,满足电动车充电需求,目前全国约有1200个高速公路服务区建设了充电桩,《交通运输节能环保"十三五"发展规划》中也明确提出"鼓励充换电配套设施在交通基础设施建设运营中的应用",将大力推进高速公路服务区充电桩建设。

建议兰溪服务区充电桩系统布置于服务区入口,其中,配电部分为箱式变压器,位于10kV进线处;从安全角度考虑,整流部分位于充电桩后部;充电桩有膜结构顶棚,遮挡充电操作区,如图4-10~图4-12所示。两侧服务区各建设120kW充电机2台,4路输出,每路输出最大可服务12辆汽车,共计服务48辆汽车。

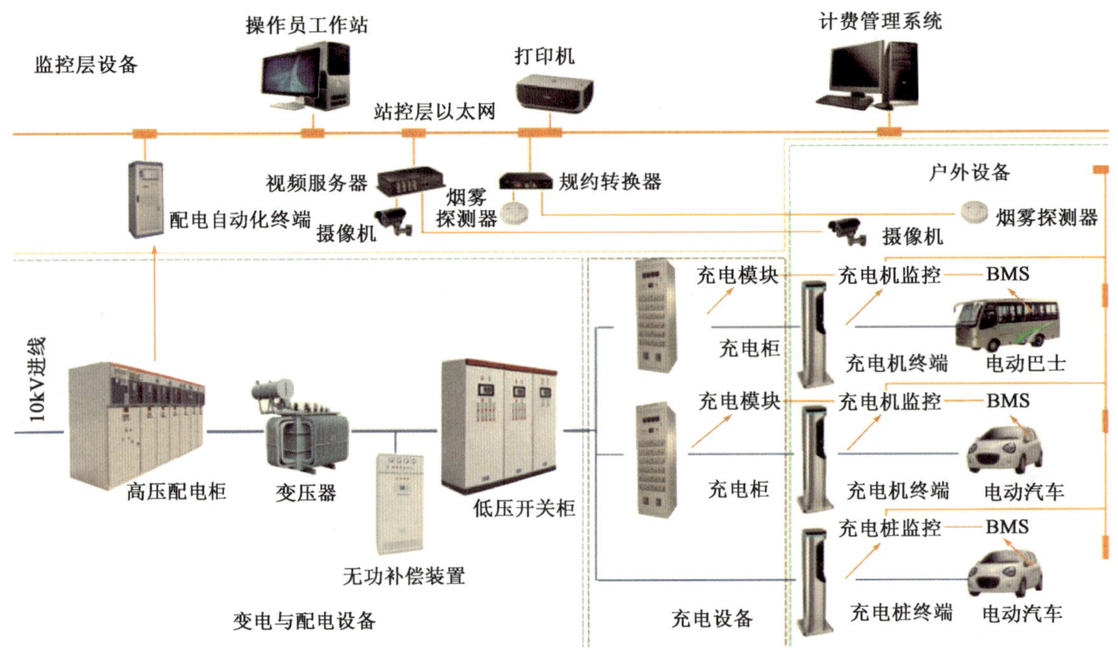

图4-10 兰溪服务区充电桩工艺图

图4-11 兰溪服务区充电桩示意图一

可采用石家庄通合电子生产的THGZQW-700V/150A电动汽车非车载充电机系列产品,该产品广泛适用于不同的电压等级的电动汽车充换电站及其他使用电池组的设备。

图 4-12　兰溪服务区充电桩示意图二

②经济分析

充电桩系统主要包括箱式高低压变配电柜、充电系统、土建、运营管理系统等内容，单侧服务区充电桩建设成本约 134 万元，见表 4-3。

兰溪服务区充电桩建设成本　　表 4-3

内　容	规　格	数　量	单　位	小　计
箱式高低压变配电柜	630kVA	1	套	20 万元
充电系统	120kW	2	套	24 万元
土建	基础、电缆沟、顶棚	1	套	30 万元
运营管理系统	具备全部功能	1	套	60 万元
合计	—	—	—	134 万元

运营维护主要包括设备维保和人力成本，设备维保按照充电设备投资金额的 5% 计算，为 1.2 万元/年；人力成本按照雇佣一人技术，为 8 万元/年。

假设达到 50% 的利用率，则充电桩可以本服务区可以服务 24 辆车，两个服务区共计可服务 48 辆车。目前充电服务费按照 0.6 元/kW · h 收取，假设每次每辆充电 30kW · h，可产生 18 元的充电服务费，两个服务区每天 48 辆次充电服务可产生 864 元充电服务费收入，每年产生经济效益 32 万元。总投资共计 268 万元，扣除运营成本后约 12 年完成投资回收。

假设车辆平均油耗为 8L/km，本段高速公路长度 58km，则每年共计可节省燃油约 8 万 L。汽油的二氧化碳排放系数为 2.925kgCO_2/kg，计算每年可减少排放二氧化碳 170t。

4.3　环境地质灾害防治

4.3.1　常见的山区公路环境地质灾害

自然界内外动力地质作用所产生的环境地质灾害有地震、崩塌、滑坡、泥石流等，它们是由自然原因所引起的，与公路工程活动相互联系、相互影响、相互制约，而且直接影响公路的地质环境和运营环境。

1) 崩塌

大规模的崩塌能摧毁铁路、公路、隧道、桥梁，造成巨大灾害。它在工程建设上被视为“山区病害”之一。崩塌主要类型有：落石、山崩、坍岸、坍陷。崩塌的成因有以下几点：

(1)地貌条件

地貌是引起崩塌的基本因素。一定的坡度和高差是崩塌发生的基本条件。据调查由坚硬岩石组成的斜坡，当坡度大于50°或60°、高差大于50m时，才可能发生崩塌。由松散物质组成的坡地，当坡度超过它的休止角时可能出现崩塌，一般坡度大于45°，高差大于25m可能出现小型崩塌，高差大于45m可能出现大型崩塌。黄土地区，坡度在50°以上才可能发生崩塌。高山峡谷、悬崖陡岸多数是崩塌易发地段。

(2)地质条件

岩性与地质构造也是崩塌发生的重要条件。结构致密又无裂隙的完整基岩，即使在坡度很陡的情况下也不会发生崩塌。反之，结构疏松、破碎的岩石易发生崩塌。当坚硬岩层与松软岩层成互层出现时，由于差异风化，使坚硬岩层突出，临空面增大，易引起崩塌。大量节理或断层存在，会加速岩石的风化解体过程，是崩塌发生的重要条件。岩层构造(包括断层面、节理面、层面、片理面等)及其组合方式是发生崩塌的又一个重要条件。当岩层层面或节理面的倾向与坡向一致、倾角较大、又有临空面的情况下，沿构造面最容易发生崩塌。就区域新构造运动特点而言，构造运动比较强烈、地层挤压破碎、地震频繁的地区是崩塌的多发区。

(3)气候条件

强烈的物理风化是崩塌发生的基础性条件。由于干旱、半干旱地区温差大，高寒山区冻融过程强烈，因此在这些地区岩石风化强烈，悬崖陡坡最易出现崩塌。暴雨、连日阴雨及冰雪融化等往往是崩塌的触发因素，岩体和土体中水分的大量渗入，大大增加了负荷，同时还影响岩体内部结构，导致崩塌发生。另外，暴雨、连日阴雨还易引起洪水，导致大范围坍岸，造成严重灾害。山区道路往往沿河岸路段较长，坍岸对道路交通威胁很大。

(4)人为因素

道路建设或改造中，因过分开挖山体边坡，或在坡脚大量采石取土，使坡脚支持力减弱而引起崩塌。另外，在岩体较破碎地带，大爆破也会引起崩塌。在道路设计、建设与营运过程中，要根据上述条件，综合分析，确定崩塌易发地段和时段采取相应的防治措施，以保证施工与营运安全，保护生态环境。

2) 滑坡

滑坡是山区道路建设中经常遇到的一种地质灾害。滑坡一般由三大部分组成，即滑坡壁、滑动面及滑坡体。大型滑坡体的结构比较复杂，其前端为滑坡舌和滑坡鼓丘。滑坡体上有滑坡阶地、滑坡洼地、滑坡湖、滑坡裂缝等。滑坡的规模不一，其危害程度也不一，大型滑坡的危害是相当严重的。滑坡可造成公路毁坏、河道堵塞、水库淤积。滑坡的成因有以下几点：

(1)地质条件

滑坡主要出现在松散沉积层。松散沉积物，尤其是黏土及黄土浸水后，黏聚力骤降，大大增加其可滑性。基岩区的滑坡常和页岩、黏土岩、泥灰岩、板岩、千枚岩、片岩等软弱岩层有关，当组成斜坡的岩石性质不一，特别是上覆松散堆积层，下伏坚硬岩石时，易产生滑坡。滑坡的滑动面多数是构造软弱面，如层面、断层面、断层破碎带、节理面、不整合面等。另外，岩层的倾向与斜坡坡向一致时，也有助于滑坡发育。

（2）地貌条件

就地貌特征而言，一般坡度不大，起伏平缓，而且植被覆盖较好的山坡，比较稳定，不易发生滑坡。高陡的山坡或陡崖，使斜坡上部的软弱面形成临空状态，上部土体或岩体处于不稳定状态，容易产生滑坡。此外，河水侵蚀强烈的凹岸陡坎是滑坡易发地段。在黄土地区的河谷两岸往往会出现巨大的滑坡带。

（3）降水和地下水条件

降水和冰雪融水往往是滑坡的触发条件。大多数滑坡发生在降雨时期，一般是大雨大滑、小雨小滑、无雨不滑。地下水也是促使滑坡发生的重要原因，绝大多数滑坡都是沿饱含地下水的岩体软弱面产生的。

（4）其他

地震是滑坡重要的触发条件。还有人为因素，其对滑坡的影响主要表现在四个方面：开挖坡脚，破坏了自然斜坡的稳定状态；在坡顶上堆积弃土、盖房，加大了坡顶荷载；不适当的大爆破施工；排水不当。

3）泥石流

泥石流是一种含有大量泥沙、石块等固体物质，突然爆发，历时短暂，来势凶猛，具有强大破坏力的洪流。它掩埋村庄，摧毁城镇，破坏交通，往往造成巨大的灾害。泥石流之所以危害巨大，主要是它的剥蚀、搬运和沉积作用极为强烈，对地表改变很大。泥石流主要有两类：一类是黏性泥石流，指固体物质总量占40%以上的泥石流；另一类是稀性泥石流，指固体物质总量占40%以下的泥石流。泥石流的发生取决于三个条件：一是要有丰富的固体碎屑；二是要有大量水体，水既是泥石流的组成部分，又是重要的动力条件；三是要有适宜的地貌条件。所以，典型的泥石流流域可分为三个区：上游形成区，这是一个三面环山，一面出口的盆地，这里是组成泥石流固体碎屑和水源的主要汇集区；中游流通区，是泥石流外泄的通道，地形上为比降较大的深切沟谷；下游堆积区，是泥石流物质的停积地区。

4.3.2 公路环境地质灾害的防治对策

1）坚持地质选线原则

公路选线时应对工程地质和水文地质进行详细勘察，弄清它们对公路的工程影响和环境影响。对于崩塌、滑坡、岩堆、泥石流、岩溶、软土、泥沼、膨胀土等严重地质灾害路段，应坚持地质选线原则，一般情况下路线应设法绕避，若路线必须穿越时，应根据地质情况选择合适的位置，缩小穿越范围，并采取必要的工程措施。公路选线时应尽量保护山体平衡体系，避免大挖大填。

2）加强地质勘测工作，优化工程设计

公路环境地质灾害的产生，很大程度上与公路的工程地质、水文地质条件有密切的联

系。一般工程地质、水文地质条件不良地区，都是地质灾害多发区。地质环境直接影响到公路工程的稳定与否以及工程造价高低、效益好坏。为此要求工程地质人员加强工程地质和水文地质勘察工作，要与路基设计人员互相配合，结合纵断面设计做出切合实际的路基设计，避免不合理的横断面设计。要根据地质情况，因势利导设计综合排水措施，就地取材修建防护工程，结合实际，设置环保设施，做到标本兼治。在地质灾害多发区，必须根据工程地质和水文地质条件，坚持以防为主、以治为辅、防治结合的方针，应用预防、疏导、堵截、固本等工程措施，多进行比较，提出科学合理的工程减灾技术对策，优化工程设计，做到兼顾公路的经济效益、社会效益和环境效益。

3）采用科学合理的施工方法

在公路建设中产生的环境地质灾害，其中很大一部分是由施工方法、手段、设备、质量等原因产生的。因此，在公路施工期间，应采取积极预防措施，采用科学合理的施工方法。在施工过程中，防止因施工使河流、水道和堤岸受到侵蚀和淤积；在河道中采挖砂砾料时，应防止河流状态的改变；在岩体松散或构造破碎地段，要严禁使用大型爆破施工，以免引起山体松动，破坏边坡稳定，造成岩体崩塌和水土流失；在取土坑开挖后，要防止阻碍周围地区的排供水系统；在堆放弃土时，应防止对周围排灌渠道、水沟及河道的污染和淤塞；要完善施工过程中的临时排水工程，防止地表水的冲刷及大量的下渗；尽量减少占地，注意水土流失，减少对植被等自然生态的破坏。

4）建立地质灾害预测及防灾系统

在公路建设中，政府交通部门应组织有关单位，充分运用现代科技方法和手段，积极研究环境地质灾害的综合勘察、评价和防治的工程对策，对所有干线和支线公路进行一次全面的环境地质灾害普查，建立公路地质灾害信息系统及分析系统，在此基础上，加强公路环境地质灾害的预测系统和防减灾系统，以提高公路工程对环境地质灾害的抗御能力。

4.3.3 杭州绕城高速公路西复线工程湖州段软基路段固化处理设计

本项目位于杭嘉湖平原水网地区，软基施工量大、周期长。全线软基路段共计 32.5km（其中主线 11.7km，占路基长度 38.7%），软基处理总量为 380 万 m。根据勘察，本项目软土路段水（鱼）塘为片塘区，处理范围大，若采用清淤换填方案，清淤工程量大且清淤的淤泥需要进行堆砌处理，不利于生态环保；另外，本项目沿塘软基路段主要采用水泥搅拌桩或预应力管桩进行处理，无须对塘底淤泥全部处理，只需要处理一定深度后形成硬壳层，满足搅拌桩或管桩设备施工即可，因此结合本项目软土区水（鱼）塘特点并综合考虑施工难易程度、工程造价和环保等方面，设计采用土体固化技术对塘底淤泥就地进行固化处理，以便快速形成硬壳层，满足水泥搅拌桩及预应力管桩等桩基设备对地基承载力的要求。

1）施工工艺

就地固化处理技术是一种利用固化剂对软土等土体进行就地固化处理，使土体达到一定强度，从而满足施工机械进出以及施工所需的承载力。固化剂类型采用粉剂或浆剂，固化剂含量暂定为 6% ~7%，主要成分包括水泥、粉煤灰、矿渣微粉以及少量稳定剂，具体配比根据室内试验并结合现场试验确定，该技术的施工设备如图4-13所示，主要包括强力搅拌头、配套挖机、后台供料系统、固化剂添加控制系统等。

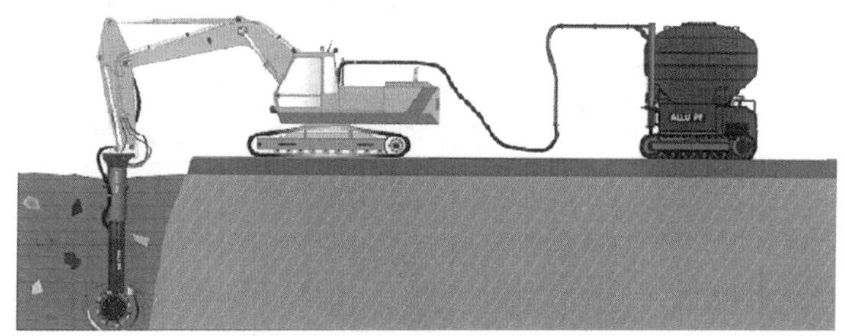

图4-13 强力搅拌就地固话处理设备

强力搅拌头是一种专业型的立体搅拌设备，利用挖机液压驱动，两个搅拌头按照合理的角度堆成分布在连接杆和喷嘴的两侧，其主要参数有：①搅拌头横向投影长度尺寸为1300～1800mm，宽度尺寸为800～1000mm，竖向高度为800～1000mm，为了搭接合理，单次搅拌形状在平面上为矩形，单次搅拌面积不小于$1m^2$；②上部连接杆的长度不小于3m，并可以根据加固深度要求设置加长杆，使最大处理深度不小于5m；③液压控制：23～42MPa；④搅拌效率：不小于50～$100m^3/h$。

后台供料系统可实现多种固化剂的同时供料。固化剂由后台供料系统通过喷浆管进入喷嘴，利用搅拌头上螺旋分布的刀头立体切削土体和转动，使固化剂和土体均匀拌和。固化剂添加控制系统安装于后台供料系统中，能够实时控制固化剂的添加量，精确计量，减少材料浪费，并能实时记录和保存固化剂用量过程，并形成报告。

就地固化技术的主要技术优点有：能够实现工程废弃土体的零排运，降低运输及对方对环境的影响；无须使用大量的置换材料，减少砂石用量，减少开山采石和河道挖沙；无需开挖工作，减少对周围建筑物的影响；施工速度快（无须挖掘和填埋，快速高效），无硬壳层地区可快速形成硬壳层；资源的循环利用，节能环保工艺。

土体就地固化处理技术的主要施工流程为：

①划分区域。将欲进行固化处理的区域进行放样并划分区域，划分尺寸一般为5m×5m左右的处理区域，并根据该处理区域的处理厚度计算固化剂用量的配比和调制，并用固化剂自动定量供料系统设置固化剂含量。

②选定固化剂施工形式。根据现场淤泥含水率高低，可分别采用浆剂或粉剂施工。若现场淤泥含水率低于50%，建议采用浆剂施工；若含水率高于50%，则建议采用粉剂或浆剂施工，对于严格控制扬尘的区域建议采用浆剂施工。

③强力搅拌拌头就地搅拌。

采用强力搅拌头对原位土机芯均匀搅拌。根据现场土样含水率的高低和固化剂形式，施工采用垂直上下搅拌固化的方式（图4-14），搅拌设备直插式对原位土进行搅拌，搅拌设备正向运行逐渐深入搅拌并喷射固化剂，直至达到固化设计底部，然后搅拌设备反向运行缓慢提升搅拌并喷固化剂，搅拌提升或下降的速率控制在10～20s/m，固化剂的喷料速率控制在100～200kg/min（粉剂）和80～150kg/min（浆剂）。

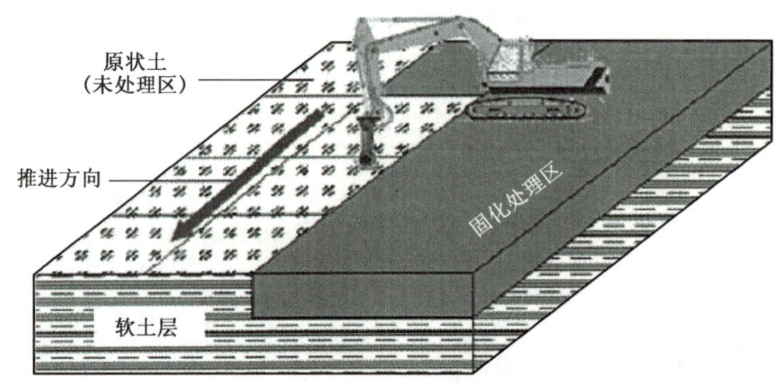

图 4-14 边固化边推进的固化方式

④就地固化处理。采用边固化边推进的形式进行。该部分工序为关键工序，应保证搅拌均匀，其强度满足指标要求，各区块之间应有不小于 5cm 的搭接宽度，避免漏搅，如图 4-14 所示。

⑤碾压和养护。固化搅拌完毕后，采用压路机碾压表面，固化土体养护数天至承载力达到搅拌桩或预应力管桩施工设备进场要求时方可进行水泥搅拌桩或预应力管桩施工，一般固化后养护 7 ~ 19d 可进行水泥搅拌桩施工；固化养护 14d 后可进行预应力管桩施工。

2）质量检验

就地固化处理路段需要对固化后的强度、厚度和承载力进行检测，检测方法如下：

（1）固化剂成分及含量

固化剂材料应符合相关规范要求，具体固化配合比应通过室内试验或现场试验确定，通过固化剂自动定量控制系统控制施工过程中的配比，允许偏差不大于 0.5%。

（2）就地固化处理厚度

厚度检测通过静力触探试验确定，要求处理厚度与设计厚度相差不超过 20cm。处理宽度用尺进行测量。要求现场量测宽度与设计宽度相差不超过 10cm，测试点不少于 3 处。

（3）就地固化处理层的强度（采用十字板剪切试验或静力触探）

①利用十字板剪切试验对固化后的土体进行试验，单个区块或每 300m 测试点不少于 3 处，14d 后不排水抗剪强度不小于 80kPa 或 28d 强度不小于 100kPa。

②或利用静力触探试验确定固化的土体强度，单个区块或每 300m 测试点不少于 3 处，14d 后静力触探锥尖阻力不小于 0.8MPa 或 28d 锥尖阻力不小于 1MPa。

（4）就地固化处理技术的称在性能

对固化后处理区域进行荷载板试验，单个区块或每 300m 测试点不少于 1 处，14d 后承载力不小于 100kPa，或 28d 后承载力不小于 130kPa。承载板尺寸不小于 0.5m × 0.5m。

（5）试验路段

在大面积进行固化处理前，应首先进行部分试验路段的固化处理，试验路段主要目的为确定设计采用的固化剂配合比是否能满足设计承载力要求。在试验路段上采用不同的配比形式，通过对强度和承载力的检测，确定合适的配比，再进行大面积固化施工。

考虑到承载力试验的实施费用远高于不排水抗剪试验和静力触探试验。该试验路段的另一个目的在于将就地固化层的强度指标(不排水抗剪强度或静力触探锥尖阻力)与承载力建立一个经验公式,以根据承载力要求确定合适的强度检测指标应用于大规模施工中。

初步的固化剂配比为6%(含水率在60%以下)和7%(含水率在60%以上),当含水率超过80%以后固化剂配比相应提高。含水率在60%以下时现场试验配比在初步固化剂配比的基础上进行±1%掺量的调整(固化剂配比分别为3%水泥+3%粉煤灰+少量稳定剂,4%水泥+3%粉煤灰+少量稳定剂,4%水泥+4%粉煤灰+少量稳定剂)。每个分试验段长度不小于30m。现场条件适宜的情况下,可以将矿渣微粉与粉煤灰的使用效果进行对比。

当现场试验完成后,主要测试就地固化处理层的不排水抗剪强度或静力触探锥尖阻力及承载力。现场试验主要以承载力控制,水泥搅拌桩路段14d后承载力不小于100kPa,管桩路段承载力不小于120kPa。每个分试验段至少测试1组承载力试验和3组不排水抗剪强度或静力触探试验,并获得在该试验情况下强度指标与承载力值之间的经验公式。将满足强度要求的固化剂掺量及匹配于承载力要求的强度检测指标应用于大规模施工检测中。

4.3.4 杭绍段岩溶地质及处理对策

1)工程段岩溶等不良地质概况

本项目区域内岩溶较发育,岩溶具有不均匀性、隐蔽性的特点,查明地下溶洞分布、规模、顶板厚度、完整性等是进一步评价场地稳定的关键。路线沿线有多个废弃的采空区,由于多为个体开采所形成,开采极不规范,矿区废弃后,采矿资料缺失,查清采空巷道分布、规模就很困难。本项目软土主要为湖沼积平原区分布的海积淤泥质土,含水率大,强度低,易引起过量沉降、不均匀沉降,易造成路堤失稳及桥头跳车。查清软土的分布、厚度及其物理力学性质是地基处理的前提因素,如图4-15所示。

2)岩溶段处理对策

根据本项目初勘结果,扩容段张家店隧道、金竹湾隧道洞身岩溶总体发育弱,联络线沈坞隧道洞身岩溶总体发育弱,但鉴于岩溶发育的不均一性及易沿断层带等导水带发育的一般规律,不排除在两侧断层附近发育溶洞的可能,所以在隧道施工过程中需制定可行的岩溶处治方案。

(1)岩溶水处理

①为防止岩溶涌水、突泥,应采用超前钻孔探测,并预备足够的排水设备。

②对于超前探水孔中单孔流量大于2L/s,或总流量大于10L/s的岩溶段,应预留5~10m岩盘进行注浆堵水。

③对于超前探水孔中单孔流量小于2L/s,或总流量小于10L/s的溶洞,或溶洞与地表及外部岩层无水力联系时,可按疏导的办法进行处理。

(2)溶洞处理

①结合勘察成果,采用地质雷达、隧道地震波法(TSP)等超前预报技术,探明溶洞的特征。

②当溶洞规模较大,溶洞内充填物松软,基础处理工程修建困难、耗资巨大或溶洞虽小但水流较大时,可根据具体条件采用相应的梁跨、板跨等形式跨越岩溶地段。

a)采空区

b)崩坡积

c)岩溶区

d)软土区

图 4-15 工程段岩溶等不良地质概况

③对已停止发育的干小溶洞，采用混凝土、浆砌片石或干码片石堵塞、填实，必要时注浆加固以防止塌陷。

④对不能填实的溶洞壁面，视情况采用锚喷、钢筋网、钢筋束进行封闭加固处理。

(3)洞内充填物处理

根据洞内充填物的性状，可选用清除、换填、桩基、注浆等技术措施。

(4)隧道支护衬砌

穿越溶洞段时，隧道支护衬砌参数按比相邻路段围岩低一类考虑，必要时应设置护拱。

第5章

节能降碳与污染防治

国家发展和改革委员会发布的《节能低碳技术推广管理暂行办法》针对节能技术和低碳技术的内涵给出了明确的定义:节能技术是指促进能源节约集约使用、提高能源资源开发利用效率和效益、减少对环境的影响、遏制能源资源浪费的技术。节能降碳是关系交通运输行业生存发展、关系小康社会建设的全局性、战略性问题,是促进交通运输发展方式转变的有效途径,是交通运输行业面临的长期任务,也是我国政府对国际社会做出的郑重承诺。

节约资源是我国的基本国策,国家实施节约与开发并举、把节约放在首位的能源发展战略,符合经济社会可持续发展的要求,杭州都市高速公路有限公司鼓励各项目积极探索清洁能源在建设工程中的应用方式,针对如何提高能源利用效率和降低环境污染,如何将环境保护和工程建设要求相结合提出了更高的期望。各项目通过与国内外相关科研、企业单位合作,就清洁能源的应用和如何降低环境资源的消耗开展了一系列科学研究,并将其研究成果应用于实际工程中,取得了良好的效果。

5.1 能源节约与开发利用

能源是指包含可利用能量的物质资源或表达为能够提供某种形式能量的物质。能源有多种多样,按能源成因可分为两大类:一类是自然界中以现成形式存在的能源资源,称为一次能源,即天然能源;另一类是由一次能源直接或间接加工转换为其他种类和形式的能源,称为二次能源,即人工能源。一次能源可以根据它们是否能够再生而分为两大类。第一类是再生能源,是指每年能够重复再生的自然能源;第二类是非再生能源,是指那些不能每年重复再生的自然能源,如煤炭、石油、天然气等。这些能源随着人类的使用,会渐渐减少。

再生资源开发利用是指将生产和消费过程中产生的废物作为资源加以回收利用,工程废渣、废料的充分利用使得废物再生利用取得明显效果。使用再生资源可以大量节约能源、水资源和生产辅料,降低生产成本,减少环境污染。高速公路建设过程中必然伴随着大量废弃资源的产生,针对废弃资源的类型,合理地使用必然会降低对生态环境的影响,同时可以提高经济效益。公路交通的发展是社会可持续发展的重要内容,在创建绿色公路的过程中,公司所属各个项目高度重视绿色环保施工工艺和施工设备的研发与应用,树立了以环保施工、建设青山绿水中的高速公路建设理念。

5.1.1 临时建设

新建项目临时设施用地遵循“充分利用红线内土地,减少临时借地”的原则。需借地建设时,结合地方用地规划,充分利用闲置土地、拟开发土地等资源,或待工程结束后将临时设施移交当地使用。

1)场站集约化建设

场站集约化建设首先遵循“能租不建、能建不拆”的原则,优先考虑租赁使用在工程沿线附近满足办公、生产、生活条件的民房、厂区,新建用房宜采用彩钢房、轻型钢结构房(棚)、集装箱房等绿色环保、方便拆卸的可循环利用材料，倡导采用模块化、装配化结构，有永临结合需求的项目可考虑新建砖瓦房。如图 5-1 所示。

a)

b)

图 5-1　场站集约化建设

2) 临时便道建设

临时施工便道(便桥)优先考虑利用既有地方道路，新建时充分结合地方道路规划、三改工程等进行建设。以“地方区县解决土地”模式，“永临结合建设便道”的理念，着眼于原有及永久道路兼顾；合理确定建设规模，严格控制宽度、厚度、会车道间距标准；利用废弃混凝土、路面废料和隧道洞渣于施工便道或路基填筑。如图 5-2 所示。

a)

b)

图 5-2　临时施工便道建设

3) 临时用电

因地制宜，践行永临结合。围绕“共享、共建”理念，将电力专线与三集中场地或养护基地的临电设施合而为一，做到永临结合，减少电力设施投入。临时施工用电充分利用既有地方用电设施，新建时结合地方永久电力线路或项目运营期用电线路进行建设。

根据临时设施规划、桥涵、隧道等结构物的分布情况，确定临时用电线路架设、变压器设置数量和容量，以及临时发电设备的配备数量和容量。

(1)项目临时用电利用周边已有电力设施就近接入使用。当周边无电力设施或已有电力设施无法满足要求时、采用自发电或架设电力专线,并结合进度、成本等方面进行综合比选后确定供电方案。

(2)项目临时用电在主体工程开工前完成。预制场、拌和站、隧道等需要连续作业的区域或零星用电部位,根据施工需要配置备用发电设施。

(3)变压器容量根据《工业与民用配电设计手册》或《建筑施工计算手册》进行选择。变压器容量不大于400kVA的,宜采用杆型变压器。有条件的项目,租用供电单位的变压器。

(4)导线类型及截面根据《工业与民用配电设计手册》或《建筑施工计算手册》选择。线缆可视实际情况采用架空或地埋等方式敷设,并采取必要的防盗措施。敷设在开放场所的线缆宜采用铝芯线缆。

(5)照明采用节能型照明设施。对需要大面积照明的施工场所,采用高压汞灯、高压钠灯或混光用的卤钨灯等金属灯照明。

(6)临时用电设施安排专人管理,切实加强维护和保养工作,以提高其周转利用率。

4)借土场、弃土场

弃土场优先选用废弃矿坑、废弃采石场和沟壑滩涂等设置,最大限度地节约耕地资源;清场表土最大限度地收集利用,完成整平绿化或复耕,节约土壤资源。如图5-3所示。

a)

b)

图5-3 借土场、弃土场建设

5.1.2 "绿色、智能"沥青路面铺装

沥青路面因其平整性好、噪声低、不扬尘、施工期短、开放交通快、养护维修方便等特点,是道路建设中广泛采用的一种路面结构。但在沥青路面施工过程中会产生大量的废气、粉尘等,会对周围环境造成严重污染。沥青路面在施工过程中,如何采取有效的环保措施,加强施工现场环境监控工作,是沥青路面施工中需要重点关注的环境问题。

1)路面干洗

为提升下封层施工前下承层清扫的质量及效率,加强项目路面施工防污染管理,本项目湖州段引进专业路面干洗车(图5-4),代替传统的人工清扫及水车冲洗,在极大地提高的施工质量及施工效率的同时，也为项目实现沥青路面“零污染”的目标增添了强力的保障。

2）沥青路面施工

项目安装信息化动态实时监控系统（图5-5），实时监控并评价每一盘沥青混合料的总体质量情况；同时在外场设备（摊铺机、压路机、运输车辆等）安装监控系统实时管控生产、运输、施工质量。通过智慧管控App，即可全面了解拌和、运输、摊铺及碾压等工序施工情况，当施工工艺不符合规范要求时，系统则会自动报警，能及时发现并纠正错误，大大提高管理人员的管理效率，且能有效消除质量及安全隐患，提高施工质量。

图5-4　路面干洗车

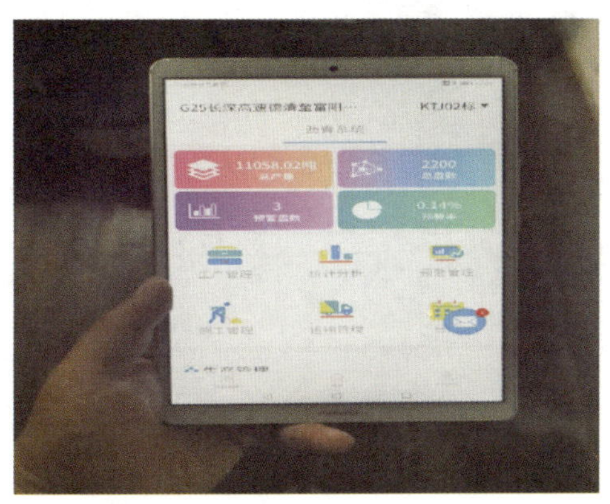

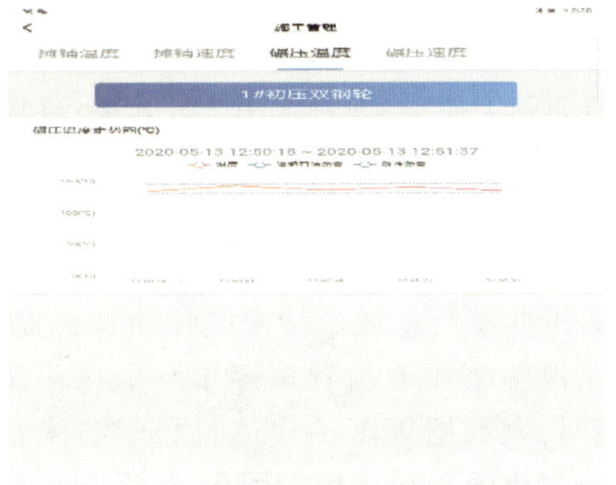

a)信息化管控平台　　b)信息化监控设备

图5-5　前场沥青摊铺施工设备运行监控

3）沥青拌和

采用全新进口玛连尼MAT440环保型沥青搅拌楼，拌和楼配备等离子设备，能处理拌和过程中燃烧产生的有害烟尘，实现沥青拌和“绿色”生产。如图5-6所示。

a)玛连尼MAT440环保型沥青拌和楼

b)等离子烟气处理设备

c)沥青站冷料仓除尘

图5-6　沥青拌和及绿色生产

4)沥青质量控制

为加强沥青路面施工原材料管控，提升沥青路面施工质量，项目采用红外光谱仪(图5-7)等先进手段加强沥青质量控制，从源头上把关，消除质量隐患。

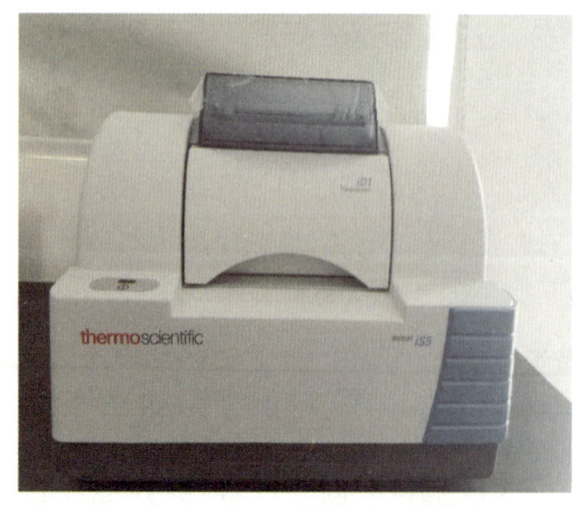

图5-7　沥青红外光谱仪

5.1.3　智慧化工程建设技术

随着近些年信息科学技术的快速迭代发展，高速公路建设施工作业与管理逐步与信息化深度融合，物联网、大数据等新一代信息科学技术在高速公路建设主战场不断寻找应用场景，新技术的更新演进给高速公路建设带来更多新的可能。

为了更好地推进品质工程建设，浙江交通集团积极将信息化与工程建设深度融合，利用阳光系统、物联网+技术等，将信息化与工程建设深入融合，实现项目管理的高效率。以“机械换人”实现

“减人力、提质量、保安全”等目标。

1) 管理系统迭代升级

不断优化升级阳光工程动态管理系统,加快实现各方信息集中归集、各方力量科学调配、各方问题快速处理,改变施工项目现场参建各方的交互方式、工作方式和管理模式,持续改进工程质量、进度、成本,以合理的资源投入,实现项目效益最大化开发动态管理系统“151”,即 1 个平台(项目管理平台)、5 套采集模块(基础业务信息采集模块、物联网数据采集模块、工地视频采集模块、智慧监理采集模块、质检资料电子化采集模块)、1 项三维可视化展示(BIM 系统),如图 5-8 所示。

图 5-8 动态管理系统

(1)基础业务信息采集模块

用于指挥部内部及与板块公司间的自动化办公和信息查阅,以及项目信息填报及处理合同、计量、进度等管理业务。

(2)物联网数据采集模块

物联网数据监测,管控拌和站生产、预应力张拉与压浆、隧道监控量测、路面施工作业、试验室试验检测数据。

(3)工地视频采集模块

远程监控主要场所和重要工程部位施工的安全生产状况。

(4)智慧监理采集模块

用于记录监理工作,处理质量、安全、环保、信息化等监理工作。

(5)质检资料电子化采集模块

用于施工质量检验资料的录入、汇总、评定、组卷。

2) 自动化广泛应用

以“工点标准化”建设为切入点,大力推广现代化、自动化的装备,积极采用新工艺、新设备,推行机械换人,全面推广了钢筋加工九台套(钢筋保护层合格率控制在 95% 以上),如图 5-9所示。全线施工推行使用隧道施工九台套、桥面系“4 + 3”等先进设备,桥面平整度控制在 3mm 以内(标准规定为 5mm);落实冲击碾、单或多锤头液压补强夯(台背补强)、平地机等提高路基施工质量，预防桥头跳车。有效控制了路基弯沉，全线路基弯沉指标控制在150/0.01mm（原设计232.9/0.01mm），使路基品质有了跨越式提升，积极探索机电新工艺，成功自制机械挖沟机，由“人工开槽”转变为“机械开槽”，开槽效率提升近50%，提高项目实施效率，减少对道路污染，克服了硬路肩难以开挖的困难，降低施工成本。

图5-9 机器人的广泛应用

3）路面施工智能化管控

建立路面智能施工监管平台，实施自动采集数据，加强参数指标过程管控，沥青采用红外光谱法进行改性沥青（SBS）含量、光谱图基因检验，普通沥青老化试验改用旋转薄膜加热法，改进原材料检验手段，进一步做好原材料入场检验，并将采集样本数据和光谱分析结果上传至物联网管理平台，达到过程控制和可追溯的目的，保障工程质量。

建立现场物联网系统值班机制，随时反馈施工，日清周洁，物联网数据切实指导施工，反馈管理。结合路面痛点，组织力量对各类设备进行改进，充分利用信息化管控手段提升路面工程品质，如图5-10所示。

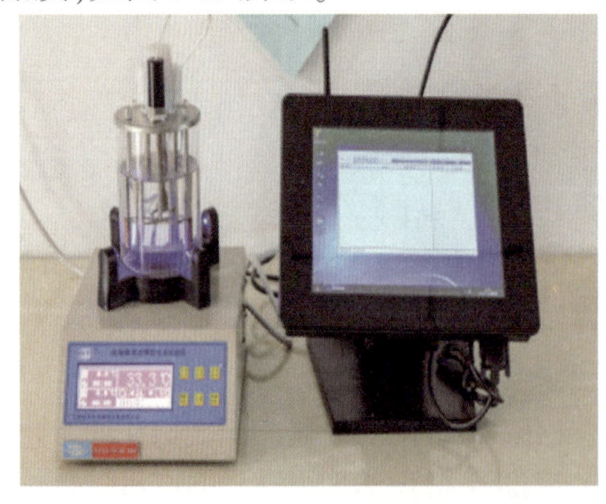

a)沥青软化点试验数据采集

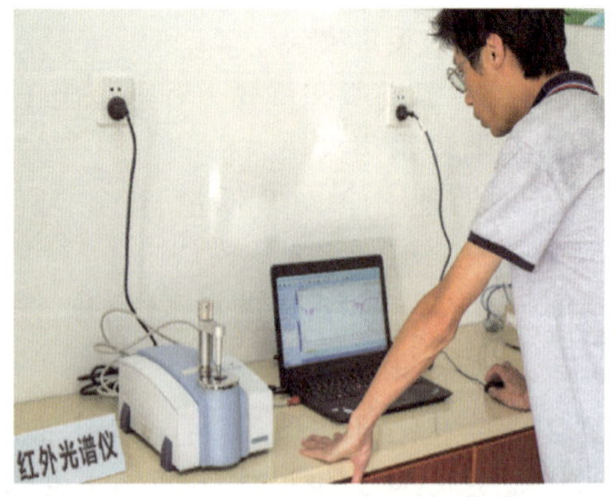

b)红外光谱分析仪测定改性沥青SBS掺量

图 5-10

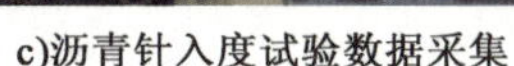

c)沥青针入度试验数据采集

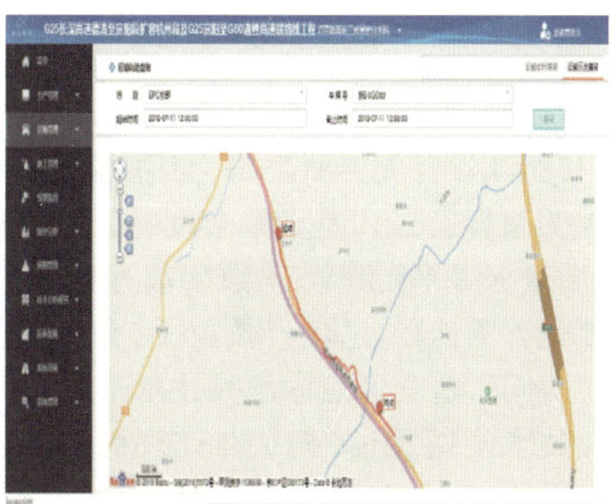

d)沥青混合料运输监控

图 5-10　路面施工智能化管控

4) 施工设备智能化改造

本项目通过科研创新对项目设备进行智能化改造,不仅大大提升了工作效率,也减少了项目投入资源浪费,如图 5-11 所示。

a)压路机加装桥面碎石盲沟切割设备

b)沥青摊铺机加装防离析链条

c)钢轮压路机自动洒水

d)胶轮压路机自动喷洒隔离剂

图 5-11　施工设备智能化改造

5.1.4 数字高速建造技术

基于项目建设需求，以“创新、协调、绿色、开放、共享”五大发展理念为指导，深入贯彻落实国家和浙江省有关美丽公路、交通运输与旅游融合发展及智慧公路建设要求，以建设“美丽”公路为目标，突出“基于融合度的公路景观设计与营造”“美丽高速高品质建造”“美丽高速环境质量保障平台建设”“数字高速建造”等重点和亮点，以理念提升、创新引领、示范带动、制度完善为途径，适度科技攻关，大力推进“安全、美丽、智慧”公路“四新”科技成果的集成应用，协同打造交通运输部科技示范工程和浙江省美丽公路建设试点示范工程，建设以质量优良、技术领先、资源节约、生态环保、节能高效、服务提升为主要特征的安全高速、美丽高速、智慧高速。

1)天空地一体化环保管控平台

构建与开发基于高分辨率卫星遥感影像+无人机+移动终端的天地一体化公路施工环境管控系统，对项目施工实施多尺度、全覆盖、天地一体的环(水)保监测与管控。

2)公路环境监测网络系统建设

构建高速公路施工期、运营期环境实时在线监测数据系统，开展交通噪声、汽车尾气、交通气象等交通环境监测网络布设，研究交通环境动态变化、交通噪声对沿线声环境敏感点的影响以及汽车尾气、锅炉烟气对区域环境空气的影响。通过科学的数据分析，为交通环保数据统计决策咨询提供技术支撑。

3)公路三维 GIS 全过程管理信息系统

融入“互联网+”理念，利用 GIS 技术、北斗技术、三维实景技术、无人机航拍技术、智能信息通信技术、移动办公技术、工作流技术等手段，开发基于 GIS 三维实景的公路基础数据管理平台，实现公路建、管、养、运全过程交通数字化管理。

4)交通旅游服务大数据应用系统

开发应用集运游一体化服务、旅游交通市场协同监管、景区集疏运监测预警、旅游交通精准信息服务等功能于一体的交通旅游服务大数据应用系统平台，提升交通旅游服务智慧化水平。

5.1.5 工程施工微创新总结

开展微创新和科技攻关提升工程品质，通过微创新，不断提升工艺、装备的可靠性、先进性；通过技术攻关，形成一批实用性专利技术，提升智能化、信息化、自动化水平。

1)液压模板的应用

与传统施工方式相比，液压模板的优势主要体现在整体装模和拆模，省时省力省人工，拼接缝少，移动方便。利用液压整体脱模，可有效防止混凝土缺边掉角，且拆模后混凝土表面光滑平整，混凝土外观质量有保证。同时，液压钢模板拆模使模板不容易变形，增加了模板的使用次数。本项目在保留了液压模板的上述优势的基础上，积极探索，勇于创新，优化轨道式移动方式为转轮式移动，解决了轨道式排水不畅的问题。如图5-12所示为整体移动液压模板的应用。

a) b) c) d)

图5-12 整体移动液压模板的应用

2）桩基标准化施工

针对桩基施工时现场杂乱差，施工需使用的临时材料、小型机具及设备较多，标准化管理难度高的问题，从现场规划布局、临时材料堆放、钻机防护、导管架制作、小型机具堆放、泥浆池设置与围挡、标示标牌等方面进行全方位的标准化，进行"三架"（导管存放架、钢筋笼存放架、混凝土灌注架）、"四箱"（渣样箱、工具箱、配电箱、泥浆箱）、"三防护"（泥浆池防护、孔口防护、操作平台防护）工点标准化管理，有效改善桩基施工现场杂乱的现象。如图5-13所示。

3）桥梁一体化养生

为了解决桥梁高空养护洒水不均、不及时的问题，应用自动喷淋养生系统，实现桥梁高空养护全天候、全湿润、自动喷淋桥梁一体化养生，解决了高空养护的弊端，提高了混凝土的养护质量。如图 5-14 所示。

a)导管存放架

b)钢筋笼存放架

c)混凝土灌注架

d)渣样箱

e)工具箱

f)配电箱

图 5-13

g)泥浆箱

h)泥浆箱防护

i)孔口防护

j)操作平台防护

图 5-13　桩基标准化施工

a)纵向主管道

b)养护用水逐墩上桥

图　5-14

c)墩身养护

d)盖梁养护

图 5-14 桥梁一体化养生

4) 室外气保焊应用

为了解决施工现场使用焊条电弧焊进行焊接时焊接效率低且焊接质量不稳定、劳动条件差、有强烈弧光和烟尘的难题，本项目将 CO_2 气保焊从室内引到了室外，具有焊接速度快、操作简单、焊接变形小、无焊渣的优势，显著提升了焊接质量。如图 5-15 所示。

a)

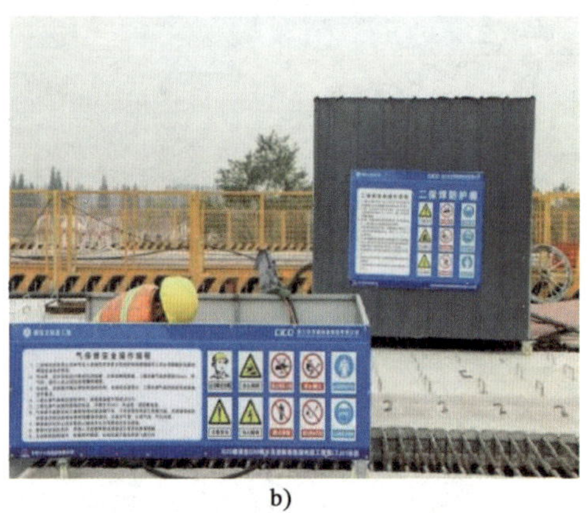

b)

图 5-15 可移动一体化设备箱及焊接平台

5) 路基标准化施工与设备定型

严格控制路基填料料源，通过土石分离方式取料，石料须现场解小，确保填筑粒径符合设计规范要求。在常规机械配置基础上加大资源投入，优选专班，保证平地机、移动破碎机的使用率，普及羊足碾、高速液压夯实机、平板夯实机、小型夯实机的大面积使用。严格执行“三阶段、四区段、九流程”的填筑标准化，加大填料含水率检测频率，控制分成压实厚度，切实提高填筑质量，并全过程配备洒水车、移动雾炮机，采用“雾炮抑尘”工艺降低对周边环境的污染(路基“三阶段”即准备阶段、施工阶段、验收阶段。“四区段”即填筑区、摊平区、碾压区、检测区；“九流程”即测量放线、土石分离、石质解小、挖装运输、划格进料、摊铺整平、机械碾压、边坡夯实、检测)。如图 5-16 所示。

a)路堤填筑边线　b)断面测量控制层厚

c)路基填筑方格　d)网路基分层填筑

e)一格一车料　f)路基填筑边坡

g)机械碾压　h)冲击碾压

图 5-16　路基标准化施工

此外,针对项目山区高速公路的特点以及高边坡施工的需求,定型路基施工设备台套。如图5-17所示。

a)挖掘机-液压夯实机

b)凸块式压路机

c)高速液压夯实机

d)平地机

e)小型夯实机

f)三钢轮静碾压路机

图5-17 设备定型

6) 装配化工艺研究

预制装配化桥涵具有质量保障好、施工效率高、因素干扰少、工期易控制、环境影响小等一系列工厂化、工业化特点，结合山区高速公路地形复杂、结构物工点分散、地面高程和横坡变化频繁、桥墩与盖梁种类繁多等特点，通过多轮次方案比对，对运输条件较好的5座主线桥梁和全线涵洞、护栏进行装配化施工。通过设计优化，桥墩按尺寸归并为2种，盖梁按尺寸、横坡归并为4种，涵洞经综合分析归并为4类，并着力于研究解决装配化施工中存在的涵洞沉降不均匀、墩身盖梁锚固耐久性、护栏后浇施工工艺改进、减少施工现场污染等问题，充分发挥装配化施工规模化效益，形成指南（标准）等成果。装配化施工工艺如图5-18所示。

a)

b)

图5-18 装配化施工工艺

7) 混凝土质量系统性提升

混凝土关键指标质量是品质工程质量水平提升体现的重要组成部分，包括混凝土外观质量、混凝土强度、强度标准差等，各参建单位需从砂、碎石、水泥等原材料方面进行严格把关，同时加强拌和楼计量控制，开展混凝土质量提升系统性研究，最终提升混凝土的整体质量。

8) 隧道施工机械设备的定型

本项目的隧道施工过程中，为了响应《交通强国建设纲要》中“推进隧道工程、整跨调运安装设备等工程机械设备”的要求，提升隧道施工设备配置和设置，将推广应用“两机一桥五台车”配置八台套设备（多臂凿岩机、湿喷机械手、自行式移动栈桥、多功能拱架台车、多功能作业台车、新型二次衬砌台车、自行式喷淋养护台车、电缆沟槽台车）；在实际操作过程中探索八台套设备的一体化整合与标准化管理，编制《钻爆法隧道施工智能集成》的应用成果，可为相关标准的制订提供依据。设备定型如图5-19所示。

a)多臂凿岩机

b)湿喷机械手

c)多功能拱架台车

d)二次衬砌厚度预检台车

e)多功能作业台车

f)新型二次衬砌台车

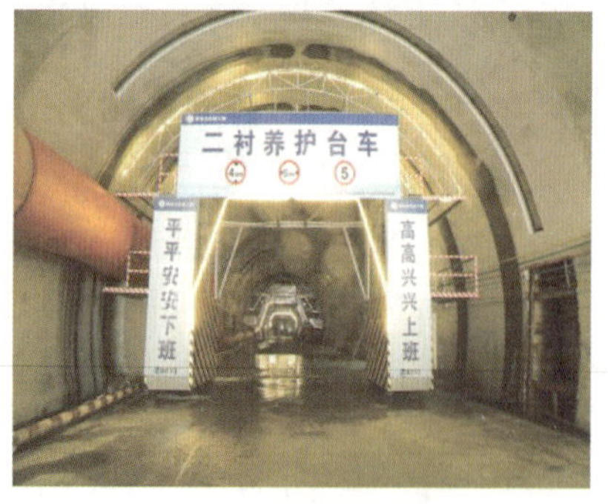

g)二次衬砌养护台车

h)电缆沟槽台车

图 5-19　设备定型

5.2 低碳节能技术应用

公路交通运输中,机动车所消耗的燃料主要有汽油、柴油、燃气及电力等,目前仍以汽油和柴油为主,这两种燃料是从非再生能源石油中提炼出来的,而石油的储量是有限的,随着它的使用将会变得越来越少。对汽油和柴油的使用,也会对环境产生污染。

5.2.1 绿色(低碳)服务区建设

1)特色主题性服务区建造技术(图5-20)

依托服务区所处地带的特色资源,在配置车辆服务、人员服务、附属服务等基本服务功能的基础上,拓展旅游服务功能,配置旅游休闲娱乐等服务设施,将服务区打造成集综合服务、交通集散、特色餐饮、土特产销售、住宿设施、休闲游乐、文化体验、康体娱乐、高端休闲和绿色景观空间等多功能的特色主题服务区。其中,综合服务功能包括信息咨询、交通服务、酒店预定、网络及多媒体查询、旅游行程预订、汽车租赁等;交通集散功能包括对外交通、对内交通以及交通工具和营地提供等服务。

图5-20 莫干山特色主题性服务区规划技术应用

特色主题性服务区规划的技术要点包括:服务区规划选址、主题定位、服务功能配置设计、地域特色建筑设计。

2)绿色节能建筑技术

绿色建筑的设计主要从整体环境规划和单体建筑设计两个方面开展。在整体环境规划中,强调的是建筑与环境的关系,解决建筑与地貌、植被、水土、风向、日照与气候的关系。在单体建筑设计中则分为九个方面:外围护结构系统;太阳辐射的控制与改善;自然通风与采光的利用;可再生能源的利用;高舒适度,低能耗的室内环境控制系统;优秀的建筑能源系统;水资源循环利用系统;智能楼宇自控系统;提供高舒适度的其他技术系统。

服务区的绿色节能建筑技术体系主要包括:建筑总平面规划及建筑物的平面布置设计、建筑门、窗、墙、屋顶及中庭节能设计、围护结构节能设计、自然通风与自然光利用设计等,效果如图5-21所示。

图5-21 充分利用自然通风和自然光的建筑设计应用案例

3)开展服务区声景观设计

美丽公路的发展赋予了服务区更多的功能,也对服务区建设提出了更高的要求。服务区紧邻高速公路,噪声环境嘈杂,品质差,单纯地降噪无法满足需求,极大地影响了服务区其他服务的延伸和公路功能的扩展。利用服务区内建筑构造和景观设计改善服务区内噪声环境的品质,能够扩展服务区的使用功能和规划,提高旅游舒适度。

4)绿色能源开发利用与新能源供应设施

绿色能源主要包括太阳能、风能、地热能、空气能及潮汐能等可再生、清洁能源。绿色能源开发利用设施主要包括太阳能光伏发电设施、光伏建筑、风力发电设施、风光互补发电设施、潮汐发电设施、太阳能热水系统、地(水)源热泵系统及空气源热泵系统等。

新能源供应设施包括加气站和电动汽车充电桩设施,构建公众个性化出行服务设施,满足公众的个性化出行服务需求。

5.2.2 节能水压爆破技术

在隧洞施工过程中,使用科学有效的施工技术能够进一步提高隧道掘进效率。目前大多数的隧道在开挖时都会应用爆破技术。爆破具有冲击力大、效率高等特点,在隧道的开挖施工过程中起到至关重要的作用。常规爆破方法安全隐患较多,多种化学原料碰撞在一起会产生较大危险,隧道施工中,一旦爆破技术把握不当,将会对隧道开挖产生严重的影响。在当今的隧道施工过程中,炮孔堵塞有着很大的作用,其对施工中的爆破效果有着明显的提高,不过很多工人因为施工过程中多加了一道工序,并且找不到合适的封堵材料,便只对炮孔装药而不对其采取堵塞的措施,其结果便是导致炸药的利用率下降,损失了炸药本身很多的能量,并且在炸药爆炸后产生了大量的粉尘,使粉尘的浓度增大,引发了二次扬尘的后果。隧道掘进水压爆破只是将水袋和炮泥填充到了炮眼中,其他方面比如步炮眼的方式、数量、掏槽形状、钻孔深度、微差起爆等和常规的无回填爆破相同。

在开放的空间爆炸时,空气是其传播的介质,由于空气是可以挤压的,使得在被爆物体上爆炸时已经消耗了爆炸产生的很多能量。爆破能量的作用决定了隧道掌子面岩石的爆裂、破碎和抛出的情况。爆破过程中损失的能量越小，其爆破效果越好。水压爆破是在起爆前塞入水袋，因为水这种介质时很难被挤压的，所以当爆炸的能量是通过水在岩石上产生作用时，其爆炸的冲击波产生的效果就更强。水压爆破不仅提高了能量的利用率，而且在爆破过程中通过水雾吸附产生的粉尘，使粉尘的浓度有所下降，减少了对环境的不良影响。

1) 水压爆破施工流程

(1) 爆破设计

水压爆破和常规爆破方式的不同之处在于如何在炮眼中摆放水袋和炮泥，炮眼中装药量的多少以及它们之间的长度比例是如何计算的。在现在的普遍情况，水压爆破的装药量与传统爆破方式不同，仅为传统爆破方式的 85%，而且水袋和炮泥的比例范围是 3:4 ~ 1:1。

(2) 施工工艺

在水压爆破技术中，水袋由 0.88mm 厚的聚乙烯塑料制造，它的直径和炮眼的直径要做到基本一致。炮眼原料为土、水、砂，比例为 0.75:0.1:0.15，长 200mm，直径 35 ~ 40mm。

(3) 施工组织

水压爆破和常规的爆破方式有一定的差别，水压爆破虽然多了水袋和炮泥的堵塞过程，但是其过程和装药是同一时间进行的，并没有利用多余的时间。

(4) 安全措施

在水压爆破过程中，必须要有更多的安全措施。为了不发生"冲泥"的情况，要对炮泥在炮眼中的长短进行更好的把控。炮泥的长度应该合理的把控在 3:4 ~ 1:1，不能太短，一定要比水袋的长度更长。

节能水压爆破技术爆破流程如图 5-22 所示。

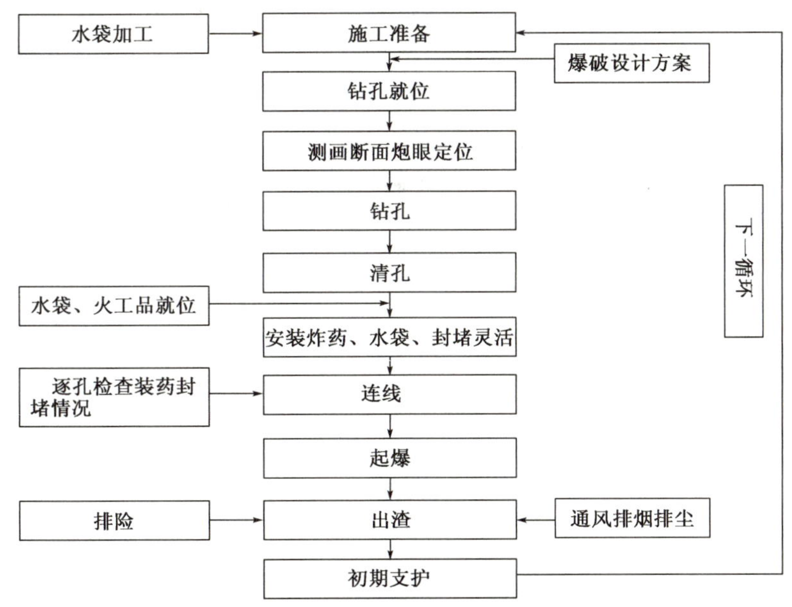

图 5-22　节能水压爆破技术爆破流程

2) 水压爆破技术优点

(1)水压爆破技术应用水袋炮泥回填堵塞结构,相比传统炮眼无回填堵塞结构更为节能环保,符合国家的可持续发展战略方针,具有广阔的应用前景。

(2)水压爆破技术在施工过程中可节省原材料、降低生产成本,在水压爆破技术中每个循环钻孔数量及钻孔深度虽然与传统爆破一样,但由于相比之下多装了炮泥及水袋,可节省一定体积的炸药,降低了生产成本。

(3)水压爆破技术可以有效减低作业空间粉尘浓度,水压爆破技术平均每个循环多进尺22cm,同时在水袋装填结构的共同作用下,在爆破过程中可以有效降低粉尘和毒气的挥发,大大减少粉尘与毒气对施工人员的伤害,保障施工人员的安全健康,并减少对周围环境的影响。

(4)水压爆破产生的声响和振动比传统爆破要小很多,可有效降低噪声污染,显著降低对施工人员的噪声伤害,同时也减小了对周围居民正常生活的影响。

5.2.3 常规声屏障和生态声屏障结合技术

声环境的保护对于公路沿线居民、动植物的生存和正常生活具有重要的意义。汽车噪声将对动植物的生存及生活造成严重的影响,甚至危及其生命。为实现对高速公路沿线声环境的保护,通常在公路沿线采用降噪措施控制噪声的传播和对周边生物的影响。目前国内常用的工程降噪措施主要有声屏障、搬迁、隔声窗、降噪林等。

1) 常规声屏障

常规声屏障是相对于生态声屏障来说的,目前常规声屏障所用的材料包括聚碳酸酯(PC)板、亚克力板、卡布隆板、金属板、玻璃钢板等,其结构主要由钢结构立柱和吸隔声屏板两部分组成,立柱是声屏障的主要受力构件,吸隔声板是主要的隔声吸声构件。这类声屏障的质量相对较轻,占地面积较小,造价相对于生态声屏障略低,适合在城市范围内推广使用,但由于没有绿色植物的加入,其生态效益和景观效益较低。目前,这类声屏障主要用于邻近居民区、城市景观的铁路、公路等区域。常规声屏障如图 5-23 所示,其各自特点见表 5-1。

常规声屏障特点　　表 5-1

类型	PC 板	亚克力板	金属板	玻璃钢板
优点	抗冲击性强度高、透光率高、重量轻、易操作和安装	强度高、耐久性强、使用寿命长;装配式施工,施工简便;降噪效果好	强度高、价格经济、使用寿命长;隔声效果好	耐腐蚀、强度高,不易变形;自重轻,安装方便;后期维护少,减少养护成本
缺点	成本高、有眩光、吸声效果不佳	不环保	容易锈蚀	不环保
施工难易	易	易	易	易
景观效果	一般	一般	一般	一般
养护情况	可靠雨水自然清洁	可靠雨水自然清洁	除尘、除锈、损坏更换	不变色、易清洗、受破坏后易更换

a)PC板声屏障

b)金属隔音屏障

c)亚克力板声屏障

d)玻璃钢声屏障

图 5-23 常规声屏障

湖州段声屏障在满足降噪要求的基础上,采用体态轻盈、造型美观的设计方案,提高生态型声屏障的景观效果;原材料优先选择生态环保型材料,或者针对当地现有的废弃材料进行循环利用。充分考虑生态型声屏障维护成本,尽量减少后期维护成本。

2) 生态声屏障

目前对生态型声屏障尚无明确的分类方法,总结现有的生态声屏障,按设计理念分为两类:第一类偏重景观效果,尽量采用植物与声屏障配合的方式实现生态声屏障建设;第二类为寻求环保材料,以环保材料及废弃物材料作为原材料,提升声屏障的环境效益。如广东渝湛高速公路利用废弃的土石方,堆砌成为土堤式声屏障,在土堤上种植相应的草本和灌木,一方面实现了废弃土石方的利用,另一方面也起到了良好的噪声防治效果。湖南临长高速公路设计成兜状的生态型声屏障,进一步增加了土壤的含量和保水功能,成为临长高速公路的一道靓丽风景。生态型声屏障以生态为理念,在保证吸声降噪效果的前提下,尽量采用生态环保的材料，并提升公路景观效果。因此，相对于常规声屏障的降噪功能，生态型声屏障还具有环境保护和景观美化的功能，详见表5-2。

生态声屏障与常规声屏障的比较　表5-2

序号	项目	常规声屏障	生态声屏障
1	主材	金属、PC板、玻璃钢、钢筋混凝土等	建筑垃圾、生态混凝土、竹片、黄沙、秸秆、碎石、植物等
2	造价	略低	略高
3	适用区域	城市居民区、医院、公园等周边区域、铁路周边区域	大中城市以外面积较为开阔、需要降噪的区域
4	施工难度	相对容易	相对较难
5	常见问题	蒙尘、锈蚀、老化、损坏	植物浇水
6	使用年限	20年以上	20年以上
7	环保效益	无	采用自然材料、废弃材料，实现绿色、循环利用
8	景观效益	无	增加植物绿化、提升路域景观

（1）岩前生态声屏障典型设计——微孔岩吸音板声屏障

岩前（A1K2422+250～A1K2422+400）最近的房屋位于路线右侧约50m处，距路较近，村庄沿路宽度约110m，十余户人家，且公路生态声屏障位于水域附近。本点位民居距公路较近，结合环评报告对该点位的分析预测，到2026年，本点位距公路中心线50m处的声环境超标值为昼间3.6dB、夜间4.4dB。本点位设置生态声屏障300m，部分生态声屏障在桥上，因此场地限制较大，只能考虑微孔岩生态声屏障，无植物种植，可以避免植物养护（图5-24）。

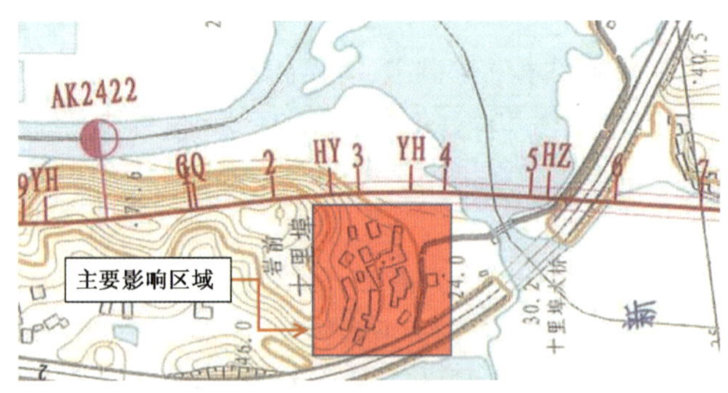

图5-24　岩前声环境敏感点位置图

利用聚酯硅黏合剂将天然砂聚合形成板材，砂粒之间天然地形成了大量的、不规则的、相互连通的微小空隙，在聚合工艺中，砂粒粒径与聚合方式均可调控，进而确定内部孔隙的大小及排列方式，由此生产各种不同流阻与吸声特性的微孔岩吸声装饰体。

微孔岩吸音板主要原材料为天然砂和聚酯硅黏合剂，天然砂属绿色天然材料，易于获得，可以减少工程造价，且天然砂材料无锈蚀、老化问题，基本不需养护。此外，本方案声屏障的颜色可以调整，从公路和村庄两个角度都能获得良好的视觉感受。

建设成本约3000元/延米，可实现25年免维护。

微孔岩吸音板方案的特点为：

①该方案主要利用天然砂这一广泛存在的自然资源，其取材方便，成本较低，而且减少了生产过程对环境的污染。该类产品可根据现场条件进行定制生产，包括尺寸、颜色等，具有很强的适用性。

②微孔岩吸音板具有多孔性，吸声性能优越，挥发物污染远低于国家标准。

③其抗冲击强度高于同厚度的普通混凝土板，安全性能好。

④施工简单，容易操作，如图5-25和表5-3所示。

a) b)

图5-25 微孔岩吸音板单体与材料样板

微孔岩吸音板与常规声屏障的比较 表5-3

类 型	微孔岩吸音板	常规声屏障
原材料	环保	不环保
颜色	可调	单一
造型	轻盈	轻盈
高度	3m	3m
降噪效果	>5dB	>5dB
施工工艺	简单	简单
造价	略高	略低
植物景观效果	无	无
后期养护	基本没有	少量养护

(2)高塘坞生态声屏障——生态混凝土型生态声屏障

高塘坞(A1K2428+600~A1K2428+800)虽居民户数较多，但其大部分分布在离公路较远的区域，公路噪声对其整体影响较小，因此降噪要求略低。本点位民居距路较远，噪声影响较小，结合环评对该点位的分析预测，到2026年，本点位距公路中心线50m处的声环境超标值为昼间3.3dB、夜间3.6dB，如图5-26所示。

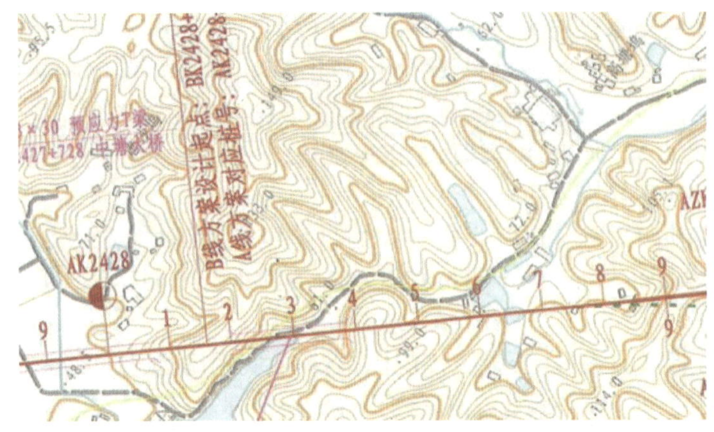

图 5-26　高塘坞声环境敏感点位置图

生态混凝土型生态声屏障方案主要包括构造柱、混凝土板材墙体、竹竿维护及藤本植物四部分。主要原材料包括:预制生态混凝土板材、生态混凝土、钢构件、竹子、铁丝、土壤、爬山虎、野蔷薇等。建设成本 2500～2700 元/延米,需开展日常维护工作。

构造柱由生态混凝土砌筑而成,主要起稳固作用。施工时,用钢构件将生物质板材与构造柱联系在一起,利用构造柱的稳定性来稳固墙体,构造柱被竹竿维护在内部。

混凝土板材墙体由内、外两层预制生态混凝土板材以及中间的种植土层部分组成。两层混凝土板材通过反射、阻止透射能够有效地降低噪声。中部的土壤层能够利用其自身的孔隙吸收部分噪声,达到降噪的目的。靠近路面一侧板材的上部为弧形,这样既有利于增大植物的种植面积,保证植物良好的生存环境,也使生态声屏障整体的造型更加美观。

竹竿维护结构设置在靠近路面一侧的生物质板墙上。竹竿在当地是一种常见的植物,捆扎的竹排构成竹篱笆的景观效果,结合顶部的藤本植物,给人一种长满植物的竹院墙的视觉效果。同时,捆扎的竹子形成凹凸效果的墙面,配合其中空的内部结构,对噪声具有极佳的吸收和阻隔效果。顶部的植物同样起到吸声降噪的效果,同时兼具美化环境的功能。如图 5-27、图 5-28 所示

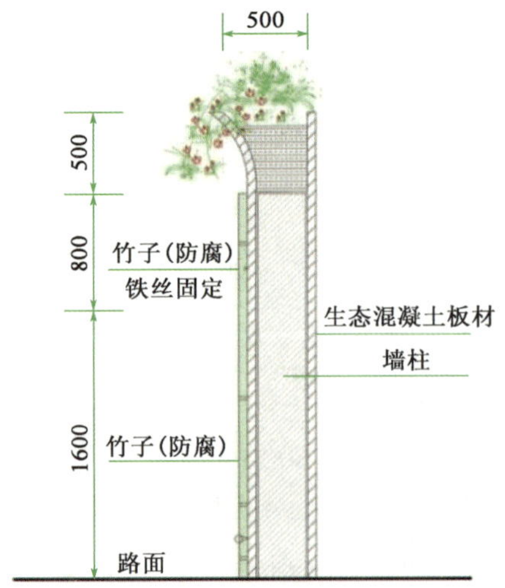

图 5-27　生态混凝土型生态声屏障剖面图(尺寸单位:mm)

图 5-28 生态混凝土型生态声屏障景观效果图

生态混凝土型生态声屏障方案特点为:

①该生态声屏障的厚度不超过 0.5m,占地面积不大,可以适应条件相对严苛的地段。

②该方案实现了四层隔声降噪,其降噪效果能够满足要求降噪效果较高的区域。

③方案采用的生态混凝土、竹子都是生态环保材料。生态混凝土可以减轻对环境的压力。竹子是当地常见的植物,方便就地取材,并且竹子来源广、造价低,很适合在当地使用。

④该方案更适合在竹子丛生的生态敏感点实施,这样既“增加”了绿化面积,也使“竹篱笆”与竹林形成呼应,使生态声屏障更好地融入周围的环境,见表 5-4。

生态混凝土型生态声屏障与常规声屏障的比较 表 5-4

类　型	生态混凝土型生态声屏障	常规声屏障
原材料	环保	不环保
高度	3m	3m
降噪效果	>5dB	>5dB
造型	较笨重	轻盈
施工工艺	复杂	简单
造价	略高	略低
植物景观效果	有	无
后期养护	少量养护	少量养护

(3)唐家生态声屏障——废旧轮胎复合型吸声屏障

唐家(A1K2427+400~A1K2427+750)沿路影响宽度约 250m,最近的民居紧贴路边,整体来说受公路噪声影响的户数较多,需使用减噪性能好的方案。本点影响居民较多,且民居距公路较近,结合环评对该点位的分析预测,到 2026 年,本点位距公路中心线 50m 处的声环境超标值为昼间 3.5dB、夜间 5.8dB,如图 5-29 所示。

该生态声屏障从结构入手,以水泥背板和方钢作为骨架,形成箱体结构,主要原材料为水泥板、方钢、废旧轮胎、玻璃纤维棉。本方案建设成本 2900~3100 元/延米,仅需开展少量的维护工作。

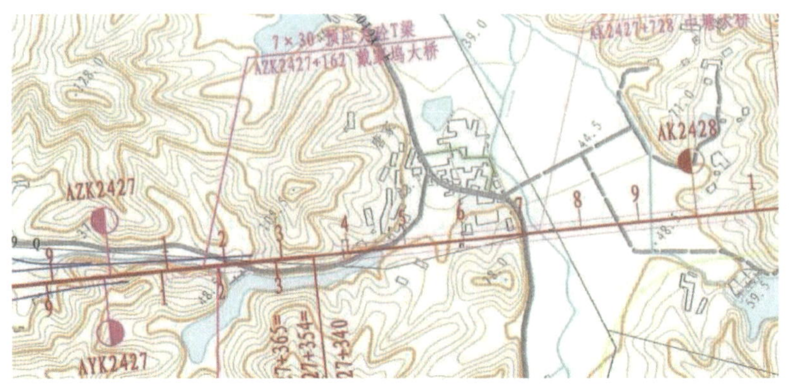

图 5-29 唐家声环境敏感点位置图

将废旧轮胎进行循环利用，将车胎沿胎面中线平均剖成两半，再将处理后的轮胎盘成饼状，组装在生态声屏障箱体内。面板上的孔使声能渗入箱体内，声波激发轮胎及其内的空气，使其振动，在轮胎橡胶阻尼（抗振）和空气摩擦作用下，声波得以衰减，从而实现降低噪声的目的，尤其低频率噪声衰减较明显。穿孔面板不仅对装入的吸声材料起到了良好的防护功能，同时在一定程度上起到吸声共振的作用，加强了吸声降噪效果。轮胎间隙处填以玻璃纤维棉，利用玻璃纤维棉把声能转换为热能，达到吸声降噪的目的。如图 5-30 和表 5-5 所示。

废旧轮胎复合型吸声屏障方案特点为：

①该方案以玻璃纤维棉为主要吸声材料，尽量少使用水泥类材料，减少对环境的污染。

②可根据降噪需要改变背板间隙的横向距离，并通过增加或减少玻璃纤维棉的用量来达到降噪要求，操作灵活。

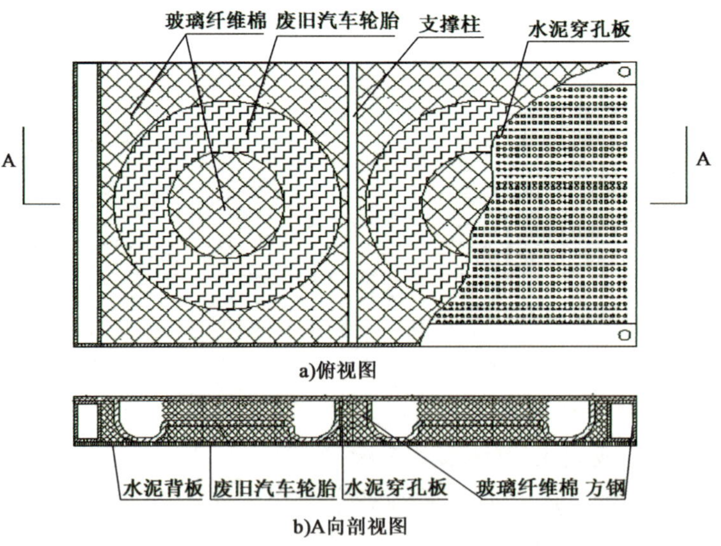

图 5-30 废旧轮胎复合型吸声屏障结构图

③可借助水泥背板面，以彩绘等形式宣扬地域文化、民族文化，增加道路景观效果。

废旧轮胎复合型吸声屏障与常规声屏障比较　　表5-5

类型	废旧轮胎复合型吸声屏障	常规声屏障
原材料	环保	不环保
高度	3m	3m
降噪效果	>5dB	>5dB
造型	较笨重	轻盈
施工工艺	较复杂	简单
造价	略高	略低
植物景观效果	少量	无
后期养护	少量养护	少量养护

5.2.4 可再生能源利用

1）太阳能—热泵热水系统设计

太阳能—热泵热水系统通过选择在建筑表面设置太阳能系统设备加热自来水，通过泵压经热水立体循环给水管网输送到各卫生间用水点。当日照较弱，热水水温不足时可启动电能辅助加热，也可直接采用电能加热给水，以保证热水用水水温的稳定，如图5-31所示。

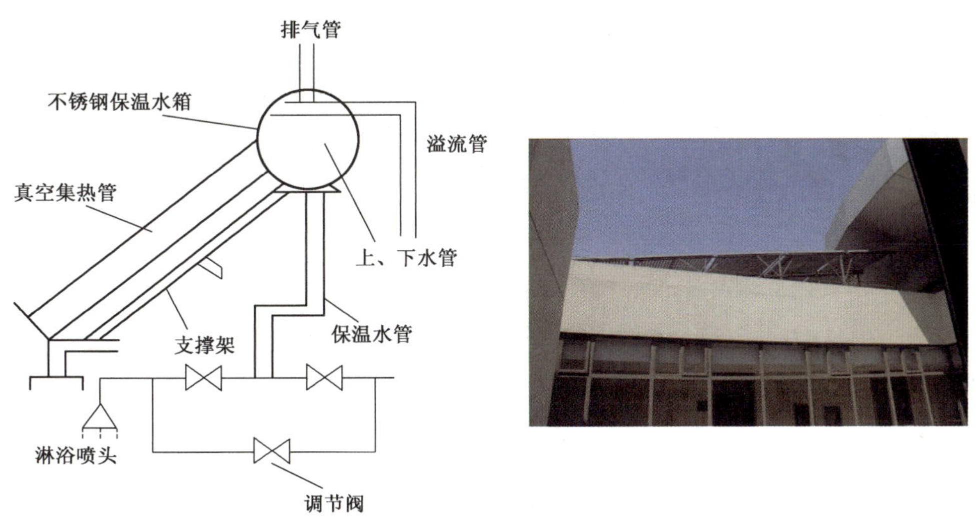

图5-31　建筑顶面太阳能热水系统

2）雨污水资源化技术

（1）雨水资源化系统。该系统由行车道透水路面、渗透性生态停车场、下沉式绿地、绿地雨水喷灌系统组成。其中：行车道透水路面采用透水混凝土路面；渗透性生态停车场中，小客车停车位采用透水混凝土路面或透水砖铺地；大车停车场采用透水混凝土路面。

（2）污水资源化系统（污水源分离系统）。用负压排水技术收集黑水（粪尿污水及冲厕水）和黄水（尿液及冲洗水），重力流收集灰水（杂排水），并分别进行资源化处理。黑水和黄水经化粪池曝气处理后用作绿化和农业有机肥，灰水处理后部分用于冲厕，剩余用于周边绿化。

5.2.5 低碳环保型隧道建造技术

隧道照明用电是高速公路运营成本的重要组成部分，隧道照明能耗的主要影响因素为洞外亮度、洞外天气、隧道照明系统、路面及墙壁材料以及灯具规格和电源电压、功率。隧道照明智能化控制技术采用了功率低的节能灯设计以及先进的智能感应系统，实现了根据外界亮度实时改变照明亮度，在保证行车安全的前提下，延长了节能照明的使用寿命，降低了能耗，为隧道的长期运营奠定了基础。

目前高速公路照明仍以高压钠灯为主。高压钠灯具有成本低、能耗高、寿命短（光衰、损坏）及维护成本高（高空作业，封路作业）等特点。LED 灯具与高压钠灯相比，具有一次性投入大、光效高、节能、长寿命、适合调光等特点。从高速公路隧道照明全生命周期角度出发，应用 LED 灯具有助于实现节能减排、减少维护次数以及适应信息化发展需要的目标。

本项目建金高速公路在隧道照明设计中，洞口不设遮阳棚，按照规范设计要求，长度超过 100m 的隧道均配置电光照明。在进行照明设计时对各种光源进行对比选择，满足节能环保基本国策要求。

隧道照明采用自动控制为主、手动控制为辅的控制方式，根据亮度检测器监测到的洞口内外亮度值，经计算处理后，按照晴天、云天、阴雨天、傍晚、深夜进行控制。隧道内设置应急照明电源，为部分照明设施提供不间断电源，为部分照明设施提供不间断电源，满足临时停电时行车及施救要求。为提高夜间行车安全，隧道洞外引道设置路灯照明。

1）特长隧道洞内噪声与景观照明环境控制技术

特长隧道内长时间行驶，洞内噪声及单调的行车环境极易造成驾驶员视觉疲劳或忽视危险因素，诱发不安全驾驶行为，高强度的噪声还可能影响驾乘人员的身体健康。特长隧道噪声主要来源于通风风机运转及车辆行驶噪声，可采用具有不同声学特性的吸声材料和吸声结构对隧道内壁和顶部进行降噪处理，以降低洞内噪声等级。

为解决特长隧道行车环境单调的问题，可采取在洞内合适路段设置景观照明带，使行车环境有所变化。

2)低碳环保型隧道建造技术

(1)隧道洞渣综合利用技术

在对隧道洞渣特性进行调查实验的基础上,合理确定洞渣综合利用方向,结合工厂化集中生产加工方式,推广隧道洞渣在路面集料、机制砂中的利用技术,因地制宜应用于路堤填料、混凝土工砌筑、机制砂加工、碎石加工、隧道明洞及仰拱回填、软地基处理、房建设施建设等多方面,最大限度地综合利用隧道洞渣。

(2)弃渣场环境地质灾害防控技术

应用无人机等先进技术手段调查分析弃渣场的选址合理性,开展弃渣场水土保持专项设计,因地制宜设置拦挡(拦渣坝、挡渣墙等)、防洪排导、坡面防护、后期整治恢复等设施,并开展弃渣场稳定性评估,防范弃渣场环境地质灾害。

(3)洞外减光与入口段光照增强技术(图5-32)

针对隧道洞口场地情况,隧道洞门形式采用削竹式等利于充分利用自然光的设计,洞外因地制宜设置绿化带减光、通透式棚洞、遮阳棚、遮光棚等设施,或在隧道出入口应用高亮度系数的路面浅色防滑材料进行铺装,提高隧道进出口路段的路面亮度逆反射系数,有效降低入口段、过渡段等照明标准。

a)通透式棚洞减光

b)高亮度系数的路面浅色防滑材料应用

图5-32 洞外减光与入口段光照增强技术应用案例

(4)光色双指标隧道LED照明控制系统

系统根据实时监测的隧道洞外光环境亮度和色温变化指标,动态调节隧道内LED照明光环境亮度和色温,在保证入口段警示性的同时,降低驾驶员进出隧道时不同光环境造成的视觉冲击影响。其中,亮度精细化调节实现隧道LED照明灯具随着隧道洞外自然光环境亮度的变化进行调节,达到按需照明、节约隧道照明能耗的目的;色温精细化调节实现隧道LED照明灯具随着隧道洞外自然光环境色温的变化进行调节,达到降低隧道洞内洞外光环境色温不一致造成的视觉冲击,提高隧道LED照明的舒适性和安全性,如图5-33所示。

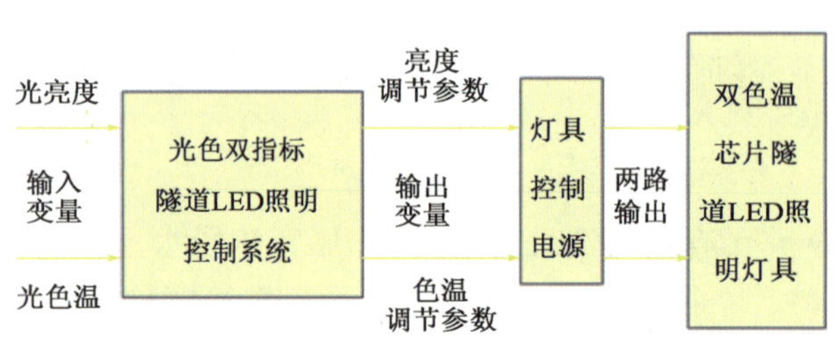

图5-33　光色双指标隧道LED照明控制系统原理及应用案例

5.3　施工期环境污染防治

本项目伊始牢固树立环保理念，主动对接地方环保主管部门制定各标段的环保专项方案，落实环保主管部门的具体要求，积极总结出扬尘治理、污水治理、泥浆处理、噪声控制、植被恢复、水土保持的经验和亮点，严格遵照6化（施工工地围挡化、裸土覆盖化、出入车辆冲洗化、运输车辆封闭化、主干道全硬化、设置管理扬尘标牌化）和7个百分百（施工区域100%标准围挡、裸土及建筑砂石材料100%覆盖、施工道路100%硬化、渣土运输车辆100%密闭拉运、施工现场出入车辆100%冲洗清洁、设置扬尘监督牌率100%、设置PM2.5/10监测仪率达100%）。落实环境保护、水土保持"三同时"制度，即环境保护、水土保持设施与主体工程同时设计、同时实施、同时施工的制度。施工时，根据环保设施设计及施工方案，做好设计环保设施及临时工程的环保设施，保护好施工现场及驻地周围环境。

5.3.1　施工标准化

施工标准化主要包括路基、路面、桥涵、隧道、房建、绿化、交安设施等工程施工的标准化。本项目各施工项目部按照现行规范要求，结合工程特点，研究制定成熟的适合本标段路基、路面、桥涵、隧道工程施工的标准化施工工艺和施工流程，做到施工工序和施工过程规范化、程序化，提高施工工作效率和工程实体质量。同时规范工程质量检验，强化各类标准试验和验证试验，做到检测项目完整齐全、检测频率符合规范要求、检测数据真实可靠。最后，加强关键部位、关键工序的过程控制与检查验收，确保工程各项指标抽检合格率达到现行规范要求。

1) 路基工程施工标准化

(1)路基填筑

路基填筑挂线施工,确保填筑质量。路基外观表面平整、边线顺直、边坡顺适,排水通畅;填方路基修筑边坡临时急流槽及排水沟,防止路基边坡雨水冲刷;修筑挡墙、边沟等所用的块、片石及砂石材料堆放整齐,保持路基施工在整个施工期内规范、文明的施工现场形象。

(2)路基石方开挖

路基石方开挖采用光面爆破技术,使挖方坡面规则、平整,无松动。爆破点距离房屋等建筑物较近的,编制安全爆破专项施工方案,监理、建设指挥部审核,并报当地有关部门批准,确保周边房屋等结构物及周围人员安全。

(3)通道、涵洞工程施工

通道、涵洞工程施工利用路基作为构件预制、材料设备堆放场地的,参照预制场建设标准,规范小桥涵施工场地的布置和建设。如图 5-34 所示。

图 5-34 预制装配式涵洞

(4)弃方处置方案

弃方处置方案在开工前与施工组织设计一并报监理、建设指挥部批准。弃方整齐堆放,按设计要求做好支挡、防护和排水,确保弃方边坡稳定,防止水土流失和污染环境。

2) 路面工程施工标准化

(1)路面拌和站

路面拌和站按照有关规定标准建设,场地布置规范,其规模、标准、平面布置符合本合同段施工的有关要求,拌和站内房屋建设、运输道路、供水、供电、排水、降尘、消防、安全防护、设备维修、办公生活等设施齐全。

(2)沥青混凝土拌和站

沥青混凝土拌和站的矿粉采用散装水泥筒仓储存,拌和站配备二级除尘设备,防止粉尘污染,收集的粉尘运到指定地点处理,不得回收使用。

(3)水泥稳定粒料底基层

水泥稳定粒料底基层挂线控制松铺厚度,两侧采用钢模板定型,采用大型摊铺机全幅摊铺施工;采用振动压路机和胶轮压路机组合压实;采用土工布全覆盖保湿养生 7d 以上。

(4)沥青路面混合料运输车辆

沥青路面混合料运输车辆设覆盖物,沥青拌和站和沥青路面摊铺现场对沥青混合料的拌和时间、出场温度、摊铺温度、碾压温度、摊铺厚度、平整度、压实度等与质量相关的各项内容用施工标志牌进行公告。沥青混合料摊铺采用大型摊铺机全幅摊铺施工,采用振动压路机、钢轮压路机和胶轮压路机组合碾压。

(5)路面基层、面层施工中推行"零污染"施工

统筹安排各项工作的交叉作业,防止路面层间和路面污染。禁止在已铺设的路面上拌和砂浆和倾倒泥土。禁止将砂土等建筑材料直接堆放在沥青路面上。中央分隔带、路肩培土和绿化在沥青路面面层施工前完成,确需在路面铺筑后施工作业的,必须先在相邻作业区域内铺盖足够面积的编织布进行有效防护。严禁在已施工的沥青路面上修理机械设备。

3)桥梁工程施工标准化

(1)桥梁基础及下部

按有关规定要求建设,做到场地平整、排水顺畅。模板、支架堆放整齐,及时整修;混凝土混合料要集中拌和、运送;砂石等地方材料以及水泥、钢筋等原材料按要求规范堆放;施工废弃的水泥袋、钢筋头等杂物及时清理,确保施工场地清洁、整齐。做到一天一清理,并有专门的地点分类存放。

(2)桥梁构件

桥梁构件等外露钢筋采取防护措施,防止钢筋锈蚀;桥梁护栏钢扶手要及时进行防锈油漆。

(3)立柱、盖板、梁板

立柱、盖梁、梁板上标注构件编号、制作时间、养生周期,预应力梁板注明张拉时间、封头施工时间和养生周期。立柱、盖梁脱模后采用塑料薄膜紧密包覆等养生措施,梁板养生期内定期洒水、覆盖等,采用自动喷淋养生等先进养生方法,确保梁板质量。

(4)桥台基坑开挖

桥台基坑开挖按照边坡稳定要求放坡,做好基坑边坡临时防护,并设置安全警示和防护围栏。开挖出来的土石方及时清理运至指定地点堆放或利用,基础施工完成后及时回填。

(5)挖孔桩护壁混凝土

挖孔桩护壁混凝土高出孔口地面30cm,并设置安全警示和防护围栏,无关人员不得进入作业区域。施工现场配备风量足够的通风设备,进入挖孔桩作业前检查孔内粉尘和有害气体浓度。每孔配备稳固的爬梯,并配安全绳。出渣采用电动机械提升,机械吊钩、吊绳安全牢固,配备临时断电刹车装置。装渣规范,不得装满或洒漏。

(6)钻孔灌注桩

钻孔灌注桩施工时钻机作业区域平整,设置安全警示和防护围栏,无关人员未经批准不得入内。水上施工平台满足钻机就位、吊放钢筋笼和混凝土运送要求。陆上和水上施工均设置专用泥浆沉淀池和泥浆池,沉淀池和泥浆池的大小满足流量要求,不得随意排放泥浆,排污工作规范到位。

4）装配式涵洞施工标准化

（1）施工准备

装配式涵洞安装施工前，组织技术人员进行安装技术交底，并根据设计文件进行现场勘查，核对现场位置、坐标和高程，确认安装涵洞的构件型号和节段数量。当设计文件与现场实际情况差别较大，需要变更时，及时办理设计变更手续。根据作业环境调查情况，选用合适的吊装机械，针对运输、架设作业范围内的障碍物、高压输电（塔）线路等采取避让措施。施工单位根据现场实际情况编制涵洞安装专项施工方案，包括施工组织、安装技术、吊装工艺，以及安装质量和安全管控措施等内容。

①测量与放样

a. 每道涵洞工程的附近埋设平面控制点和水准控制点各1个，可与路基工程共用，但直线距离不超过200m。

b. 施工前，由施工单位对涵洞平面轴线进行放样，并提交监理单位进行复核，确定开挖边线和开挖深度。

c. 待涵洞基础开挖完成后，再次进行测量放样，精确确定涵洞平面轴线。

②首件试安装

a. 装配式涵洞的首件试安装实行认可制，首件试安装工程范围包括涵洞安装施工中的地基处理、涵洞主体安装、底板施工、洞口施工、填土施工等分项工程。

b. 首件试安装工程开始前完成相技术方案的审批程序，监理单位进行首件工程的全过程旁站，发现问题及时纠正。

c. 首件试安装工程完成后7d内，施工单位对首件工程进行书面总结，总结内容包括首件工程概况、施工组织、安装技术方案、吊装工艺、操作方法、施工质量和安全保证措施、缺陷分析及采取的整改措施、检测数据、遇到的突发情况和解决方案、主要施工管理人员和质量责任人等。首件工程评价经监理单位审核、建设单位批准后方可进行批量施工。

（2）地基处理

①方案编制

地基施工前，施工单位了解当地地基处理经验和施工条件，对于有特殊要求的工程，了解其他地区相似场地上同类工程的地基处理经验和使用效果等情况；根据岩土工程勘察资料核对场地地质情况，并按照设计文件对涵洞地基处理要求编制地基处理施工方案。对于人工填土地基，详细了解填土场地原地表的地形地貌、地表植被、地表水分布及填土前的地表处理、排水、清淤等情况；了解填土的岩土成分、土石比及颗粒级配等。根据涵洞地基承载力要求和地基存在的主要问题，对编制的地基处理施工方案进行核查确定，明确处理方法、处理范围和处理后要求达到的各项技术指标。

②基坑开挖

对开挖基槽方式，基槽顺路线方向底宽每边比结构宽3m，开挖坡面坡度宜为1:1.5～1:1。为加强填土材料与坡面的连接，做成阶梯形坡面。对于半填半挖区，从填方坡脚起向上设置向内侧倾斜2%～4%的反向台阶，台阶宽度2.0～3.0m，并对台阶进行填筑压实，压实度不小于96%，保证填挖交界面具有良好的整体性。

③垫层浇筑

混凝土垫层施工时,注意纵向线形的平顺和构件就位点高程的准确。混凝土垫层厚度不小于设计厚度;平整度符合设计要求,若设计无要求时,平整度允许偏差不大于3mm。混凝土垫层、截水墙及翼墙基座可同时施工。

(3)涵洞主体安装

①垫层平整度检查

在涵洞主体拼装前,清理垫层顶面杂物,设置垫层顶面拼装基准线、起始点。对于平整不符合要求的部位采用与垫层等强度的砂浆进行找平处理。

②构件吊装和运输

a. 涵洞安装施工前,对预制构件型号、尺寸、数量进行确认,预制构件的混凝土强度达到设计要求,验收合格后方可安装。

b. 采用首件验证批准的吊具及起重设备,并按照首件验证的吊装工艺与操作方法吊运构件。

c. 预制构件吊装过程中,采取措施保证起重设备的主钩位置、吊具及构件重心在竖直方向上重合,吊索与构件水平夹角不小于45°。

③涵洞构件安装

主体拼装时,同一种构件拼装宜按一端向另一端顺序进行;对于纵向坡度大于2%的涵洞结构,宜根据高程由低往高进行拼装。管形涵洞与箱形涵洞安装符合下列要求:

a. 管形和箱形涵洞主体拼装按先安装侧墙、再安装顶板、最后浇筑底板的顺序进行。

b. 侧墙拼装时,底座与垫层密贴,纵向拼接平顺,横向位置和相对距离适时检查、调整。

c. 顶板拼装时,侧墙凹槽内预涂水泥砂浆填塞铰缝内部。

④拱形涵洞安装符合下列要求

a. 拱形涵洞按照先施工底板后安装拱身的顺序进行。

b. 拱身安装前现浇底板的混凝土养护时间不少于7d,底板混凝土强度不低于设计强度等级值的90%。

c. 拱身节段保持纵向平顺连接,拱身与底板铰接缝预涂水泥砂浆填塞。

(4)洞口及回填土施工

①现浇洞口施工

a. 为保证涵洞洞口表面平整光滑、密实、颜色一致,采用单块面积大于$2m^2$的整体钢模板,模板安装严格控制其平面位置、竖直度。

b. 钢筋连接:现浇洞口钢筋连接符合现行《公路桥涵施工技术规范》(JTG/T F50)的有关规定。

c. 混凝土浇筑:混凝土分层浇筑,分层厚度不宜超过300mm,现浇洞口混凝土浇筑符合现行《公路桥涵施工技术规范》(JTG/T F50)的有关规定。

d. 模板拆除:模板拆除时,混凝土强度不小于设计强度等级值的75%。

②预制洞口安装

a. 构件到场检查:预制构件的混凝土强度达到设计要求;当设计未规定时,不低于预制构件设计强度等级值的90%。拼装前，根据设计图纸和工艺文件核对洞口构件编号、外形尺寸(型号)、数量和拼装方向，确认无误后方可安装。

b. 预制构件安装：洞口拼装在涵洞主体拼装、底板浇筑后进行，洞口拼装前，清理垫层顶面，设置拼装基准线、起始点。洞口拼装由洞身端部向外进行，按先施工端墙或帽梁，再施工基座、洞口面板和翼墙的顺序进行，预制构件间密贴。翼墙与基座处的间隙灌注微膨胀混凝土，强度等级不小于基座的混凝土强度。

c. 安装连接检查：各类接缝处理前对各拼装预制构件的连接接缝进行检查，各项检查项目符合规定，对于不满足要求的预制构件进行调整。

③回填土施工

a. 回填土施工在洞口现浇混凝土及勾缝砂浆强度达到设计强度等级值的90%后进行，或预制洞口安装接缝处理完毕且勾缝砂浆强度达到设计强度等级值的90%后进行。

b. 洞身周边回填材料符合设计要求。洞身两侧分层对称回填，均衡碾压，各层压实后的厚度不大于20cm。

c. 侧墙撑脚区回填时，采用高密度砂用水压实。

d. 侧墙区回填时，侧面0.5m范围内采用小型压实设备，压实设备的运行方向与结构轴线平行。

e. 涵洞顶板上方回填时，厚度小于0.5m范围采用静压设备压实，压实设备的运行方向与结构轴线垂直；不通过重型设备及局部堆放重物或弃方。

5)隧道工程施工标准化

(1)隧道洞口

隧道洞口外的场地建设参照预制场地建设的标准执行，洞口施工场地布置安全、规则、平整，排水良好。

洞口设置宣传栏，宣传栏内容包括：工程简介、施工总平面布置图、隧道形象进度图、质量保证体系、安全保证体系、环保水保体系、施工告示牌、进洞须知、安全操作规程、企业文化宣传等内容。

隧道洞口处设置值班室，采用彩钢板房结构，面积不小于6m^2，洞口处外侧设置电动升降栏杆和入场人员专用通道，人员专用通道宽1.2m，靠近值班室一侧。对进出洞人员实行登记和翻牌制度，洞口处设置进洞作业人员动态牌和施工作业告示牌(正在开挖、出渣、支护等)，告示进洞施工人员和作业动态情况。

(2)隧道内

隧道内通风、供水、供电、有害气体监测等设备有专人负责检查、养护，使其始终保持完好状态，设备发生故障停工检修。通风管、电缆、电线、供水管、混合料输送管等整齐设置在隧道两侧，且水、电管线的敷设分别设置在相对的一侧，两侧设临时排水沟，临时路面保持平整、不积水、不扬尘。

(3)隧道施工

隧道施工严格按照规范要求操作，各工序有机衔接有序推进，做到掌子面开挖、初期支护、二次衬砌、仰拱施作及时跟进，尽早封闭成环，确保结构安全。隧道弃渣严格按照设计要求堆放到指定地点，不得随意乱弃，堆放规范，并按设计要求进行防护。

6）工程原材料管理标准化

项目经理部建立专项制度，明确原材料质量管理程序和责任人。建立钢筋、水泥、沥青、路面碎石等大宗材料进场质量报检制度。检验合格材料与未检验材料分别堆放，不合格材料不得入库。

预制（拌和）场地内不同规格砂石材料严格分档、隔离堆放，严禁混堆；砂石材料堆放成梯形，做到“条直层平”，并设置细集料覆盖设施。

袋装水泥在干燥的室内存放，并做好进库和使用记录，超过龄期的不得使用。钢筋、钢绞线等搭建雨棚，并架空堆放。

7）场站环保标准化

结合项目桥隧占比高的实际情况，积极践行绿色环保理念，将“高速公路轻轻放到山水之间”的理念贯穿项目全生命周期。如项目水稳拌和站、沥青拌和站和碎石加工场的设备均进行封包，避免加工过程扬尘和烟气四散；各场站都安装环境监测仪和扬尘、噪声自动报警系统，实时监测，准确发现超标状态，及时报警处理；场站内安装雾炮机，各料仓顶部及便道两侧设置雾化装置水雾降尘；场内设置五级沉淀池，污水沉淀后，用于清洗进出场运输车辆等。碎石加工场各传输带上安装自动喷雾降尘设备，最大限度地减少扬尘；沥青拌和采用天然气加热，减少有毒有害废气的排放，沥青罐与废粉回收全封闭、确保空气质量优良。如图5-35所示。

a)场站全封闭

b)环境监测全覆盖

c)废料全封闭回收

图 5-35

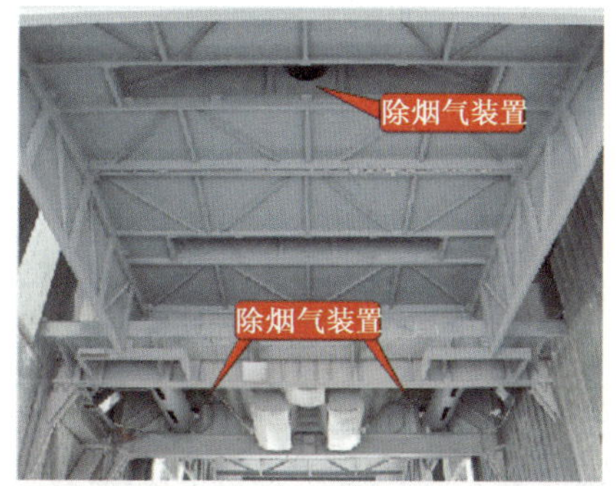

d)等离子烟气收集处理装置

e)冷料仓除尘及运输皮带防尘

图 5-35 场站环保设施

8)材料设备环保标准化

通过设置绿色围挡、增设喷淋装置、增加洒水车等方式对工地扬尘进行控制，切实有效地改善了沿线的施工环境；通过在全线推广机制砂取代天然砂，既解决了开采天然砂带来的环境污染及破坏问题，又提高了自然资源的利用率，有效地保护了环境资源，符合循环经济和科学发展观的要求；通过推广路面干洗设备代替传统清扫设备，确保路面污染物只进不出，保证气体排出干净，无污染，在减少对空气环境污染的同时有效解决了路面的污染源，提高了路面的施工质量。

5.3.2 临建场地污染防治

1)废弃扬尘治理

(1)临建场地及连接预制场施工便道地面进行硬化。尚未做到硬化的区域，定期压实地面和洒水，降低扬尘对周围环境的污染。

(2)在运送土方、垃圾、设备及建筑材料时，对于运输容易散落、飞扬、流漏物料的车辆，采取措施封闭严密，防止物料散落、飞扬。同时加强运输车辆司机的环保意识培训，防止运输过程中抛洒、滴漏等情况发生。

(3)施工现场出口设置洗车台，车辆出入场地时，对车身、轮胎等进行冲洗(图 5-56)。

(4)根据天气干燥、风力大小等情况，对土方作业阶段以及施工场地地表采取洒水等措施，在湿度小于 30%、风力大于 4 级的情况下，洒水频次不少于 2h，其他非下雨天气，洒水频次每天不少于 2 次。如图 5-37 所示。

图 5-36 自动工程车辆洗车机

图 5-37 施工营地洒水车洒水

(5)针对易起尘的沙石、粉煤灰、干泥等粉末状材料堆场,优先建设全封闭或半封闭仓库堆放,在没条件建设仓库时采用防尘网覆盖,防止露天裸露。如图 5-38 所示。

图 5-38 半封闭原料堆场及堆场防尘网

(6)沙石、粉煤灰、干泥等建筑材料装卸在指定的半封闭仓库内进行,当无仓库时,定点装卸,当风力较大时,在装卸过程中同时洒水降尘。

(7)对临建场地附近有农居的情况,在场地设置高度不小于 2.5m 的隔离围墙

(图5-39),长度约200m。

(8)混凝土搅拌站等装置搭建全封闭机棚,并对物料传送带采取全封闭,搅拌机、筒仓顶设置布袋除尘装置处理后高空排放。

(9)钢筋焊接加工在加工棚内操作,减少焊接烟尘对周边环境影响。

(10)对于洒落在施工营地、施工便道上的粉尘及时清理,减少风力起尘。

(11)施工场地退出时,在构筑物机械拆除前,做好扬尘控制计划(图5-40)。采取清理积尘、拆除体洒水、设置隔挡等措施。

图5-39 围墙围挡

图5-40 雾炮降尘

(12)在施工场地场界处设置大气总悬浮颗粒物(TSP)、PM10在线监测仪(图5-41),实时监测预制场的扬尘排放,督促场地内作业按照本方案所提措施开展,减少对周边环境的扬尘影响。

2)水污染防治

(1)根据施工营地坡面情况,在施工营地内设置网格化集水导流沟(图5-42),且导流沟覆盖营地边界,确保营地内泥浆水等不会漫流至外环境。网格化集水导流沟设计施工时利用地形坡面采用重力自流,且导流沟采用防水水泥砂浆抹面,宽度不小于30cm,深度不小于30cm,根据不同功能区,在收集沟沿线地势最低处修建多个三级沉淀池,确保每个三级沉淀池能收集到不同功能区的径流泥浆水。

图5-41 扬尘在线监测仪

图5-42 网格化集水导流沟

（2）施工营地内委托专业单位设置三级沉淀池处理泥浆水、洗车槽废水等生产废水，地表径流废水经沉淀处理后输送至中水回用池，优先回用于施工营地内的洒水抑尘、车辆清洗。对于多余的生产废水与当地环卫部门签订委托处置协议，由环卫部门定期清运处理。如图5-43所示。

a)沉淀池

b)污水处理设备

图5-43　污水处理

（3）浮土、建筑砂石、垃圾、弃土等存放堆场在雨天时覆盖防雨布，防止雨水冲刷减少地表径流污水。

（4）对于化学品等有毒材料、油料的储存地，做好防雨、防晒、防渗、防漏等措施，做好渗漏液收集和处理措施。

（5）项目施工营地设置化粪池对生活污水进行预处理，与当地环卫部门签订生活污水委托处理协议，由环卫部门定期清运处理，生活污水不得外排。化粪池采用砖混结构，且位于地下水位以上，池体内外面采用防水水泥砂浆抹面，做好防渗防漏。

（6）混凝土转筒和料罐的冲洗废水单独收集，经单独沉淀池沉淀处理后回用于混凝土搅拌，不得外排。

（7）在便道两侧设置集水导流沟（图5-44），确保便道径流废水不会漫流至外环境。集水导流沟设计施工时利用地形坡面采用重力自流，且导流沟采用防水水泥砂浆抹面，宽度不小于20cm，深度不小于10cm，最终能汇集至集水井。

图5-44　便道集水沟

3）噪声污染防治

（1）安排工人轮流进行高噪声机械操作，减少工作的时间。对接触噪声时间较长的工人，发放防声头盔、耳塞等，重视对工人的保护。

（2）加强场地内机械的维护，设置专人做好机械维护记录，减少机械异常造成的高噪声等周边环境的影响。

（3）钢筋加工中心、混凝土搅拌场设置全封闭机棚(图 5-45),从传播路径中减少噪声对周边环境的影响。

a)

b)

图 5-45 全封闭机棚

(4)合理布置钢筋加工中心、混凝土搅拌场、装卸作业区等高噪声功能区,尽量靠近场地南侧、西侧远离横路村农居点。

(5)进出场地的施工便道尽量远离农居村落,同时加强对运输车辆驾驶员的环保教育,在出入临建场地以及经过农居村落时控制车速(建议车速小于 30km/h),并且禁止鸣叫喇叭。培训及要求以书面方式交底。

(6)禁止夜间从事机械作业,如因工程进度需要确需作业的,持临安建设行政主管部门的施工意见书,向临安环保局申领夜间作业证明。夜间作业证明提前 3d 向横路村居民公告,并按照夜间作业证明载明的作业时间、作业内容、作业方式以及避免或者减轻干扰附近居民正常生活的防范措施等要求进行施工。

4) 固废污染防治

(1)设临时土方堆放场,禁止开挖土方随意倾倒,临时堆放场做好围挡,如果土方不能当日清运,做好覆膜,防止水土流失。工程的余方首先考虑本工程综合利用,尽量工程内部消化,同时调查沿线周边可能大量利用土石方的建设工程,尽量将余方全部用于低丘缓坡区综合利用。

(2)对于废石块、预制及试验混凝土块等建筑垃圾,回收使用,尽量用于施工场地内混凝土搅拌的原料,或集中收集后外运用于本工程填方处填埋,禁止随意丢弃。

(3)钢筋加工中心产生的废钢筋、下脚料等集中收集后,出售给资源回收单位综合利用。

(4)拌和站除尘粉尘、废水沉渣收集后回用与混凝土搅拌,禁止随意丢弃。

(5)泥浆水沉淀沉渣回用于覆土加工,禁止随意丢弃。如图 5-46 所示。

(6)土方作业过程中弃土渣随挖随运,对于少量来不及运输的弃渣堆放在车站的施工范围内定点存放,存放点三面设置围堰,并采用篷布遮盖,防止雨水冲刷堆场。

(7)渣土运输车辆按指定的路线、时间行驶。车辆当适量装载、密闭化运输,不得沿路泄漏、遗撒。

(8)设置防雨、防晒、防漏暂存库存储机械维护废油,暂存间做好地面防渗,机械维护废油委托具有相危废处置资质的单位处理，废劳保用品每日混入生活垃圾由环卫部门处理。

图 5-46　泥浆处理设备

(9)现场设置封闭式垃圾容器，生活垃圾实行袋装化，与环卫部门签订协议委托清运处理。对建筑垃圾进行分类，并收集到现场封闭式垃圾站(图 5-47)。

5.3.3　沥青拌和站污染防治

1)废弃扬尘治理

(1)沥青拌和站优先选址于周边 300m 均无农居的场址，如不能保证 300m 的防护距离，对沥青拌和站整体车间密闭，减少沥青烟气无组织排放(图 5-48)。

图 5-47　封闭式垃圾容器

图 5-48　沥青拌和站密闭车间

(2)沥青出料口、储罐呼吸孔沥青烟气经过布袋除尘 + 活性炭吸附等处理工艺处理后通过排气筒高空排放，具体以环评报告表提出工艺为准。

(3)燃烧废气收集后通过排气筒高空排放，禁止无组织排放。

(4)集料、矿粉等材料储仓上料、搅拌等装置设置布袋除尘装置处理后高空排放。

(5)集料等原材料堆放建设全封闭仓库，并设置喷雾加湿装置。

(6)沥青拌和站地面进行硬化，降低灰尘对周围环境的污染。

(7)在运送集料、沥青、垃圾等物料时，运输车辆采取措施封闭严密，防止物料散落、飞扬。同时加强运输车辆驾驶员的环保意识培训,防止运输过程抛洒、滴漏等情况发生。

(8)施工现场出口设置洗车台,车辆出入场地时对车身、轮胎等进行冲洗。

(9)沥青拌和站机械拆除前,做好扬尘控制计划。采取清理积尘、拆除体洒水、设置隔挡等措施。

2)水污染防治

(1)根据沥青拌和站场址坡面情况,在拌和站设置网格化集水导流沟,且导流沟覆盖拌和站边界,确保拌和站生产废水等不会漫流至外环境。网格化集水导流沟设计施工时利用地形坡面采用重力自流,且导流沟用防水水泥砂浆抹面,宽度不小于30cm,深度不小于30cm,最终能汇集至拌和站内的三级沉淀池。

(2)拌和站委托专业单位设置三级沉淀池处理泥浆水、洗车槽废水等生产废水,废水经沉淀处理后输送至中水回用池,优先回用于拌和站内的洒水抑尘,车辆清洗。对于多余的生产废水与当地环卫部门签订委托处置协议,由环卫部门定期清运处理。

(3)对于化学品等有毒材料、油料的储存地,做好防雨、防晒、防渗、防漏等措施,做好渗漏液收集和处理措施。

(4)拌和站设置化粪池对生活污水进行预处理,与当地环卫部门签订生活污水委托处理协议,由环卫部门定期清运处理,生活污水不得外排环境。化粪池采用砖混结构,且位于地下水位以上,池体内外面采用防水水泥砂浆抹面,做好防渗防漏。

3)噪声污染防治

(1)设置专人做好机械维护记录,减少机械异常造成的高噪声等周边环境的影响。

(2)运输车辆在经过周边农村住宅区域时控制车速(车速小于30km/h),并且禁止鸣叫喇叭。

4)固废污染物防治

(1)对于不合格集料等集中收集后外运用于本工程填方处填埋,禁止随意丢弃。滴漏沥青以及拌和残渣收集后尽量回用,不得随意丢弃。

(2)设置防雨、防晒、防漏危废暂存库,做好暂存库的地面防渗防漏。

(3)吸附废活性炭以及机械维护废油属于危废,收集后委托具有相应危废处置资质的单位处理,废劳保用品每日混入生活垃圾由环卫部门处理。

(4)原材料及沥青成品运输车辆按指定的路线、时间行驶。车辆当适量装载、密闭化运输,不得沿路泄漏、遗撒。

(5)现场设置封闭式垃圾容器,生活垃圾实行袋装化,与环卫部门签订协议委托清运处理。

5.3.4 隧道污染防治

1)废弃扬尘治理

(1)隧道进出口施工便道地面进行硬化。尚未做到硬化的区域,定期压实地面和洒水,降低扬尘对周围环境的污染。

(2)在运送土方、垃圾、设备及建筑材料时，对于运输容易散落、飞扬、流漏物料的车辆，采取措施封闭严密，防止物料散落、飞扬。

(3)每个隧道施工现场出口设置洗车台各 1 个，车辆出入场地时对车身、轮胎等进行冲洗。

(4)根据天气干燥、风力大小等情况，对隧道进出口施工场地地表采取洒水等措施。在湿度小于 30%、风力大于 4 级的情况下，洒水频次不少于 2h；其他非下雨天气，洒水频次每天不少于 2 次。

(5)针对易起尘的沙石等材料堆场，定点装卸定点堆存，同时采用防尘网覆盖，定期洒水，防止露天裸露。

2)水污染防治

(1)隧道口施工实施清污分流，各隧道口施工区施工废水设沉淀池，施工废水经沉淀处理达到《污水综合排放标准》(GB 8978—1996)中的一级标准后外排。

(2)对混凝土拌和系统废水设置沉淀池，对该废水进行沉淀处理达到《污水综合排放标准》(GB 8978—1996)中的一级标准后外排。

(3)车辆设备维修保养场地产生的废水必须进行油水分离、沉淀处理，处理后的尾水经处理达到《污水综合排放标准》(GB 8978—1996)中的一级标准后外排。

(4)为减少生活污水对工程区内河流水质的影响，施工人员尽量租用附近村庄民房，充分利用现有污水处理设施；距离村庄较远的施工场地，可采用旱厕或化粪池对生活污水进行处理，并定期清运。工程结束后覆土掩埋。

3)噪声污染防治

(1)在隧道施工时，编制爆破振动评价报告，做好爆破施工作业方案，做好爆破防护和防震工作，禁止夜间开山放炮。结合隧道爆破振动安全评价，做好隧道口近距离保护目标的爆破噪声防治各项措施，预留环保拆迁措施，以保证隧道口近距离的保护目标可以达标。在满足工程爆破需要的情况下，尽量减少单段炸药使用量，采用小孔多孔爆破，以减少爆破振动对附近村庄房屋的影响。同时，在施工中尽量采用定向爆破、微差起爆、选择合理的爆破器材、合理安排起爆次序和选择间隔时间等技术措施。

(2)为了尽量减少隧道爆破对居民的影响，爆破只在白天进行，晚上则停止。此外，在装药控制上，采用少装药，大延时，松动为主，以预防爆破飞石、过大的震动等有害现象的出现；同时，在每次放炮之前，留下充分的时间通知居民，使他们有心理准备，并采取安全措施。

4)固废污染物防治

(1)隧道施工土方首先考虑本工程综合利用，尽量工程内部消化，同时调查沿线周边可能大量利用土石方的建设工程，尽量将余方全部用于低丘缓坡区综合利用。

(2)对于沉淀池沉渣等固废，尽量用于施工场地内混凝土搅拌的原料，或集中收集后外运用于本工程填方处填埋，禁止随意丢弃。

(3)现场生活垃圾实行袋装化，由施工人员每日带回营地处理，禁止随意丢弃。

5.3.5 桥梁建设污染防治

1）废气扬尘治理

（1）桥梁施工便道地面进行硬化。尚未做到硬化的区域，定期压实地面和洒水，降低灰尘对周围环境的污染。

（2）在运送建筑材料时，对运输车辆采取措施封闭严密，防止物料散落、飞扬。同时加强运输车辆驾驶人的环保意识培训，防止运输过程抛洒、滴漏等情况发生。

（3）施工现场出口设置洗车台，车辆出入场地时对车身、轮胎等进行冲洗。

（4）根据天气干燥、风力大小等情况，对桥梁施工便道地表采取洒水等措施。在湿度小于30%、风力大于4级的情况下，洒水频次不少于2h；其他非下雨天气，洒水频次每天不少于2次。

（5）针对易起尘的桥墩钻渣、建筑材料等堆场，采用防尘网覆盖，防止露天裸露，同时定期洒水。

2）水污染防治

（1）桥梁施工尽量选择在枯水期或平水期进行，避免在丰水期施工，特别是洪水期严禁施工。施工单位与当地气象部门取得联系，在洪水来临前，对施工场地进行处理，避免施工过程中产生的污染物随洪水进入水体。

（2）开展钻孔灌注桩基础前，在岸边适宜地方建设沉淀池，沉淀池水泥砂浆抹面，做好防渗防漏。

（3）工程所设桥梁基础主要采用钻孔灌注桩，钻孔灌注桩基础施工中泥浆经泥浆槽运至岸边的沉淀池和泥浆池内，部分泥浆回用，无法回用的泥浆经沉淀后上清液回用于绿化或路面洒水，钻渣利用沉淀池进行固化不外排。

（4）选用先进的设备、机械，以有效地减少跑、冒、滴、漏的数量及机械维修次数，从而减少含油污水的产生量。

（5）跨河桥梁施工作业中的残、废油分别存放并回收，对保养机具的油抹布单独处理。

（6）为进一步减轻涉水桥梁施工可能对河道内悬浮物的影响，施工结束时对涉水桥梁附近河道进行清淤。

（7）在实际施工过程中避免将临时施工设施布置在湘溪Ⅱ类水体沿线，严禁将生产废水排入Ⅱ类水体。

（8）改河工程施工时，需在新老河道交界处预留一部分土埂，在新河道开挖施工以及护岸施工完成后，再挖通新老河道交界处的土埂，减少改河工程施工对湘溪水质的影响时间。

（9）设计阶段桥梁水中墩尽量与河道水流方向一致，尽可能减轻水中墩设置对河道防洪的影响。如图5-49所示。

3）噪声污染防治

（1）加强施工机械的维护，设置专人做好机械维护记录，减少机械异常造成的高噪声等周边环境的影响。

a)平公山桥施工营地

b)寨村桥施工营地

图 5-49　施工营地水污染防治

(2)加强对运输车辆驾驶员的环保教育,在经过周边农村住宅区域时控制车速(车速小于 30km/h),并且禁止鸣叫喇叭。培训及要求书面方式交底。

(3)禁止夜间从事机械作业,如因工程进度需要确需作业的,持临安建设行政主管部门的施工意见书,向临安环保局申领夜间作业证明。夜间作业证明提前 3d 向附近居民公告,并按照夜间作业证明载明的作业时间、作业内容、作业方式以及避免或者减轻干扰附近居民正常生活的防范措施等要求进行施工。

4)固废污染防治

(1)钻渣运放到指定地点,不得堆放在低于最高水位处的河道岸边,禁止抛入河流。

(2)钻渣临时堆放设置挡渣坝,遵守“先挡后弃”原则,堆场上游设置导排水沟,防止雨水冲刷堆场。

(3)钻渣运输车辆按指定的路线、时间行驶。车辆当适量装载、密闭化运输,不得沿路泄漏、遗撒。

(4)现场生活垃圾实行袋装化,由施工人员每日带回营地处理,禁止随意丢弃。

5)桥面径流生态处理系统

桥面径流收集系统常规方法为采用外挂排水管,缺点为管道易损坏且检修不便。为避免排水管道破损,桥面径流收集系统还可采用桥面排水沟形式,不宜堵塞、损坏且检修方便,因此建议采用桥面排水沟形式,主要有双层防撞墙兼排水明沟、外挂排水沟、小宽度排水明沟三种形式,需根据各桥梁情况做水力计算并考虑荷载、安全、经济等因素综合考虑,同时应确保不增加桥面宽度。

目前高速公路穿越或临近水环境敏感区路段基本上都会设置桥面径流收集系统,但由于桥面径流水质污染物相对简单,一般经事故池沉淀处理后直接排入周边水体,很少进行后续处理。根据生态文明示范路建设要求,本项目可对敏感区路段桥面径流进行人工湿地生态处理后排放。考虑用地问题,桥面径流生态处理系统全部利用桥下土地,不再新增占地。

5.4 环境质量与安全保障

道路建设是一项大规模的工程，在建设和营运过程中对自然环境、自然资源均产生一定的影响，带来无法避免的破坏，建设的环境和质量的评估需要兼顾社会环境、土壤环境、大气环境、景观环境、声环境、水环境、生态环境等常态化循环需要，因此公路施工中任何会产生噪声、破坏植被、改变土地利用状况的行为和方式都与公路建设和环境保护相协调，进而以两者协调发展作为基本目标，重新调整环境质量控制模式和质量评定标准来保障环境质量的提升和施工对环境影响的破坏度。通过现状调查和预测分析评价搞清其对环境的影响范围和程度，从而提出环境保护措施，把污染影响控制在规定标准的范围内，为项目决策和营运管理提供科学依据。

5.4.1 环境保护保证体系

1）环境因素的确定

工程施工过程中对环境的主要影响因素有：水环境污染、生态环境的影响、大气环境及粉尘污染、固体废弃物污染、噪声污染及土地资源的影响等。

2）环境保护工作原则方针、目标

（1）环境保护工作原则方针

项目部严格执行国家、地方政府及建设单位有关生态环境保护的规定，贯彻“预防为主，保护优先，开发与保护并重”的原则，无条件接受环保部门的监督、检查和指导。

（2）环境保护工作目标

确保在由于施工而产生影响的区域，其环保标准达到ISO 14000系列标准，并符合城市环保要求。实现外界向业主的“零”投诉。

3）环境保护保证体系

项目部成立以项目经理为组长，项目副经理、项目总工程师为副组长，由项目部各职能部门负责人参加的环保管理领导小组，从组织方面、制度方面、资源方面及生产方面建立健全的保证体系。

4）施工环保管理检查制度

（1）施工环境规划制度

对施工区域的环境情况进行调查，根据国家、地方政府有关环保法律法规、规定，结合建设单位有关环保管理办法，制定环境保护的具体安排及相应措施，确保环境保护目标。在施工区域及附近开展环境保护的宣传教育工作。根据各种环境保护的规章制度和措施，制定环境保护作业指导书、管理措施及奖罚办法。

(2)环境保护"三同时"制度

环境保护"三同时"制度,即环境保护设施与主体工程同时设计、同时实施、同时施工的制度。施工时,根据环保设施设计及施工方案,做好设计环保设施及临时工程的环保设施,保护好施工现场及驻地周围环境。

(3)环境保护目标责任制

建立环境保护目标责任制,项目部环境保护工作向业主单位负责。项目公司负责标段内的环保目标责任书的制定、下达、实施和考核工作,将环境保护工作与每个施工人员的责任、权力、利益有机结合,切实做到奖优罚劣。项目公司与项目部、项目部与工区层层签订环境保护责任状,责任状明确每个人的环保权利、责任和义务,奖罚标准,从而建立起制度管理、责任约束、任务到人、责任到人、至上到下的环境保护体系。

5.4.2 环境影响预测

1)地表水环境影响

(1)施工期水环境影响

①一般路段水环境影响

a. 桥梁施工对水环境的影响

工程施工过程中对水环境的影响主要来自各桥梁基础开挖、钻桩、混凝土浇筑等建设过程中产生的污废水、隧道废水、施工机械产生的含油废水和施工人员的生活污水。

工程拟建桥梁的桥墩若采用钻孔桩机械作业法。跨河桥梁施工对水体可能造成污染。

钻孔桩在施工时多采用电动机为动力,而且,钻孔桩在围堰内进行施工时,与流动的河水相隔,钻孔过程产生的废弃物不直接排放,而是用管道直接输送到岸边经沉淀后排放,是钻孔污染水有可能进入水体,造成水体污染。桥梁施工工艺及各环节污染物的排放情况分析如下:

水底压钢管围堰→抽出围堰内部分积水→机械钻孔→机械浇灌土、灌浆、注桩→养护→拆堰、吊装预制板、箱梁→桥面工程→修整→运行。搅动河床底质,产生悬浮物,悬浮物足以集中在围堰内,对堰外水体影响小,影响时间短暂。围堰内水体含有大量悬浮物,抽出的水需经沉淀池沉淀处理。钻孔过程产生的弃渣,由管道送至钻渣泥浆沉淀池处置。

其他环节产生的污染物也主要是悬浮物和石油类,但产生量及影响程度相对前面工序要小得多。

跨河桥梁桥墩基础、墩身,临时支撑等水下工程施工对水体水质产生影响,这种影响将随施工期的结束而结束。桥墩均采用钻孔灌注桩,钻孔灌注桩基础施工时,每个桩基在不漏水的护筒中进行,先钻孔,后灌注混凝土,钻孔产生的泥浆均在护筒内,泥浆经泥浆槽运至岸边的沉淀池和泥浆池内,部分泥浆回用,无法回用的泥浆经沉淀后上清液回用,严禁将泥浆直接排入河道,沉渣干化后用于路基回填。因此,桥梁基础施工在做好临时防护措施的情况下对水体水质影响不大,但施工过程中会对河流水质造成短期扰动影响。

桥梁若采用预应力碎T梁,采用"预制+现浇"叠合方式,主梁采用预应力碎结构在工厂内预制,实现标准化生产,桥面板在现场现浇,因此桥梁上部结构施工对河流水质的影响很小。

桥梁施工时需要的物料、油料、化学品等若堆放在两岸，管理不严，遮盖不密，则可能在雨季或暴雨期受雨水冲刷进入水体；而粉状物料的堆场若没有严格的遮挡、掩盖等措施将会起尘，从而污染水体。

在桥梁的施工过程中，由于部分施工机械将直接与水体接触，施工机械上诸如润滑油等可被河水浸出，进入水体，同时施工油料泄露时可直接进入水体，使水环境中的石油类污染物增加，对水体造成不良影响。

b.施工机械冲洗废水对水环境的影响

施工期间施工机械、车辆维修和冲洗将产生一定量的废水，主要污染物为含有高浓度的泥沙悬浮物和较高浓度的石油类物质，另外，施工机械、车辆运行可能出现机械跑冒滴漏油的现象，这类污水成分比较复杂，若直接排入水域，将对水环境造成不利影响，因此，需对施工机械、施工车辆冲洗废水进行集中收集和处理，经隔油沉淀后回用，对周围水环境影响较小。

②临时工程及建筑材料堆放对水环境的影响

各路段表土剥离后的临时堆放，隧道开挖出渣的临时堆放，以上各种施工场地内将产生一定生产废水，此类废水含有固体悬浮物浓度(SS)，并且施工场地因雨水冲刷产生的含泥污水，若直接排放会导致场地周围地表水体的泥沙含量增加，进而引起水质下降。此外，材料堆放场内堆放的施工材料如油料等，保管不善会被暴雨冲刷进入地表水体，而引起水质污染。

③施工生活污水对水环境的影响

假定施工期每处施工场地一般约有100人，按平均每人每天用水量120L计，产污系数0.8，则施工期每处施工场地生活污水产生量为9.6Vd。生活污水若不加处理，任其排放，将对工程沿线的河流水系水质产生影响。为减少生活污水对工程区内河流水质的影响，施工人员尽量依托附近村庄民房，充分利用现有污水处理设施；距离村庄较远的施工场地，可采用旱厕或化粪池对生活污水进行处理，并定期清运，对周围水环境基本无影响。

④隧道施工对地表水环境的影响分析

隧道施工产生的施工废水主要包括施工设备如钻机等产生的废水，隧道爆破后用于降尘的水，喷射水泥泥砂浆渗出的水，这些废水中主要污染物是SS、石油类，这些废水需经隔油沉淀后回用，对沿线水体基本无影响。

⑤改河渠工程对地表水环境的影响

河渠改移工程施工尽量安排在枯水期进行，河道开挖、回填及河道护岸工程与主体工程同步实施。同时根据水保保持方案，施工后完全清除导流建筑物。施工开挖等动用的土石方，严格按批准的水土保持方案进行施工，对施工过程实施截排水工程，弃渣不能倾倒在河道行洪区域内，减少对地表水环境造成的影响。施工完成后，要及时拆除有关设施，彻底清理施工场地上的弃渣及剩余物，恢复河道面貌，不能造成阻水碍洪等问题。

(2)工程施工对水源保护区及Ⅱ类水体的影响

①各施工临时设施与饮用水水源保护区的关系

水源保护区及Ⅱ类水体附近的隧道、桥梁布设情况、临时工程、弃土场保持一定距离，避免污染水源。

②涉及敏感水体的桥梁施工影响

桥墩桩基若采用钻孔灌注桩施工，施工中产生的泥浆废水在水源保护区范围外设沉淀池，经沉淀处理后回用，沉渣干化后用于路基回填，废水不得汇入水库及其上游河流的饮用水水源集雨区范围内。

③施工机械冲洗废水的影响

工程施工期间施工机械、车辆维修和冲洗产生的废水直接排放到饮用水源保护区内，将对饮用水水源保护区水质造成不利影响。

④施工地表径流的影响

施工期间将设置公路建筑材料堆放场等临时场地，施工期间如遇降水，则雨水将冲刷建筑材料堆放场，产生高浊度含泥污水，含泥污水将随地表径流汇到下游河道，会对附近及下游河道水体产生污染。

⑤施工生活污水的影响

根据《中华人民共和国水污染防治法》等相关法律法规要求，严禁在饮用水水源保护区范围内设置各类施工临时场所。因此，不得在水库等饮用水水源保护区范围内设置施工临时生活设施，以免影响饮用水水源保护区的水质。

(3)营运期水环境影响

工程建成后对水体产生影响主要来自两个方面：雨水冲刷路面与桥面，形成地面径流污染水体；沿线配套服务管理设施生产、生活污水排放。

①路、桥面径流对河流水质的影响

公路营运期对周围水环境质量的影响主要为路、桥面雨水径流对水质的影响。径流污染物主要是悬浮物、石油类和有机物，其污染物浓度受降雨强度、车流量、车辆类型、灰尘沉降量和前期干旱时间等因素影响。

根据工程分析，路面径流污水在降雨初期前15～30min污染物浓度逐步增大，随后污染物逐渐降低，可见路面径流的主要污染集中在降雨初期的前30min内，因此，把这前30min路面径流作为收集和处理的重点。

对于跨越饮用水水源保护区和Ⅱ类水体的桥梁须设置桥面、路面径流收集系统。桥面径流经两侧设置的截排水管汇集后，自流至桥梁地势较低一侧，考虑桥梁沿线的地形条件，设置沉淀池，该沉淀池可以截流初期雨水，具有沉淀、隔油等功能。初期雨水进行隔油沉淀处理后回用，不得直接排入保护区内水体。对于位于饮用水水源保护区陆域范围内路段以Ⅱ类水体沿溪路段路基径流也进行收集处理，均须设置封闭的截排水沟(截排水沟须采用防腐、防渗材料)，同时考虑沿线地形设置沉淀池，初期路面径流收集后引至沉淀池，隔油沉淀处理后回用，不得直接排入保护区内水体。在此基础上，桥、路面径流对沿线水体不会产生较大的影响。

对于位于水库饮用水水源保护区上游的桥梁以及处于水库集雨区范围内的桥梁和路基设置桥面、路面径流收集系统。将桥面初期雨水收集、沉淀后回用，不得排入水库饮用水水源保护区集雨区范围内。

正常情况下，初期径流污水经收集后进入沉淀池沉淀处理，不直接排入附近饮用水水源保护区水体。在暴雨情况下，可能产生沉淀池超负荷导致溢流的情况。

②服务及管理设施对水环境的影响

a. 各服务管理设施的污水来源：停车区和服务区的污水主要包括生活污水、检修污水、加油站污水等，其他服务管理设施污水主要是生活污水。

b. 服务管理设施污废水的收集处理：收费站、服务区、隧道管理站和交警、路政管理站污水中生活污水经化粪池处理，含油污水经隔油处理后，所有废水需统一收集后纳入废水储存池。由环卫部门清运至当地就近污水处理厂处理，严禁废水不外排环境中。

c. 服务区、养护工区地表径流：服务区、养护工区车辆及机械设备等停放，在雨天，由于雨水的冲刷，机器设备表面或地面上的油污、废弃物等，极有可能随着雨水进入附近水体，并对该水体造成污染。服务区、养护工区周围设置截排水沟，将地表径流统一收集，经隔油、沉淀处理后，再排入雨水系统，不得直接排入周边的Ⅱ类水体。

2）地下水环境影响

隧道施工将使原有的地质结构受到破坏，裂隙增多或新增裂隙，使地下水水动力条件发生局部的改变，隧道施工，可能出现突涌水现象，既影响施工，又造成水资源大量浪费。

（1）施工期地下水环境影响

施工期对地下水环境的影响主要表现在：路基段、桥梁段施工及隧道段施工带来的地下水环境影响。尤其是山岭隧道施工，可能导致地下水水位下降、溪流量与泉流量衰减、地下水储量减少等环境问题。

①隧道施工对地下水环境的影响

隧道施工时另一重要问题即对地下水的破坏。隧道开挖将可能破坏区域内的地下水系，一个山脉的地下水系经过长期演变逐渐稳定，有其自身的水流规律。隧道的存在则可能改变地下水流赋存与径流状况，并成为地下水排出的天然通道，造成地下水的大量流失。

隧道施工过程中，可能会由于水文地质的难以预料或调查得不够清楚，打穿地下含水层，造成掘进过程中的涌水现象，从而对工程区环境造成一定的影响。若打穿的含水层水量较小，水头较低时，涌水量较少，强度不大，可采用封堵的方式进行处理，一般影响不大。但当含水层水头较高，涌水量较大，且强度较大时，大量的涌水将可能挟带开挖施工产生的废渣由隧道洞口沿坡面下泄，造成下游河道的淤塞压埋，对项目区的水利行洪和农业生产造成一定的影响。如果打穿的含水层为隧道山体上部植被赖以生存的水源，且涌水后又难以封堵，地下水水位剧烈下降，将可能造成植被取水困难，从而造成生态破坏。

②路基施工对地下水环境的影响

据研究资料（刘长礼，2006），天然黏性土渗透系数在0001 量级左右，且当黏土层厚度达到1.5m时，COD等有机污染便能被吸附过滤到安全水平。据此可以认为，本工程施工期间，只要做好废污水收集处理，对孔隙水现状水质不会产生影响；即使有一定量的污水排放，对盆地区孔隙水现状水质带来的恶化影响也很小。

因公路路基工程在地表施工，地下水水位埋深一般都是1.5m或以上，不会扰动地下水水位，对现状地下水水位和水量不会造成不利影响。

③桥梁施工对地下水环境的影响

桥梁施工对地下水的影响主要来自桥墩钻孔灌注桩基础时用于护壁的泥浆。泥浆接触地下环境可能污染地下水水质。因此,桥梁桩基钻孔施工过程中采用清水护壁,或采取封闭施工,尽量减小钻孔施工与周围地下环境的接触面积,减少泥浆等污染物进入地下环境污染地下水。

(2)营运期地下水环境影响

①隧道对地下水环境的影响

一般情况下隧道设计时均会考虑止水措施,隧道防水方式主要为复合式衬砌。按设计要求,隧道结构以自防水为本,采用有效措施增强混凝土的抗渗、抗裂性,减少地下水对混凝土的渗透性。

隧道建成以后,隧道洞体在隧道穿越区形成一道人工的隔水体,对地下水的径流产生了阻隔作用。公路隧道总体上都处于基岩裂隙水的贫水区,只有隧道山体风化层及山体内发育有的小型裂隙的存在一定的基岩裂隙水,但总体上水量不大,受整体山体的岩性和构造控制,山体内的裂隙水接收上部岩体的渗漏补给量和径流量均很有限。仅是在隧道进出口处及隧道山体的表层,受岩体风化及植被根系生长作用,存在几米的强-中风化层,发育着较多的裂隙,形成了上体表层的裂隙水补给、径流区,并由裂隙联通流至山体沟谷处,而洞体深度地下水水力联系很小。由于隧道洞体及隧道进、出口断面相对整个山体所占比例很小,隧道洞体及洞口对整个山体深部及表层裂隙水径流通道的影响很小。而且隧道穿越区地势均较高,隧道山体上部地下水原有径流通道通过洞顶周边的裂隙绕流实现新的径流、排泄,对地下水的整体径流影响很小。通过一段时间的地表降雨入渗补给后,区域内隧洞开挖时沉降的地下水位逐渐恢复,直至达到平衡,隧道运行稳定后,区域内地下水位能够恢复至初始水平。

②服务区加油站地下油罐对地下水环境的影响

高速公路服务区内加油站设置有地下油罐。正常工况下,油库区防渗系统需达到《石油化工工程防渗技术规范》(GB/T 50934—2013)规定的设计要求,防渗系统完好;罐区污水汇集在水泥混凝土围堰之内,油库区地面都进行了硬化防渗处理。废水经处理达标后回用,正常工况下,污水不会对周围地下水产生影响。

非正常工况下,若储罐或污水收集设施因系统老化或腐蚀发生污染物泄漏、防渗层破裂,会导致污染物进入包气带,进而逐步渗透进入地下水含水层,可能对场地及周边地下水造成污染。

3)声环境影响

(1)施工期声环境影响

①机械化施工作业

高速公路项目建设规模大,投入的施工机械繁杂,运输车辆众多,工程建设工期历时长,施工中将使用多种大中型设备进行机械化施工作业,施工活动对项目沿线地区的声环境有较大的干扰。施工噪声需加以重视。公路施工经常使用的机械有运输车辆,筑路机,大型搅拌机,钻孔打桩机等,还有其他施工机械,如空压机、汽锤等,有些设备属于短期使用。施工噪声有其自身的特点,表现为:

a. 施工机械种类繁多,不同的施工阶段有不同的施工机械,同一施工阶段投入的施工机械也有多有少,这就决定了施工噪声的随意性和无规律性。

b.不同设备的噪声源特性不同,其中有些设备噪声呈振动式的、突发的及脉冲特性的,对人的影响较大;拟建工程施工所用机械的噪声均较大,有些设备的运行噪声可高达110dB(A)左右。

c.公路施工机械一般都是暴露在室外的,而且它们还会在某段时间内在一定的小范围内移动,这与固定噪声源相比增加了这段时间内的噪声污染范围,但与流动噪声源相比,施工噪声污染还是在局部范围内的。施工机械噪声可视为点声源。

②高速公路不同施工阶段施工工艺和施工机械

根据高速公路施工特点,可以把施工过程主要可以分为四个阶段,即基础施工、开山放炮、路面施工、交通工程施工。以下分别介绍这四个阶段主要用的施工工艺和施工机械。

a.基础施工。这一工序是高速公路耗时最长、所用施工机械最多、噪声最强的阶段,该阶段主要包括处理地基、路基平整、挖填土方、逐层压实路面等施工工艺,这一过程还伴随着大量运输物料车辆进出施工现场。该阶段需用的施工机械包括装载机、振动式压路机、推土机、平地机、挖掘机等,若是高架桥路段,还将使用打桩机,打桩噪声是非连续的声源,其声级较高,对声环境的影响较大;在深挖和隧道施工路段还可能采用爆破等作业方式,这会产生高频突发噪声,对声环境造成影响。

b.开山放炮。隧道及部分路段施工中,开山炮的作业噪声较强,影响面大。据资料显示,0.5kg炸药在距离爆破点40m处的最大噪声级约84dB,3km外都可听到炮声。通常采石场的放炮作业因为石量大、开采面大、对开采面也没有特殊的要求,因此往往炸药量大;而公路建设中的开山面因为有作业面的要求,因此往往采用多点、少量(炸药量)的办法,这样作业噪声相对而言较低,对周围敏感点产生的振动影响也相对较小。如果开挖深度较小,山体石质不十分坚硬或有土、石夹杂的山坡,则开山时往往采用挖掘机、凿岩机,而不采用炸药爆破。施工期毕竟是一个短期行为,因此隧道开挖所产生的噪声以及振动影响也是有限的、短期的。

c.路面施工。这一工序继路基施工结束后开展,主要是对全线摊铺沥青,用到的施工机械主要是大型沥青摊铺机。根据国内对高速公路施工期进行的噪声监测,该阶段公路施工噪声相对路基施工段甚小,距路边50m外的敏感点受到的影响甚小。

d.交通工程施工。这一工序主要是对高速公路的交通通信设施进行安装,对标志标线进行完善,该工序不用大型施工机械,因此噪声的影响更小。

上述施工过程中,都伴有建筑材料的运输车辆所带来的辐射噪声。建材运输时,除了修建临时的施工道路外,往往借用已有的道路,这些道路的两侧往往有一些敏感点。这些运输车辆发出的辐射噪声会对沿线的声环境敏感点产生一定影响。

(2)营运期声环境影响

①车辆行驶噪声

公路营运后,公路上行驶车辆的发动机产生的噪声以及车辆行驶引起的气流湍动、排气系统、轮胎与路面的摩擦等产生的噪声可能会对沿线居民产生影响。

②改移工程声环境影响

改移工程一般涉及乡道、村道、机耕路和人行路等,涉及改移的道路等级不一、车流量不一,对环境敏感点的噪声有一定贡献值。

③隧道风机噪声

工程隧道采用机械通风,部分隧道口附近有敏感点分布。

4)环境空气质量影响

(1)施工期环境空气影响

施工期的环境空气污染主要来自施工现场中未完工路面、堆场和进出工地道路等扬尘污染,以及沥青摊铺时的烟气和动力机械排出的尾气污染,其中以扬尘污染和沥青烟气对周围环境的影响较突出。

①道路施工对环境的影响

a. 车辆行驶扬尘:在施工过程中,车辆行驶产生的扬尘占总扬尘的60%以上。据有关经验公式计算可得,限制车辆行驶速度及保持路面的清洁是减少汽车扬尘的最有效手段。如果施工阶段对汽车行驶路面勤洒水(每天4~5次),可以使空气中粉尘量减少70%左右。

b. 堆场扬尘:道路施工阶段扬尘的另一个主要来源是露天堆场和裸露场地的风力扬尘。由于施工需要,一些建筑材料需露天堆放,一些施工作业点表层土壤需人工开挖且临时堆放,在气候干燥又有风的情况下,会产生扬尘,因此,减少露天堆放、保证一定的含水率及减少裸露地面是减少风力起尘的有效手段。粉尘在空气中的扩散稀释与风速等气象条件有关,也与粉尘本身的沉降速度有关。

c. 搅拌扬尘:各种固体原材料送入搅拌机的过程,集料通过铲车铲运送入配料仓,再经传输带送入搅拌机,铲车从料堆铲料转移送入配料仓过程产生扬尘,使用未封闭皮带送料也会产生少量扬尘;粉料从储存筒仓利用重力送入搅拌机过程中管道软接口处易发生破损跑粉。将送入搅拌机的各种原材料加水充分搅拌做成混凝土产品时,各种材料的投防过程是自由下落过程,不可避免地产生气体反冲携带大量粉尘,投料的先后次序也影响到反冲气体带出粉尘的多少。

d. 沥青烟气对环境的影响:高速公路全线为沥青混凝土路面,沥青混凝土路面施工阶段的空气污染除扬尘外,沥青烟气是主要污染源。沥青的熔融、搅拌、摊铺时会产生有害物质,对空气将造成一定的污染,对人体也有伤害。铺路沥青在出厂前的高温加工过程中废气的挥发已达90%以上,在铺路时的加热过程中挥发量已较少。根据以往的调查和监测资料,沥青摊铺时的沥青烟气污染相对熔融烟气是很小的。工程沥青桥面铺筑时所产生的烟气,其污染物影响距离一般在50m以内,从项目周围环境现状来看,影响范围内环境空气敏感点较多。因此沥青铺浇避开风向针对环境敏感点的时段,以避免对人群健康产生影响。

②隧道施工废气影响分析

隧道工程施工过程中对大气环境的影响主要来自三个方面,即凿岩、挖掘、爆破过程中产生的粉尘,以及汽车及其他行走的机械设备在运行的过程中产生的扬尘;各种施工机械燃油产生的尾气;爆破过程中产生的N、S等有害气体化合物。

a. 施工粉尘:隧道施工中对周围空气影响主要是粉尘污染。施工中打眼、放炮、装卸渣土、车辆运输、混凝土拌和及浇筑等作业均产生大量粉尘,对人体健康危害较大。施工过程中产生的扬尘对施工区域内大气环境质量具有较大影响,并且可在短时间内使空气中 TSP 浓度维持较高水平。对附近村庄居民的生活会产生一定影响。

b. 施工设备燃油废气:隧道施工过程使用的机械设备主要以柴油作为燃料,使用以柴油机作动力的设备主要有:钻爆设备(凿岩台车),装渣设备(正装侧卸式装载机、挖掘机),运渣设备(拖拉机、柴油自卸汽车)等。柴油机排放的有害物主要有:碳氢化合物(HC)、CO、氮氧化合物(NO_x)、氧化硫及颗粒物质等。由于隧道内空间小,独头掘进通风条件差,工程机械在隧道内作业,柴油机排放的大量废气难以排净,对隧道形成长时间污染,危害施工人员的身体健康。

c. 其他废气:爆破施工产生的主要气体有 N_2、NO、NO_2、NH_3、HS、SO_2、SO_3 等,污染物产生量随爆破强度变化较大,随爆破强度增大而增大。主要对隧道施工人员产生一定的影响。

(2)营运期环境空气影响

营运期环境空气影响主要来自上路机动车排放的汽车尾气对公路两侧敏感点的影响、机械通风隧道污染物对隧道进出口敏感点的影响、服务管理设施油烟废气的影响、加油站废气的影响及服务区汽车尾气的影响等。

①机动车汽车尾气及隧道污染物影响

公路营运期的废气主要为过往车辆排放的汽车尾气 NO_x、CO 等,影响区域局限在道路两侧,受影响区域人口密度不大。

②服务管理设施油烟废气影响

服务区需采用油烟净化器对餐饮油烟进行处理,净化效率不得低于 85%,经过处理后的油烟排放浓度均需小于 2.0mg/m^3,满足《饮食业油烟排放标准》(GB 18483—2001)中油烟的最高允许排放浓度 2.0mg/m^{3}的标准限值要求,能够实现达标排放。

③加油站废气影响

汽油等轻质油品挥发至空气中而形成烃类挥发性有机物(烃类 VOCs),其化学活性非常高,对臭氧生成的贡献率不容忽视,因此加油站的 VOCs 治理也显得格外重要。

④服务区汽车尾气影响

服务区汽车尾气主要是指汽车进出服务区及服务区内行驶时,汽车怠速及慢速($\leq$5km/h)状态下的尾气排放,包括排气管尾气、曲轴箱漏气及油箱和化油箱等燃料系统的泄漏等。汽车发动机工作状态经排气筒排出的尾气,尾气中的主要污染物为 CO、NO_x 及 HC,对停车场及其附近空气质量造成影响。

5.4.3 环境保护对策措施

1)地表水环境保护措施(以临建高速公路为例)

(1)施工期水环境保护措施

跨敏感水体桥梁的废水处置措施:为确保最大限度地减少工程建设产生对英公水库、分水江水库及大坑水库饮用水源的影响,塘坞岗 1 号桥、塘坞岗 2 号桥、竹窠里桥、寨村桥、平公山桥、坞英口桥(主线段)、分水江桥、大坑溪大桥桥墩桩基采用钻孔灌注桩施工,施工中每个桩基在不漏水的护筒中进行，先钻孔，后灌注混凝土，钻孔产生的泥浆均在护筒内，采用钻渣泥浆脱水设备处理后外运至敏感区域外的互通枢纽绿化地块填埋处理，或就近运至弃土场堆置防护，产生的泥浆废水在水源保护区范围外设沉淀池，经沉淀处理后回用，不得汇入英公水库、分水江水库、大坑水库及其上游河流的饮用水水源保护区集雨区范围内。

塘坞岗1号桥、塘坞岗2号桥、竹窠里桥、寨村桥、平公山桥、坞英口桥（主线段）桥墩桩基采用钻孔灌注桩施工，施工中产生的泥浆废水引至岸边设沉淀池沉淀处理后回用，沉渣干化后用于路基回填，废水不得排入虞溪Ⅱ类水体。

施工机械冲废水处理技术：工程施工期间，禁止在饮用水源保护区内设立施工机械集中清洗场地（以临建高速公路为例）：目前，临建高速公路工程2号施工场地（K8+800右侧）位于英公水库农村饮用水水源保护范围内；为保护水源，2号施工场地北移900m，移出饮用水保护区范围，同时需要远离上游虞溪Ⅱ类水体。移出保护区后的2号施工场地的冲洗废水设隔油沉淀池处理后回用，不得排入饮用水水源保护区内及其上游河流，以免影响英公水库及上游河流水质。

虞溪Ⅱ类水体附近的1号施工场地（K1+600左侧）和2号施工场地（K8+800右侧）分别位于虞溪西面约15m和东面约200m。这些施工场地的施工机械冲洗废水设隔油沉淀池处理后回用，不得排入虞溪内。结合施工标段划分，设置隔油沉淀池，经沉淀池沉淀后上清液回用，不外排，浮油交给有资质的单位处理，严禁在施工场地任意冲洗车辆和机械。

隧道施工要求：下青山隧道、下杨脚岭隧道和英公隧道穿越英公水库农村饮用水水源保护范围，该隧道施工尽量采用机械开挖法，不得不爆破施工的选用环保型炸药。隧道排水均实施清污分流，隧道涌水经沉淀后排放，隧道施工废水处理后回用。伍家坞隧道、凤凰山隧道和中台山隧道距离分水江水库较近，虎溪台隧道在K65+540～K65+880穿越大坑水库生活饮用水水源二级保护区陆域范围，穿越路段长约0.34km。为避免隧道施工对该分水江水库、大坑水库的水质造成不利影响，尽量采用机械开挖法。隧道排水均实施清污分流，隧道涌水经沉淀后排放，隧道施工废水处理后回用。施工单位合理安排工期，尽可能安排在少雨季节施工。

横路头隧道、东山隧道、下青山隧道、下杨脚岭隧道、英公隧道距离虞溪Ⅱ类水体较近，据隧道设计高程，在横路头隧道临安方向、东山隧道建德方面、下青山隧道建德方向、上杨脚岭隧道临安方向、英公隧道出入口，置隔油沉淀池，隧道施工废水经隔油沉淀处理后回用于施工活动，不得排入虞溪Ⅱ类水体。

（2）营运期水环境保护措施

路面、桥面径流防治措施：加强对路面和桥面的日常维护与管理，保持路面和桥面清洁，及时清理路面和桥面上累积的尘土、碎屑、油污和吸附物等，减少随初期雨水冲刷而进入路面和桥面径流污水中的SS和石油类等污染物量，最大限度地保护工程沿线的水质环境。优化完善桥面路基排水系统设计，设置路桥面径流收集系统及事故应急池，不使桥面径流直接排入Ⅱ类水体。英公水库农村饮用水水源保护区内、跨越Ⅱ类水体及沿溪路段、分水江水库饮用水水源上游及集雨区范围设置径流收集和处理系统，对初期径流进行收集隔油沉淀处理，不直接排入水体。根据地势，在工程桥梁地势较低一侧及路基凹处设沉淀池，该沉淀池一方面可以截流初期雨水，具有沉淀、隔油等功能，另一方面在发生突发事故时可以收集事故径流，兼做事故应急池，防止沿线水体水质污染。非事故期桥路面初期雨水收集、处理后定期抽取用于绿化养护不得直接排入保护区内水体。

穿越敏感水体路段的径流收集与处置技术：先行段涉及英公水库水源保护区，对以上敏感点水环境采取保护措施，防止公路运营期发生危险品运输事故。对敏感区桥梁设置桥面径流收集系统，桥面径流雨水收集后引至桥下沉淀池中，初期雨水经过沉淀隔油处理后，再排入附近自然沟果中。在发生危险品运输事故时，沉淀池兼作事故缓冲池，暂时储存泄露的危险品，待公路管理部门作后续处理，防止危险品直接泄入保护水体中，污染水质。桥面径流处理池处理工艺流程如图5-50所示。

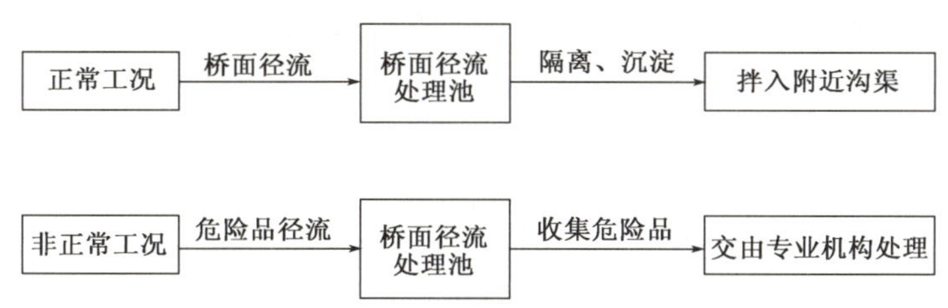

图5-50 桥面径流处理池处理工艺流程

沿线设施污水处理措施：於潜北服务区、收费站、隧道管理站、交警路政管理站的生活污水统一经化粪池处理、含油污水经隔油处理，由临安区环卫部门清运至当地就近污水处理厂处理；潜川收费站和潜川停车区的生活污水统一经化粪池处理、含油污水经隔油处理，由临安区环卫部门清运至当地就近污水处理厂处理；瑶琳收费站、交警路政管理站和瑶琳服务区的生活污水统一经化粪池处理、含油污水经隔油处理，由桐庐县环卫部门清运至当地就近污水处理厂处理。

其他服务管理设施：横路收费站、於潜收费站、於潜养护工区、乐平收费站、分水收费站、分水隧道管理站、横村收费管理站和横村养护工区等，因距离自然水体较远且不具备纳管条件，生活污水收集后经化粪池排入成套地埋式污水处理设施处理，达到现行《城市污水再生利用绿地灌溉水质》(GB/T 25499)标准后进行中水回用。

2)地下水环境保护措施(以建金高速公路为例)

(1)隧道施工期地下水防治措施

施工前采取超前探水措施，对隧道涌水采取封堵或疏导措施，贯彻以堵为主、限期排放的原则，尽量保持隧道开挖区域地下水的原有径流条件。

金华山隧道、清水塘隧道和陈山隧道等隧道施工爆破中采用的炸药残留物将影响地下水水质，施工污废水须收集处理，不得排入饮用水水源保护区等敏感水体。各隧道施工废水设置隔油池和沉淀池处理后回用于施工用水，金华山隧道出口、清水塘隧道出口和陈山隧道入口隔油沉淀池有效容积分别不小于$15m^3$、$5m^3$、$5m^3$。待隧道开挖结束后及时衬砌，衬砌后的地下涌水(为未受污染的地下水)通过隧道内已铺设的排水管导排，实现清污分流。

做好隧道施工防渗工作，尤其是涉及饮用水水源保护区的大青尖隧道、清水塘隧道、陈山隧道、金华山隧道等。加强隧道治水技术实施，包括注浆堵水、空气压力阻水、冻结阻水等。选用优良性能的防水材料，既保证隧道有效防水，又有利于保护水资源。控制施工注浆使用的水泥泄漏，并对进入隧道排水系统的注浆废液做净化达标处理，避免浆液污染洞外居民的生产、生活用水。

由于大青尖隧道、清水塘隧道、陈山隧道、金华山隧道等隧道涉及的坞底溪、清水塘水库上游河流、长山珑水库上游河流均为山溪性河流，水量季节性变化较明显，因此，施工中合理安排工期，上述隧道安排在枯水期施工。施工期派专人跟踪监测大青尖隧道、清水塘隧道、陈山隧道、金华山隧道等隧道涌水情况和隧道上方（或附近）敏感水体的水量，如发现水量有明显变化，立即查清漏水点，及时采用堵漏措施。具体堵水措施如下：

①材料的选用：一般可采取压注水泥浆液堵水，地下水水压较大时，压注水泥浆液甚至水玻璃浆液都达不到堵水效果，需要快凝、高膨胀特殊无害堵水材料（如高效速凝水玻璃、特种快凝超细水泥等）。

②堵水工艺：可采用径向注浆、股状涌水注浆堵水等。

③堵水方案：进行超前预报、地质雷达以及超前钻孔前方围岩物理性质、节理裂隙情况，分析前方地下水情况；严格施工顺序，尤其是堵水治理顺序，施工顺序混乱会造成出水点前后串水、左右线串水。做好堵水治理记录，包括：地质素描、出水点、水量、水压，不同围岩地段要测试 pH 值；钻孔位置、方向、深度以及与裂隙层理的关系；注浆要记录注浆量、注浆压力、跑浆情况等；分析无突水突泥情况后，进行开挖施工。根据围岩情况，及时调整支护参数，立设格栅钢架，裂隙出水时，及时打设分流孔，集中引流地下水；地下水水位以下施工的路段，因建议设计初期支护背后全隧注浆止水、全包防水板防水、高抗渗标号、加厚碎等综合措施保证隧道防水等级达标。

隧道施工中防止地下水位下降处理对策：施工前详细勘察隧道所在地区的水文地质情况，包括地下水的分布、类型、储存、补给、径流和排泄条件等，进而根据勘察结果，研究合理方法，谨慎进行开挖作业。

①通过压气、化学注浆等辅助施工方法挡水，不仅可保持地下水位，且可防止未预料到的地下水对新线路的渗透。

②采用抗腐蚀性的防水混凝土密封隧洞，施工缝设橡胶止水带，及早铺设防水层。

桥梁施工地下水防护措施：桥梁桩基钻孔施工过程中工采取清水护壁，或采取封闭施工，尽量减小钻孔施工与周围地下环境的接触面积，减少泥浆等污染物进入地下环境污染地下水。

（2）营运期地下水防治措施

为有效防止兰溪服务区和建德停车区的加油站废水跑、冒、滴、漏对厂区地下水造成不利影响，环评要求储罐采用双层罐，本项目储油罐、埋地管道均采用环氧煤沥青加强级防腐处理；设置防漏罐池，把油罐放置在防漏罐池内，双层油罐、防渗罐池的渗漏检测采用在线监测系统。项目采取以下防渗措施：

①重点防治区防渗措施重点防治区：生活废水化粪池、路面、隔油池及沉淀池区域。根据拟建工程地下水污染特点，采取相应的防渗措施。

②管道防渗漏拟建工程生产过程中产生的生产、生活污水需通过污水管道收集，为防止

污水收集、输送、外排过程发生渗漏，项目污水管道均采用 HDPE 防渗轻质管道；管道外设管沟防护，管沟采用人工防渗材料进行防渗，保证防渗材料渗透系数不大于 10^{-7}cm/s。

③防渗罐池、隔油池采用防渗钢筋混凝土整体浇筑，外侧做防渗层，建议采用由两层人工合成材料衬层与黏土（或具有同等以上隔水效力的其他材料）衬层组成的防渗层，防渗材料渗透系数≤10cm/s。

④一般防治区防渗措施一般防治区：站房内。该防渗区采用天然或人工材料构筑防渗层，防渗层的厚度相当于渗透系数为 1.0×10^{-7}cm/s、厚度 1.5m 的黏土层的防渗性能。为确保防渗措施的防渗效果，工程施工过程中建设单位加强施工期的管理，严格按防渗设计要求进行施工，加强防渗措施的日常维护，使防渗措施达到应有的防渗效果。同时加强生产设施的环保设施的管理，避免废水跑冒滴漏。

⑤简单防渗区：除重点防渗区和一般防渗区、绿化区域以外的区域，该区域只需做一般地面硬化即可。

3）声环境影响减缓措施（以建金高速公路为例）

（1）施工期声环境影响减缓措施

尽量采用低噪声机械及施工工艺，其中主要是：桥梁打桩作业采用钻孔灌注桩或静压桩；开山放炮时采用多点、少量（炸药）的爆破方法或尽可能用挖掘机代替。对超过国家标准的机械禁止其入场施工，施工过程中经常对设备进行维修保养。

对于为了防治营运期噪声污染而采取的隔声窗和搬迁措施，推荐在施工前实施，可同时作为施工期噪声防治措施。

在距线位较近且受施工影响较重的敏感点的路段控制高噪声施工机械夜间（22:00—次日 6:00）施工，昼间施工时也要进行良好的施工管理同时封闭施工场界；夜间必须连续作业的报当地有关部门批准，并公告居民。夜间不开山放炮。必要时，建议设置临时声屏障。

在利用现有的道路用于运输施工物资时，合理选择运输路线，并尽量在昼间进行运输。由于目前运输路线无法确定，因此建议建设单位对施工承包商的运输路线提出要求，要求承包商必须提供建材运输路线，并请环保监理或环保专业人员确认施工路线在减缓噪声影响方面的合理性。建设单位根据确定后的运输路线进行监督，并可联合地方环保部门加强监督力度。

筑路机械施工的噪声具有突发、无规则、不连续、高强度等特点。据调查，施工现场噪声有时超出 4a 类噪声标准，一般可采取施工方法变动措施加以缓解。如噪声源强大的作业可放在昼间（06:00—22:00）进行或对各种施工机械操作时间作适当调整。为减少施工期间的材料运输、敲击、人的喊叫等施工活动声源，要求承包商通过文明施工、加强有效管理加以缓解。

建设单位责成施工单位在施工现场张布通告和投诉电话，建设单位在接到报案后及时与当地环保部门取得联系，以便及时处理各种环境纠纷。

加强施工期噪声监测，发现噪声污染，及时采取有效的噪声污染防治措施，具体监测方案参见噪声监控计划。

在隧道施工时，编制爆破振动评价报告，做好爆破施工作业方案，做好爆破防护和防震工作，禁止夜间开山放炮。结合隧道爆破振动安全评价，做好隧道口近距离保护目标的爆破噪声防治各项措施。在满足工程爆破需要的情况下,尽量减少单段炸药使用量,采用小孔多孔爆破,以减少爆破振动对附近村庄房屋的影响。同时,在施工中尽量采用定向爆破、微差起爆、选择合理的爆破器材、合理安排起爆次序和选择间隔时间等技术措施。

为了尽量减少隧道爆破对居民的影响,爆破只在白天进行,晚上停止。此外,在装药控制上,采用少装药、大延时、松动为主,以预防爆破飞石、过大的震动等有害现象的出现,同时在每次放炮之前,留下充分的时间通知居民,使他们有充分的心理准备,并采取他们认为比较安全的措施。

(2)营运期声环境影响减缓措施

环发〔2010〕7 号《地面交通噪声污染防治技术政策》规定了从合理规划布局、噪声源控制、传声途径噪声削减、敏感建筑物噪声防护、加强交通噪声管理五个方面对交通噪声污染分别进行防治。

①合理规划布局。

城市规划管理部门根据《中华人民共和国环境噪声污染防治法》中第二章、第十二条规定和《中华人民共和国环境噪声污染防治法》第三十七条规定,对公路两侧用地进行合理规划和布局,根据建筑物的使用功能和相应的环境质量标准,合理确定学校、医院、住宅的建设地点。根据噪声预测结果,在空旷条件下,杨村桥枢纽—梅城互通段距离路肩 230m、梅城互通—大洋互通段距离道路路肩 250m、大洋互通—大丘田互通段距离道路路肩 250m、大丘田互通—马润互通段距离道路路肩 210m、马润互通—二仙桥东枢纽段距离道路路肩 210m 内临路第一排建筑不宜安排特殊敏感建筑物(学校、医院、幼儿园、敬老院等)的规划建设,该区域建议用于工业、商业等对噪声不敏感的建筑。同时对建设普通噪声敏感建筑,建议建筑物平行公路布置,并采取通风隔声窗等降噪措施,保证有一个良好的声环境。面向公路第一排建筑平行公路布置,建筑功能以街市、购物中心、市场、商店等为主,建筑物高度一般高于后面建筑,以阻挡噪声,为住宅等提供有效的噪声缓冲区,提供一个较宁静的环境。同时单体建筑尽量将楼梯、电梯、浴室、厨房等置于面向马路一侧,在窗户外设计阳台,利用封闭阳台的隔声作用和窗户的隔声设计,降低噪声的影响。

②传声途径噪声削减。

传声途径噪声削减主要考虑采用声屏障。

a. 设置位置。噪声超标村庄分布较集中的,采用设置隔声屏障的降噪措施,主要包括沈家、潘家山(凤凰山)、岩前、乌金贩、庙山、唐家、高贩头、余家、塘坞、塘坞庵、胡店、徐店、麻车里、下竹寺、上下坦、青塘坞、洋坞垄、柏树脚、老鼠坟、大丘田、大地里、黄坞口、麻栗园、上张、羊干头、下蒋坞、毛头山、井头、上盘山、菩提源、半源、午塘头和五石堰,共 34 个敏感点处建议设置隔声屏障,共 10050 延米。

b. 降噪效果。根据声屏障的降噪原理以及以往工程经验,对于距离较近且分布较集中的敏感点,其降噪效果较明显。

c. 声屏障结构设计。本路段声屏障采用吸声与反射组合型屏障,声屏障上端为弧形吸声段,下部为直立式吸声段和砖墙(或钢筋混凝土防撞墙),中间为透明反射夹胶玻璃。声屏障的支撑体系采用 HW 型钢立柱,标准立柱间距为 2.0m。桥梁段声屏障立柱采用注胶型自攻锚栓固定于桥梁钢筋混凝土护栏上；路堤段声屏障立柱采用浅基础，声屏障立柱和浅基础间采用预埋锚栓连接。

d. 材料选用。声屏障立柱采用 HW125 × 125 × 6.5 × 9 热轧 H 型钢；弹簧钢卡子：采用厚 1.6mm、宽 5mm 的弹簧钢；声屏障屏体吸、隔声材料：吸声段内的填方材料采用离心玻璃棉，离心玻璃棉含量不小于 48g/m^3，杂质含量不大于 3%，要求防潮不吸水，外包 0.15mm 厚无碱憎水玻璃。中部夹胶玻璃为白色、透明，厚 10mm。吸声段面板采用 0.8mm 厚镀锌钢板喷塑，板面开百叶孔，开孔率不小于 25%；色彩尽可能与周围环境相协调，声屏障的主色调采用浅灰色；桥梁伸缩缝两侧声屏障立柱需要加宽 H 型钢翼缘宽度，H 型钢立柱特殊处理，翼缘宽度由 125mm 调整为 250mm；声屏障屏体宽度由标准的 1960mm 调整为 1840mm，并设置防脱落装置。

e. 声屏障施工说明。声屏障施工安装顺序可为：放样—制作—桥梁段防撞护栏钻孔、埋设注胶自攻型锚栓（路堤段制作基础、预埋螺栓）—立柱—屏体安装；声屏障屏体构件在工厂制作完成，外表面光洁平整，无脱模、伤痕、气泡及色泽不均等缺陷；桥梁段注胶型自攻锚栓钻孔尽量减轻对桥梁防撞护栏的影响；声屏障立柱屏体安装时，需将立柱临时就位，调整好立桩的位置、高度以及立柱之间的距离，再安装屏体；安装完成后的声障整体线形与公路线形保持一致，无明显的扭曲变形，保证安装的整体效果；本设计声屏障分桥梁段声屏障和路堤段声屏障，桥梁段声屏障设置在钢筋混凝土防撞护栏上，路堤段声屏障设置在波形防撞护栏外侧。

③敏感建筑物噪声防护：对于与高速公路距离远、房屋分布较分散、户数较少的敏感点，拟采用安装通风隔声窗的降噪措施。同时，对营运中期采取安装隔声屏障后仍无法全部达标，所以部分住户仍需安装通风隔声窗。预留营运远期超标敏感点的通风隔声窗措施。在尽量降低敏感点室外噪声级的同时，保证敏感点有一个良好的室内声环境。

④交通噪声管理措施：高速公路养护管理部门经常维持路面的平整度，降低道路交通噪声；重点关注各桥梁两端的平整度，避免因路况不佳造成车辆颠簸而引起交通噪声的增大；通过加强公路交通管理，如在重要敏感点（居民集中路段等噪声敏感区域）附近路段两端设置限速、禁鸣标志等，可以有效控制交通噪声的污染；加强运营期沿线敏感点的噪声监测，根据实际监测结果及时调整和完善噪声防治措施；工程运营后，加强沿线敏感点的噪声跟踪监测，根据实际影响结果及时调整和完善噪声防治措施，同时预留足够的环保资金，后期结合声屏障、隔声窗等有效措施减轻沿线居民受到的环境影响。

4）环境空气质量保护措施

（1）施工期环境空气质量保护措施

施工现场、料场及主要施工便道适时洒水降尘，防止尘土污染环境。

灰土拌和站等临时施工场地不得选在环境敏感点上风向，且与敏感点距离在 200m 以上。

工程沥青拌和站禁止设置在环境空气一类区范围内、饮用水水源保护区范围内和风景名胜区保护范围内；其他能设置的位置距离周围的敏感点大于 300m。

开挖、钻孔和拆迁过程中，洒水使作业面保持一定的湿度。对施工场地内松散、干涸的表土,需洒水防治粉尘飞扬;回填土方时,在表层土质干燥时适当洒水,防止粉尘飞扬。

加强回填土方堆放场的管理,要制定土方表面压实、定期喷水、覆盖等措施;不需要的泥土,建筑材料弃渣及时运走,不宜长时间堆积。

施工期间运土货车及建筑材料运输车按规定加盖苫布、篷盖或其他防止洒落措施,装载不宜过满,保证运输过程中不散落;并规划好运输车辆的运行路线与时间,尽量避免在交通集中区和村庄等敏感区行驶;对运输过程中撒落在路面上的泥土要及时清扫,以减少扬尘。

隧道开挖、钻孔采用湿法施工,对隧道口施工扬尘采取洒水降尘措施,重点是位于风景名胜区内或附近的隧道。同时为施工人员配备相应的防尘劳保用品,如口罩等。

隧道爆破扬尘降尘措施:均匀爆破,控制单耗、单孔药量和一次起爆药量,提高炸药能量利用率,减少隧道爆破起尘量;根据岩性选择合适的炸药,尽量与岩石的波阻抗匹配;采用毫米微差爆破技术;爆前喷雾洒水,即在距工作面 15 ~ 20m 处安装降尘喷雾器,在爆破前打开喷雾装置,爆破后 30min 关闭。

对工程经过富春江—新安江—千岛湖风景名胜区和双龙国家级风景名胜区的路段,做好重点洒水降尘等措施,减少工程临时设施施工扬尘对风景名胜区和附近居民区的影响。

对工程临时堆土场、临时施工场地、施工便道等临时设施做好重点洒水降尘等措施,以减少扬尘的影响。

(2)营运期环境空气质量保护措施

根据《挥发性有机物污染防治技术政策》(2013 年第 31 号)中的相关要求,在油类(燃油、溶剂)的储存、运输及销售过程中的 VOCs 的污染防治技术措施如下:

①储油库、加油站和油罐车宜配备相应的油气收集系统,储油库、加油站宜配备相应的油气回收系统,本项目设置了二级油气回收装置,符合相关要求。

②油类(燃油、溶剂等)储罐宜采用高效密封的内(外)浮顶罐,当采用固定顶罐时,通过密闭排气系统将含 VOCs 气体输送至回收设备;本项目采用地下储罐,采用油气回收装置回收卸车产生的油气。

③油类(燃油、溶剂等)运载工具(汽车油罐车、铁路油槽车、油轮等)在装载过程中排放的 VOCs 密闭收集输送至回收设备,也可返回储罐或送入气体管网。

项目采用密闭卸油系统,卸料时采用油气回收将油罐内的油气导入罐车内返回油库进行回收,符合要求。加油站将标准中的相关要求加入加油站日常操作规范中,加强操作人员的业务水平,减少污染物的排放,保护环境。

第6章

服务提质建设

《关于实施绿色公路建设的指导意见》明确了绿色公路的发展思路和建设目标,提出了五大建设任务,决定开展五个专项行动,推动公路建设发展转型升级。以资源节约、生态环保、节能高效、服务提升为主要特征的绿色公路,实现公路建设健康可持续发展。逐步提升高速公路的服务价值,形成交旅融合高质量发展的新型绿色公路,结合社会发展和消费升级,充分利用公路养护工区、场站等用地,科学设置服务区、停车场,探索增设观景台、汽车露营地、旅游服务站等特色设施,为公众个性化出行提供便利。

党的十九大提出建设交通强国的宏伟目标。时任浙江省书记车俊、省长袁家军明确要求"全力打造交通强国建设示范区""更高质量发展先行区""人民满意交通样板区"。时任浙江省副省长高兴夫在最近访谈中指出:早在2014年,浙江省就提出"修一条路、造一片景、富一方百姓",在全国率先建设美丽公路。

美丽就是着眼浙江地理环境,把全省作为一个大景区谋划,把一条路、一条航道作为一个景点来设计,通过打造美丽走廊,串联起浙江的"山海林田湖、城镇乡村景",连接美丽乡村、沟通美丽景区、带动美丽产业、构建美好生活。景区化高速公路就是美丽公路的实施成果,通过构建景区化高速公路,联通美丽浙江。

6.1 临金景区化高速公路建设

6.1.1 临金高速公路景区资源分析

临金高速公路沿线自然景观条件良好,生态环境敏感,历史底蕴深厚,拥有独特的民风民俗。周边分布有众多的风景名胜区、景点、特色乡村等。

根据调查,沿线景观资源有:

(1)公路沿线辐射5A级景区3个:西湖名胜风景区、西溪国家湿地公园、千岛湖风景区。

(2)4A级景区16(辐射18处)个:临安景区6个:天目山、浙西大峡谷、柳溪江、大明山、东天目、太湖源;桐庐景区6个:瑶琳仙境、垂云通天河、严子陵钓台、浪石金滩、江南古村落、天子地(创建名单1处:醉美县城);建德景区4个:大慈岩、七里扬帆、灵栖洞、航空小镇;特色小镇9个:省级2个,市级7个。

(3)省级湿地公园2个:桐庐瑶琳萝卜洲、桐庐分水南堡。

据调查,区域通景道路交通状况总体良好,基本包括高速公路、国省道与地方道路等二级以上公路通达景区。在设计或在建的公路均建成通车的情况下,高速公路互通出口至各景区的正常通行时间不超过一个半小时,从通达性而言,建设景区化高速公路需要进行路容、路貌美化和景观提升。如图6-1所示。

6.1.2 景区化提升原则

景区化高速公路与环境相适应,与沿线风土、人文、历史和时空相适应,与时代感相适应，与运行车辆中人的动态感知和静态中人的观察相适应，是由高速公路建设而形成的，在考虑道路使用功能、路域形态和自然生态环境等要求基础上，结合社会、文化、地域、民俗等含义而形成的和谐、开放、共享的绿色创新系统，是交通行业“美丽公路”“品质工程”建设的再提升。景区化高速公路应具备“通景”“融景”“造景”等特点，并达到“车在路上行，人在景中游”的目的。景区化高速公路建设应秉持“崇尚自然、因地制宜、交旅融合”的设计原则。

a)千岛湖

b)大峡谷

c)葫芦飞瀑

d)瑶琳仙境

e)七里扬帆

图6-1 项目景区

(1)通景

“通景”是指干线公路尽量接近景区以及高速公路设置互通、连接线通往景区，为景区服务，是交通运输与旅游融合发展的体现。结合景区化、休闲旅游的概念，加强连接重要景区的高速公路服务区的景观营造；做好自驾车、房车营地与交通干线公路之间联通道路建设，达到服务区与景区之间的互通互利。

（2）融景

“融景” 指在公路沿线自然生态环境基础上，通过借、遮、引等手法使得公路布设与周边环境相协调，依山傍水，顺势而为，突出山体、水体、林地、田园等多种类型组合的自然风光，结合区域历史、文化等元素，使其与沿线自然风光、城镇布局、产业发展、文化特色有机融合，为驾乘者创造“畅安舒美绿”的怡人体验。

乐平路段受地形、水利、村镇影响大，经多方案比选，远离分水江水源保护区，保留分水江两岸大片可开发的地块，既为当地的发展留出了空间，又与当地伍子胥后人聚集地的特色旅游自然融为一体，未来可以远眺五星级临江宾馆，其选线方案如图 6-2 所示。

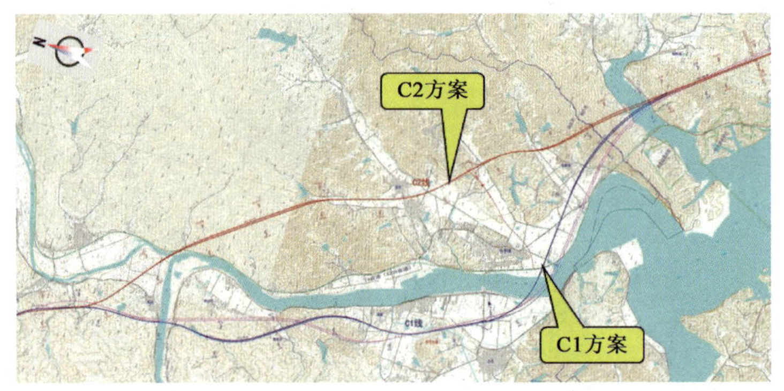

图 6-2　项目地质选线方案

（3）造景

“造景” 应利用文化的引导，研究沿线构造物、服务区、互通区等创造富含地域文化的景观环境，通过适当的景观处理，达到景观融合、提升的效果，为驾乘人员提供了解沿线历史和审美体验的、具有导向意义的文化信息。通过不同特定区域文化的景观提炼与美学设计来达到景观提升，如图 6-3 所示。

（4）植被保护

用地范围内的原生植被尽量就地保护；景观效果佳的成片树林或古树古木，在不影响通行安全前提下，应采用绕避或包容性的路基断面形式进行保护，如图 6-4 所示。

（5）路侧生态绿化

“佳则收之、俗则避之”。采用“封景、障景”等景观设计手法有效遮挡路外不良景观，采用“漏景、透景、诱景”等景观设计手法充分吸纳路外优美风景，营造安全舒美的线性道路景观。

对于桥头两端 5 ~ 10m 防护，以往均采用浆砌片石防护防冲刷，但生态美观性不足，本次引入兼顾防冲刷与绿化的六角空心砖植草防护形式，以减少公路“白化”面积，体现自然生态，如图 6-5 所示。

◆中国传统造景手法：借景、对景、框景、漏景、障景、夹景等。

借景　对景　框景　漏景　障景　夹景

◆传统造景手法在高速景观中的应用：

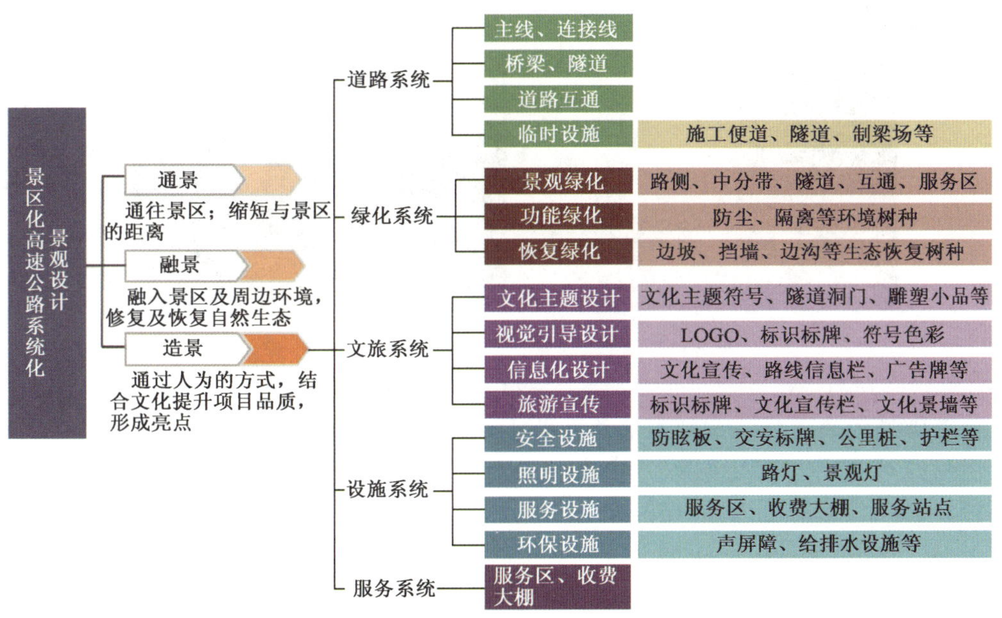

图 6-3　造景系统框架图

图 6-4　植被保护

图 6-5　路侧生态绿化

(6)植物选择与搭配

选择能够适应高速公路苛刻生长条件的本土植物种类或驯化植物种类;植物搭配应最大程度呼应路域的原生植物群落,并考虑植物群落的空间层次、季相变化、观赏效果以及节点前后路段的点缀式栽植,如图 6-6 所示。

6.1.3　景区化营造技术

1) 互通立交

互通立交选址,在满足规范要求基础上,同时考虑结构物与场地的协调、场地植被保护和生态修复的可行措施等,为营造优质的互通区通行环境奠定基础,如图6-7所示。注重立交匝道及连接线的平纵组合,纵面设计按现状地形起伏灵活确定,并与平面线形相协调,确保线形设计的流畅性,并兼顾土石方填挖平衡;在匝道的出入口路段,具备相对较高的平纵面线形、良好的通视条件和完善的指示标识系统;互通立交区域的视距保证连续性,进行与车速变化、选择需求等驾驶行为相符的诱导和提醒设计,并应避免对标志牌等信息设施产生遮挡。匝道出入口、互通立交的出口均采用规范一般值及以上的指标,为行车提供更长的识别视距。同时,在合流处提供不小于60m的通视三角区,满足安全合流的需要。通过设置服务区专用通道、利用外部的桥下空间设置专用停车场,采用人车分离,局部接驳,与景点无缝衔接,延伸服务区的服务功能。

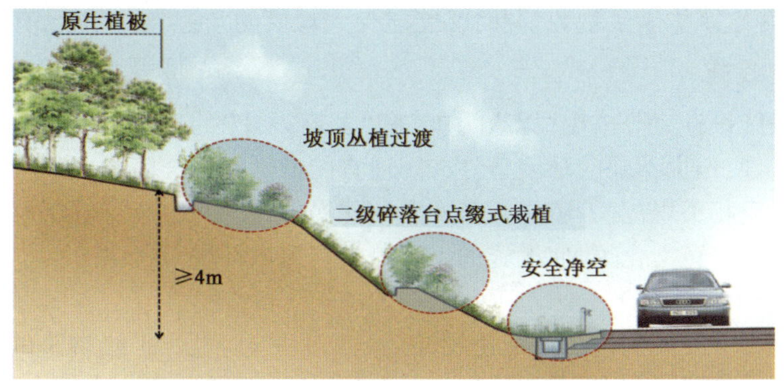

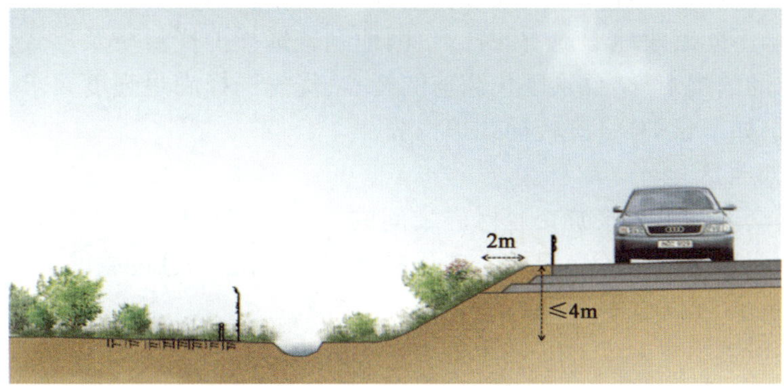

图6-6 植被选择搭配

图6-7 互通立交区的湿地景观设计

(1)横路互通兼主线收费站的布设时充分考虑省道、虞溪改溪和地形等限制因素。由于西侧陡峭山体较高，为了避免山体的大开挖，秉承“不破坏就是最大的保护”的设计理念，主线线位综合考虑纵面高程因素，合理布设收费站的位置，改溪不需做较高的挡墙，同时西侧的山体基本不开挖。

(2)於潜北互通兼服务区，由于自身场地起伏较大，又狭小。为了合理布设服务区，在满足基本功能的前提下，服务区规模有原常规的6万m^2，考虑建成上盖物业后的4.4万m^2，有效地减少了挖方70万m^2，大大减少了对原有植被的破坏。

(3)安仁枢纽为了减少对现有杭新景高速的已有边坡(杭新景高速抗滑桩和预应力锚索防护的高路堑边坡)的开挖，局部缩减右侧路肩宽度，充分利用规范的条文说明，采用减少横坡差的措施，使之既能满足规范，同时又能避免大规模的开挖，减少对已有环境的破坏。

2)交通安全设施

交通安全设施设计充分体现“以人为本”和“宽容设计”的理念，在保障安全的前提下重点考虑视觉舒适性，根据不同的环境条件选择适宜的护栏和声屏障形式，使其与自然环境和谐融洽。在不违反相关规范、不影响行车安全的前提下，交通安全设施的外观设计应融合路域自然景观及地域特色文化等，使设施的工程美学与地域环境有机融合。

(1)护栏景区化

护栏以安全为首要原则进行精细化设计。注重护栏过渡段、护栏端头的细节处理，进行圆弧化、埋入式、外展式、复合吸能式处理，减轻对事故车辆的危害。应结合具体的道路情况和景观特征，结合不同路段地形地物的特点，因地制宜选择护栏材质及形式。护栏设计在满足相关规范要求的前提下，结合景区化高速的特点，优先选择满足强度要求、轻型通透、融合度高的护栏形式，如缆索护栏、旋转桶式护栏等。

(2)交通标志景区化

协调好道路交通标志与旅游交通标志之间的平衡。实现沿线4A级及以上景区/景点、省级以上旅游度假区通过旅游交通标志进行提示；在不引起信息过载的前提下，重要的特色小镇、历史文化名镇、富美乡村等也可进行提示。

交通标志的设置尽量减少对路域优美风景的遮挡，弱化交通标志结构视觉效果；尽可能采用路侧交通标志，保证公路主线上的视觉通透性，减少压迫感。

交通标志的设置注重信息的连续性和提醒频次的适宜性，避免交通标志过于集中、信息过载或不足，适应路网及路段要求。

(3)特殊路段交通引导景区化

山区的多雨多雾道路，可根据不同的能见度与车流情况，采用不同的发光亮度、颜色、闪频等组合来实施有针对性的诱导策略，强化道路轮廓、诱导行车主动、警示防止追尾，进一步提升道路的行车舒适度和体验感。

项目沿线存在饮用水水源保护区等环境敏感路段宜设置不低于SB级(三波国标)防护能力的路侧护栏进行安全防护，车道边缘线宜采用纵向振动标线，材料宜选用环保、耐磨的大角度反光雨夜标线，提升全天候安全保障水平。

在长大下坡和设有爬坡车道的路段、小半径曲线变宽路段，特长隧道、高墩桥梁，应通过设置彩色标线、振动标线、自发光诱导、旋转护栏等并配合交通标志进行安全提醒。

工程区目前未发现国家一级和二级保护的野生动物，沿线人类活动较为频繁，经现场踏勘，动物主要是畜禽类，例如猪、羊、牛、兔、鸡等，以及鼠、蛙等小型野生动物。隔离栅设计摒弃原有刺铁丝、焊接网等隔离设施，采用生物隔离的技术，运用对当地环境条件适应的刺篱植物栽种成一定宽度的篱笆状，与周围环境浑然一体，起到封闭、隔离、固土护坡、水土保持的功能，有效降低噪声，同时也节省了常规隔离栅更换、维护的费用。

(4)声屏障景区化

景区化高速公路的声屏障形式根据周围自然环境及历史人文特色进行创意设计，并与景观绿化相结合，可适当借鉴国外运用效果较好的声屏障形式；因地制宜地选择声屏障形式。借景式路段，采用透明的轻型玻璃钢形式；造景式路段，采用不透明的声屏障，并可进行适当的外观创意设计；路侧空间足够路段设置隔声土墩和植被的立体化覆盖；声屏障材料在具备隔声、吸声、高强、低眩等基本性能基础上，满足环保要求，确保景观效果，如图6-8所示。

a)地域特色型声屏障

b)板型结构生态型声屏障

c)通透式生态型声屏障

d)砌体结构生态型声屏障

图6-8 声屏障景区化

3)服务设施

本项目坚持可持续发展理念，高度重视服务设施建设与环境、社会各方面、各要素的关系，提高资源和能源利用率，充分发挥服务设施为公众出行服务的“窗口”作用；优先为高速公路使用者提供优质服务，进一步拓展服务功能，完善服务内容，提高服务水平，满足不同驾乘人员的多样化、个性化、高品质服务需求；在不影响安全的前提下，灵活增设景区化高速公路服务设施，例如针对海上跨海大桥等里程较长的高速公路项目，若路线经过景观品质较高、视野较为开阔、规模体量适宜的岛礁，在确保行车安全的前提下，可结合岛礁因地制宜地设置观景休憩平台。

（1）充足拓展服务区的旅游服务功能，功能设置应多元化，因地制宜，灵活设置休憩观景、仓储物流、地域特色文化展示、特色产品售卖等功能空间。

（2）视情况内嵌设置或与地方联合设置自驾车房车营地，优化完善服务区硬件配套设施，提升服务能力和服务水平，如图 6-9 所示。

a)房车营地、露营地

b)室外休闲空间

图 6-9　服务设施

（3）在临近农副土特产品集中产地的服务区可提供相关物流仓储服务，合理选择物流仓储布置位置，减少其对服务区其他功能区的影响，并充分考虑其对环境的影响，采用符合环境保护和生态保护要求的材料和设备。

（4）服务区建筑形式结合当地地域文化，在粉墙黛瓦的地方建筑中提取建筑语言进行服务区建筑形象设计，使得整个沿线设施建筑融汇于地方建筑文化中。以廊桥或徽派建筑为原型，打造集休憩、休闲、旅游、餐饮、购物、展示等功能为一体的高速上跨高品质服务区，如图 6-10 所示。

4）绿色景观

本项目作为景区化高速公路，在景观定位上应具有景观可行性、前瞻性、标杆性。本次设计拟在保证交通安全的前提下，将高速公路的生态绿化和人文艺术结合起来，为道路沿线的人文、自然景点提供展示平台，打造高速公路的自然艺术博物馆。

（1）主线两侧绿化

主线两侧针对碎落台、护坡道、填挖交界处、隔离栅内侧等区域，绿化遵循“佳则收之、俗则避之”的原则，从而营造安全舒美的道路景观。在进入服务区、互通枢纽、收费站等重要节点的前后路段，适当提升绿化景观档次，丰富植物景观层次与色彩，如图 6-11 所示。

a)

b)

图 6-10 服务设施景区化

图 6-11 路基两侧绿化景观丰富

(2)隧道洞外渐变段绿化

渐变段绿化首先应确保排水顺畅,为保证景观视觉效果,根据项目所在区域典型的自然植被群落类型以及防眩要求,采用乔灌草搭配种植,合理确定常绿树和落叶树比例,以营造满足防眩、层次丰富、视效优美、群落稳定、便于管养的植物群落景观(图 6-12)。

(3)互通枢纽绿化

本项目的互通区景观绿化拟根据各互通区所在区域的自然环境、地形地貌、风土人情的特点，通过“地形塑造 + 植被栽植 + 文脉展示”等手法加以展现（图 6-13）。

a)

b)

图 6-12　隧道洞外渐变段绿化

a)

b)

图 6-13　互通枢纽绿化

（4）服务区、停车区绿化

服务区、停车区绿化拟通过合理保留自然地形或利用弃渣弃土，人工堆叠微地形给植物栽植提供较好的骨架，选用乔灌草复合式栽植营造层次丰富、疏密有致、视效优美的立体式植物群落景观。

6.2　杭绍开放式服务区建设

开放式服务区建设应以交旅融合发展为目标，促进地方经济的发展。高速公路服务区作为高速公路产业的发展而产生配套服务设施，对高速公路的快速发展和里程规划的增加具有重要意义。为适应高速公路沿线社会、经济和旅游业等的发展需要，提高土地资源综合利用，充分发挥高速公路服务设施效能，开放式服务区经营的概念是针对现有高速公路服务区封闭经营而提出的，即服务区的服务对象包括来自城乡与高速公路两个层面的消费者。其特点是：变以往服务区的单一服务对象为城乡与高速公路两方面的消费者，提供餐饮、购物、酒店住宿、仓储物流、旅游人文、招投标及会议中心、休闲娱乐广场等各项服务。服务区开放式经营，一方面加强了高速公路与城乡之间的直接联系，与沿线现有路网格局及规划的结合更加紧密，为地方经济发展提供良好的服务，符合公路建设服务于社会的原则；另一方面也拓展了高速公路的经营范围，增加了服务区的营业收入，有利于缩短公路建设的投资回收期，还可以利用开发服务区促进交旅融合发展。

6.2.1 开放式服务区的特点

关于高速公路开放式服务区的概念，何刚、高建平、苏丽梅在《基于SWOT法的高速公路开放式服务区运营风险评价研究》从服务对象、内容、作用三个方面给高速公路开放式服务区下了定义：高速公路开放式服务区是满足服务区基本服务功能基础上，根据服务区的功能定位要求，进一步拓展其服务内容，不仅服务于高速公路用户，且服务于当地群众的高速公路附属设施，可实现满足高速公路用户需求，带动地方经济发展，增加高速公路服务区经营者收益的三赢格局。高速公路开放式服务区由于其突出的交通区位优势以及对外开放的特点，为周边区域提供高速公路出入口或客货换乘与转运条件，并与社会共享服务区内部公共基础设施，形成道口效应，对于周边区域具有交通集聚辐射作用，并改善影响区域的投资环境，提高其土地利用效率，使服务区本身逐步融入周边区域的社会经济发展之中。同时，对服务区而言，通过对外开放，有利于改善和弥补其服务功能单一、经济效益不高所带来的服务能力和服务水平不足的问题。因此，通过开放式服务区建设，既能提供多样化的服务以满足驾乘人员更高层次的需求，又能兼顾周边区域社会经济发展的交通带动作用，实现影响区交通与经济系统协调发展的状态，即通过高速公路开放式服务区促进其影响区交通与社会经济两大系统在要素配置和发展方向上保持协调一致，配合得当，形成良性循环。以下分别从服务对象、功能组成、空间规划三个方面区分开放式服务区与传统服务区的特点。

1) 开放式服务区服务对象

可持续发展理念和绿色交通建设理念指导下，考虑周边环境作为高速公路开放式服务区服务对象，因此，高速公路开放式服务区的服务对象分别为：高速公路用户、地方居民与周边环境。而传统服务区服务对象主要针对高速公路用户，忽视了地方居民以及周边环境的需求。

2) 开放式服务区功能组成

(1) 功能特征

高速公路开放式服务区主要功能特征体现在以下几方面：

①高速公路开放式服务区满足基本功能要求，确保高速公路车辆高效、安全行驶。

②高速公路开放式服务区在需求向导下，拓展功能业态，成为经济增长点。

③高速公路开放式服务区是当地文化展示的窗口。

④高速公路开放式服务区构建绿色交通建设的一环，保护高速公路沿线生态健康发展。

(2)高速公路开放式服务区的空间规划

高速公路开放式服务区中,“开放”一词字面意义,多表示张开、释放、解除限制等含义,结合本书主题,相关的解释主要有以下两个层次:一是使关闭着的敞开,允许入内;二是思想开通、解放,解除限制。第一层次的含义,即开放式服务区就是单纯指使封闭式的服务区敞开,允许接待更多的使用者入内。实际上,高速公路服务区的开放不能片面地理解为“封闭”的对立面。而第二层次的含义,指的是打破传统服务区建设的固有思维,采用开放的设计理念指导高速公路服务区功能定位、分区、布局设计到运营的全过程。因此,高速公路开放式服务区的建设就是结合以上两个层次含义,在满足服务区基本服务功能的基础上,考虑当地周边经济发展、产业状况、环境等因素,合理预测需求量,以开放的理念对服务区进行规划以及商业业态的延伸,不断完善服务区的物质、精神环境,使得服务区在功能、布局、运营等方面都比传统封闭式服务区更为包容、灵活、人性化。

高速公路开放式服务区在空间规划上具有开放性,主要体现在服务区的出入口设置上,对地方居民开放使用,即高速公路服务区除了主线出入口外,还有其他出入口与地方连接,其他出入口供地方居民进入服务区和高速公路用户在服务区下道使用。

(3)开放式服务区与传统服务区的区别

发展路域经济就是要充分发挥道路对周边经济的辐射带动力,所以要加快向开放经营模式转型,把道路及其附属资源作为区域经济的一部分,形成区域经济发展新的板块。封闭经营模式的优点在于使得高速公路尽量免受周边居民的影响,提高安全性和通行效率,同时也减少了对周边居民的干扰与影响。但同时,封闭经营模式也割裂了与周边地区的联系,服务区仅为高速公路过往车辆及人员提供服务,不能形成规模效应,大多数处于亏损状态,同时也使得高速公路对周边经济的带动力大大减弱。与之不同的是,开放经营模式就是要采取“有限开放”形式,服务区设置尽量靠近居民区,并与周边经济融为一体,在服务区内设立商贸中心与便民车站,为周边居民购物、乘车提供方面,居民有一般消费需求、出行需求或货运需求可以在服务区解决,形成区域性消费中心。更重要的是要与周边城市经济融合,利用闲置土地积极承担有关产业的外迁,形成城市经济新的经济增长点。开放经营模式可以让周边地区丰富农副产品、特色产品等货物更好地运输到各地,促进城乡统筹、城乡一体的“高速路沿线经济带”的形成和发展。

综上所述,高速公路开放式服务区打破了传统服务区对所在地区的屏蔽效应和功能封闭性,充分发挥了高速公路服务区的枢纽和辐射作用,将服务区的建设和运营与当地社会发展融合,提升了服务质量和规模,改善了居民交通出行,促进了地方经济发展。

(4)开放式服务区的意义

①提供良好的景观空间环境,满足驾驶的需要高速公路服务区作为驾驶员唯一的休息场所,其安全作用毋庸置疑。因此通过建设人性化和极具地域特点的生态景观环境,从视觉和感官等多方面提升服务区的亲和力,构建“以人为本”的交通环境,大大提高驾乘人员的工作效率以及缓解车行疲劳,对于保证旅途安全和提升舒适感都具有积极的意义。

②提升高速公路生态、经济及社会效益服务区作为高速公路体系的一个对外展示平台,其自身的景观环境、服务区产业经济以及与当地文化相耦合的文化元素,成为展示和提升高

速公路生态、经济和社会效益的良好平台。环境优美的服务区不仅可以吸引更多的人停靠,给自身带来巨大的经济利益,同时也作为一个平台,带动周边经济的快速发展。

③促进特色旅游文化的宣传自驾游已经成为一种新的生活方式,自驾游客也成为高速公路的一大服务对象。在未来,一方面游客可以通过部分紧邻风景名胜的服务区直接通往景区,另一方面,人们可以在服务区了解到当地的风景、美食等旅游资源,很大程度上将促进和带动本地旅游产业的提升。

6.2.2 开放式服务区建设要求

随着社会经济的发展,高速公路服务区不仅为驾乘人员提供加油、检修、休息、如厕、就餐等基本需求,服务区已逐渐形成一种特殊的经济区域,其产业价值的重要性正日益受到重视,随着高速公路工作的重点逐渐由建设向经营管理转移,服务区越来越得到重视。

因此,在建设项目设计工作中,从设计理念、硬件设施、绿色节能、精细化、人性化功能等多方面进行考虑,结合富阳服务区独特的地理位置,建设多样化服务功能的服务区,达到社会效益和经济效益双赢,以满足新时代高速公路服务区发展的需求。交旅融合对开放式服务区建设提出了一系列新的要求。

1)硬件设施要求

根据《全国高速公路服务区服务质量等级评定办法》考核内容进行相应硬件设施建设。

针对上述考虑内容,服务区硬件设施改造内容如下:

(1)功能分区:综合服务楼区域、停车场区域、加油站区域、配套用房区域。

(2)车位分区:小车停车场、大客车停车场、货车停车场、拖挂车停车场、危险品停车场、牲畜运输车辆停车场等。

(3)车辆服务:加水点、充电桩、加气站预留。

(4)乘客服务:休闲锻炼设施、无障碍设施、第三卫生间、高端茶座、休闲长廊等。

(5)导向设计:两级车型导向系统+标线导向系统,室内功能导向系统。

(6)绿色建筑节能措施:建筑节能保温措施、太阳能热水系统、中水回收系统等。

(7)加减速车道改造,利于交通流线的组织,提高停车效率。

2)功能需求

根据高速公路服务区在建设中的需求不同,本项目功能可分为以下三类:

(1)车辆服务功能:包括停车、加油、维修等。

货车:尤其是大型货车需要的停车空间最大,时间最长,是停车区的关键。

客车:是人流一次释放最多的作业区域,其停车空间与货车基本相似,时间上作业最短。

小车:停车时间最短,单个停车空间最小,集体作业时间流数量最多。

危险品与超长特殊车辆:占地面积最大。行车空间要求最大。内部加油站供油车辆与内部联系通勤车辆是定时定点,数量少。其并称为辅助作业车辆,因此停车区场地建设一般应以主要停车场为依托。紧挨综合楼,形成服务依托。

(2)驾乘人员服务功能:包括如厕、餐饮、休息、购物等。

(3)拓展功能及其他:包括休闲娱乐、文化展示、信息化服务、特色服务等。

3) 开放式服务区线内用户的行为需求

高速公路线内用户主要由驾驶员和乘客构成。对驾驶员而言,行为需求主体有驾驶员自身行为需求和驾驶车辆的需求。

(1)驾驶车辆需求

主线上的车辆,在封闭的高速公路上行驶,相对隔离,因此对服务区有较强的依赖性。长途运输过程中,产生的需求主要有:

①加油:高速公路距离长,车辆进入高速公路后需要长时间行驶才能寻找下一个高速公路出口。要保证车辆在高速公路上长时间行驶,必须要有充足的燃油。因此高速公路服务区一般配备加油站,满足主线车辆加油需求。

②检修:高速公路上车速快,一旦车辆发生故障,将给高速公路带来严重的安全隐患。因此长时间在高速公路上行驶的车辆,有必要在服务区进行车辆的检修,避免发生不必要的安全事故。

③停车需求:在主线长时间行驶的车辆,运行状况会随行驶时间延长而下降,因此需要停车休息以恢复车辆的技术参数。另一方面,车辆上的驾乘人员长时间行驶会产生疲劳以及生理需求,需要停靠服务区休息。故服务区配备专门停车区,供主线车辆停靠休息。

(2)人的行为需求

高速公路上以人为主体的行为需求,包括驾驶员和乘客在经过长时间全封闭的高速公路行驶后,客观上的生理需求和主观上的心理需求。

①如厕:一般情况下,根据人正常生理代谢需求,平均2~3小时就要上厕所。高速公路上长时间行驶,途中驾乘人员会产生多次如厕需求。

②休息、住宿:高速公路上上时间行驶,会使驾乘人员产生疲劳,尤其是在相对封闭的车内空间,给驾乘人员的心理和生理带来严峻考验。因此,服务区休息,是驾乘人员缓解生理疲劳和精神紧张的重要途径。对于夜间行驶的驾乘人员,则需要通过住宿休息来恢复。此外,当开放式服务区打造成目的地后,前往服务区休闲娱乐的旅客对住宿的需求会增加,且要求更高。

③用餐、购物:旅客在长时间封闭的行车环境往往比陆地上更容易产生饥饿感,而车上条件有限,仅提供简单的水和食物,并不能满足用户的用餐需求。因此高速公路用户在服务区有用餐、购物的需求。

④休闲娱乐:由于驾乘人员长时间在封闭的高速公路上行驶,环境刺激单调,信息匮乏,往往对休闲娱乐方面产生需求。如健身房、图书影音、散步公园等。

⑤中转、换乘:当高速公路上的旅客目的地是服务区周边著名旅游景点或周边乡镇时,在服务区中转、换乘的需求会很大,尤其驾乘人员要花更多的时间选择高速公路出口下高速后再绕行至目的地。人们往往更希望通过便捷的方式到达目的地。

⑥其他需求:随着人们生活水平的提升,在物质需求已经满足的前提下,更多人追求精神文化生活。比如,人们到达一个区域后,会对陌生地域的区域文化产生浓厚兴趣。

4) 开放式服务区外用户的行为需求

位于山区的服务区,周边乡镇基础设施落后,地方周边居民往往有生活用品购物、出行等需求。位于城乡接合部的服务区周边居民往往也存在丰富的休闲娱乐、商业消费需求以及出行需求。

随着服务区布局的开放以及业态的开发,吸引周边的居民前来消费,地方车辆成为开放式服务区服务的新对象。对于地方车辆而言,最主要的需求为停车需求。随着生活水平的提高,每家每户私人小汽车的拥有量不断增加,正改变着人们的出行方式。在人们出行消费过程中,留住消费者的前提是解决停车难题。

5)开放式服务区景观设计

服务区作为高速公路上唯一的停留休息场所,其环境绿化应侧重于营造宁静、温馨的氛围,表现对驾乘人员的关怀,保证驾驶员的行车安全。服务区景观设计应做到服务功能、道路功能、环境艺术、行为艺术与建筑艺术相融合,色彩与形式要丰富多样,并应具有地方文化的标志性,以营造高速公路安全、舒适、健康的景观氛围。

(1)景观营造顺应地势,尽可能保留原有地形地貌

高速公路服务区所在地的地理、地貌、气候、气象或城市空间环境均有其独特性,服务区与特定的地形、地貌的配合成为景观设计考虑的重中之重。场地的地形地貌不仅是大自然纯粹艺术表达,也是景观设计重要的依托。服务区的景观营造要结合原有地形,原则上不大动土方,可以根据需求适当调整地形,尽量达到土方平衡。保留原有地形地貌不仅可以降低景观建设成本,最重要的是可以让过往驾乘人员在领略地区特有地形、地貌中得到满足,体现服务区地域性特色。

(2)以生态景观为出发点,景观设计与周边自然环境相融合

服务区景观的营造,要有效融合原有自然环境。一方面,要基于对场地原有自然环境的保留,保留对场地景观设计有积极影响的元素,例如长势良好的景观树木、水体等自然资源;另一方面,服务区景观环境有机地融合,形成一个生态平衡的景观空间环境。同时,在树种选择方面,植被生长都有其地域性差异。因此,除了适当保留原有树木外,应优先选择本地特色乡土树种,从而创造具有地域特征的服务区景观。

(3)结合景观疗法,构建安全景观环境

景观疗法简单的释义为通过各类景观元素所组成的环境作为刺激感官的工具,使人们最快地从紧张的状态中恢复过来。服务区是高速公路驾乘人员唯一的休闲场所,对车行安全起到举足轻重的作用。服务区景观设计通过丰富的色彩、芳香的气味、层级感的植物搭配等,从嗅觉、触觉、听觉、视觉等感官体验入手构建安全的景观环境,吸引更多的驾乘人员走进服务区感受自然之美,从而使驾驶员有效地缓解驾驶疲劳,保证行车安全。

(4)营造开放式、体验式、参与式景观

体验式景观可简单解释为通过景观元素,构建带有参与性、趣味性、体验性的景观环境,一句话总结就是人们常说的“以身体之,以心验之”。服务区内体验式景观,一方面是服务区内部增加参与性的景观元素,比如景观迷宫、阳光草坡滑草等参与性、趣味性项目;另一方面,随着服务区打破封闭、不断开放的趋势,服务区景观可以与周边资源相结合。

(5)与当地资源有效融合,成为地域性宣传窗口

高速公路服务区作为展示地方特色的舞台,不仅可以有效地带动服务区及周边经济的

快速发展,同时可以成为当地的地域性宣传窗口,带动地方的经济、旅游等全面发展和提升。

从景观的角度来谈,首先服务区内可以利用标示标牌、小品等景观元素,直观地展现服务区当地的特色旅游资源、人文底蕴、民俗文化等内容,让过往驾乘人员可以在服务区内感受到地域性特色文化。其次,服务区采取市场化运作,结合景观设计融入当地特色人文资源和自然资源,专门设置当地美食、特产的销售等一系列特色产品的市场化营销,不仅使服务区发展走上了良性发展的道路,而且市场化营销模式推动了特色产品的知名度,进而带动了地区经济发展。最后,部分毗邻风景名胜的服务区,充分利用开放式布局模式,把服务区打造成风景名胜区的"入口广场",过往自驾游及其他乘客可以直接从服务区进入景区,可促进当地旅游业的蓬勃发展。

6.2.3 开放式服务区规划设计

高速公路开放式服务区在实际规划设计过程中面临以下关键技术问题:

1)选址

传统服务区选址较为孤立,不考虑周边规划发展和资源利用,遵从服务区标准间距,布设服务区。高速公路开放式服务区选址更注重挖掘地区资源,如当地文化资源、旅游资源、产业资源(包括农业、工业)等,同时考虑服务区与地方交通联系的可能。

2)设计原则及构思

(1)服务区设置应充分利用当地有效资源,设计时可利用周边的水系,打造有趣味、有特点、有品质的景观环境,极大地促进周边社会经济发展。

(2)服务区设置应综合考虑路线走向、总体布局、地区经济发展及地形条件等因素。

(3)服务区设置应节约利用土地,高效发挥服务区的各项功能。

(4)服务区应考虑设在交通技术条件良好路段,严格按照相关规范设计。

(5)服务区设置应与当地城镇紧密联系,满足服务区养护、管理要求,降低工程投资。

(6)服务区应尽量与当地自然景观相结合,宣传当地旅游景观,作为城市宣传名片。

3)功能定位

传统服务区以停车、加油、如厕为主要功能,侧重标准化配套建设。开放式服务区则根据用户需求,开发利用周边丰富的产业资源,拓展功能,加强前期策划研究工作,确定服务区的主题和业态,通过与地方资源跨界合作,打造旅游、农业、文化、物流、商业等开放式主题服务区。

4)布局规划

我国传统服务区内部设施配套简单、规模小,布局常采用分离对称式。对于功能开放、业态丰富的开放式服务区而言,布局过程既要协调拓展功能体与基本功能的关系,又要解决服务区内部与周边的关系,在布局上简单的梯形分布方式已经不适用,一方面不仅规模上不能满足功能拓展要求,而且增加场平难度和成本,另一方面会给原来交通增加新的冲突点,带来安全隐患。因此,开放式服务区根据项目自身特点灵活选择布局方式,如分离式或集中式,或两种方式结合,用地形状不拘一格,不限于固定轮廓形状之中,因地制宜,要求根据服务区不同的主题定位,结合地形、周边环境条件等因素,灵活布局。

通常情况下,服务区基本配套功能区与拓展功能区既独立又紧密联系。对于服务区基本功能区仍然采取分离式布局方式,而拓展功能区作为一个整体结合地方资源分布布置在主线的其中一侧。这样的布局方式取两者的长处,并弱化两者布局方式的劣势。开放式服务区主要依靠拓展功能和业态吸引和留住游客,因此将拓展功能集中布置于一侧有利于服务区集中管理。而对于开放式服务区基本功能区,在调查分析中发现,用户停靠服务时间一般在30min内,人、车、货流动快,因此采取分离式布局,有利于交通规划,提高服务区运营效率。

(1)合理分区原则

传统服务区的功能设施相对简单,主要由停车区、加油区、综合楼三个功能区组成服务区基本配套。而开放式服务区功能组成比较综合,除了基本功能配套外,还涉及拓展功能区,因此在布局中应充分考虑不同功能区之间的联系,合理地对各个功能体进行分区。分区后更有利于布局实施,同时也有利于交通组织。

(2)人、车、货分流原则

服务区内交通组织是连接内部各功能设施的重要纽带。交通设计不仅要满足道路线形要求,也要满足人、车、货分流。避免三种流线交叉冲突,遇到服务区功能设施丰富时,可以考虑渠化、环岛等进行交通分流,从而实现人与车、车与车、货与车之间的分流。

(3)可持续原则

服务区内部设施布局要顺应自然环境、灵活布设。布局设计过程中,紧扣生态、节能、环保理念。

(4)美学原则

服务区内部设施布置除了符合功能需求外,还要求有美感,注重空间景观营造,通过布局显示自然美和人文美。

(5)以人为本

服务区内部设施布局首先要满足人的使用需求,符合人的出行活动规律。同时注重人性化设计,充分考虑母婴、老人、残疾人的特殊需求,此外,考虑人们现代化文明需求,如散步、遛狗等。

5)运营管理

我国高速公路服务区采取收费制,因此高速公路服务区开放后,在管理运营上存在诸多问题,其中最主要的是安全问题和收费问题。服务区的开放首先要确保服务区与高速公路的安全问题,考虑到开放后主线交通安全、服务区内交通安全,如禁止周边居民上高速公路叫卖兜售产品、拦截车辆。其次考虑回头曲线问题、收费问题、开放方式以及开放程度,通过开放性配套设施规划来解决管理运营上的难题。

6.2.4 开放式服务区案例

浙江省在杭州绕城高速公路西复线杭绍段建立首个开放式服务区,通过探寻高速公路开放式服务区规划设计策略与方法,结合绿色交通建设指导意见,可持续发展理念,试图以开放的理念打破传统高速公路服务区功能、布局上的限制，在满足基本功能前提下，通过合理规划打造功能多样、业态丰富、布局开放、服务品质高的高速公路服务区，实现高速公路服务区的双向交流、共享空间、互利共赢。

杭州绕城高速公路西复线富阳服务区位于春建乡大唐村，是富阳区境内首个高速公路服务区，也是全省首创的开放式服务区。与传统的服务区不同的是，富阳服务区在设计上预留了人行进出通道，建成后的服务区可作为周边居民区的一个综合商场，同时也将成为兼具生活化、人文化、品质化的交通商业综合体，成为富阳“展示地方特色的窗口、实施乡村振兴的入口”，为全省提供可借鉴的“富阳样本”。

1) 服务区地理位置

杭州绕城高速西复线富阳服务区总建筑面积约 6777m^2，分为东、西服务区，如图 6-14 所示。服务区场地为东西两个半岛，内部地势起伏，高差较大，植被茂盛；外部南临乌龟垄水库，北区具有旅游的作用。服务区场地为南北两个半岛，内部地势起伏，高差较大，植被茂盛；外部南临乌龟垄水库，北接云居山，景观资源极佳。服务区可作为周边 6 个乡镇街道 30 个行政村居民区的一个综合商场，具备日常零售、特色餐饮、居家用品销售等功能。

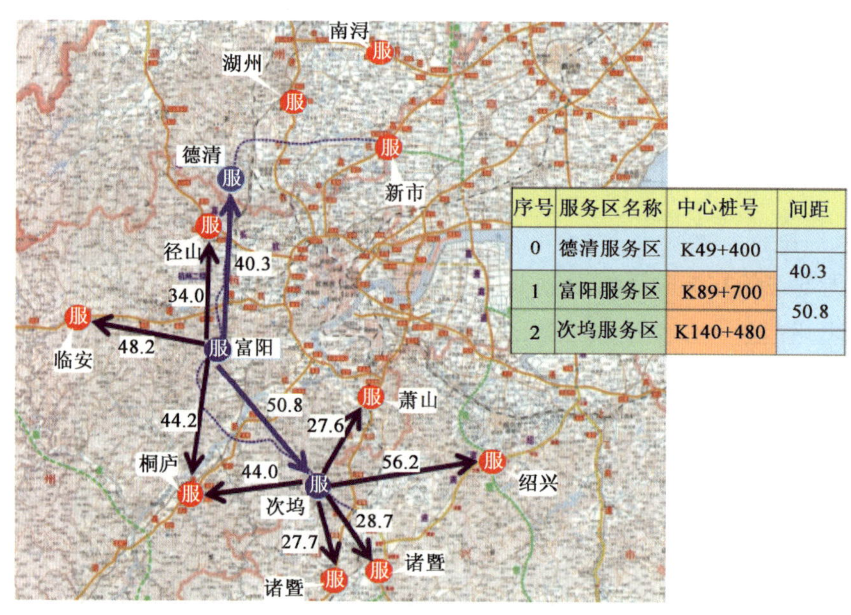

序号	服务区名称	中心桩号	间距
0	德清服务区	K49+400	
1	富阳服务区	K89+700	40.3
2	次坞服务区	K140+480	50.8

图 6-14 杭州绕城高速公路西复线富阳服务区所处地理位置

2) 富阳服务区设计方案

(1) 开放式服务区设计方案

将富阳服务区设计为开放式服务区，对服务区进行重新选址。结合服务区功能需求、场区交通组织、周围道路和地形条件等因素，富阳开放式服务区布设两种设计方案进行比选。

方案一：选择位置与高桥互通合建(K89 + 700)，对称布置，挖方较大，最高挖方 75m，如图 6-15 所示。

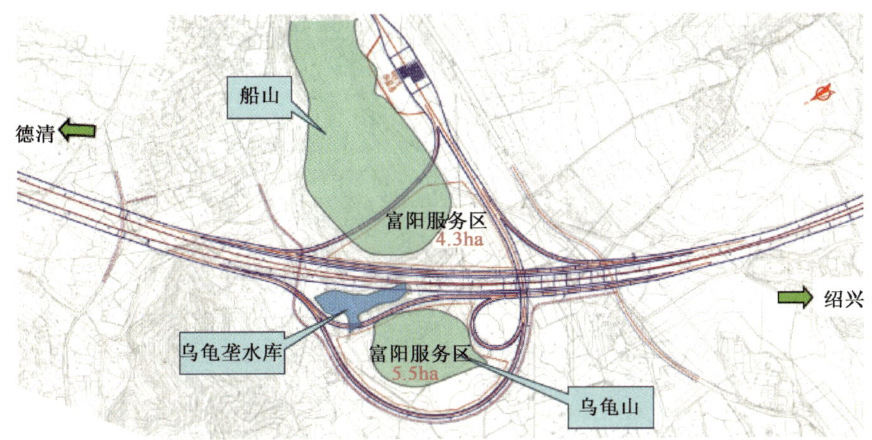

图 6-15 方案一平面图

方案二：服务区设置于 K100 + 050 处，与互通分建，服务区布置在山坡地形，场地对称布置。路线避开孙氏家庙。距离后方的富春互通最小净距为 984m，满足立交细则(900m)要求，如图 6-16 所示。

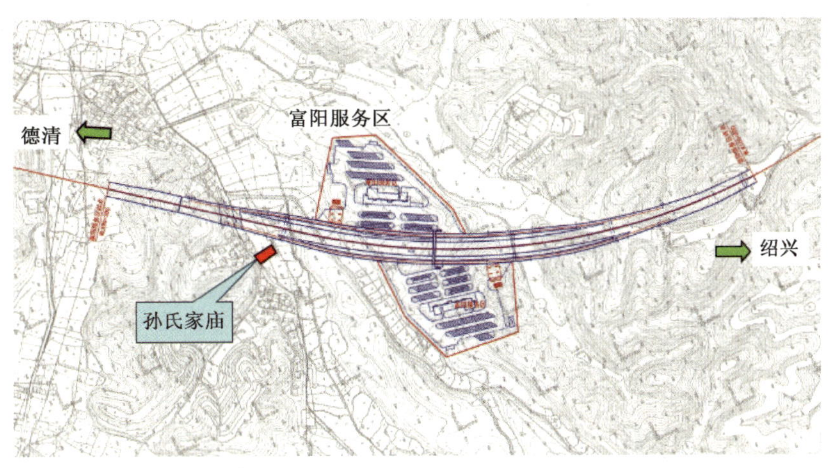

图 6-16 方案二平面图

(2)开放式服务区方案比选

根据上述拟定的两个开放式服务区设计方案，对两个方案的技术指标、工程规模进行详细比较，具体见表 6-1。

技术指标及工程规模比较表 表 6-1

主 要 项 目		方案一(合建)		方案二(分建)	
服务区设置方式	单位	服务区与高桥互通合建	后面对应主线	高桥互通	服务区单独设置
桩号范围	m	K88 + 600 ~ K90 + 800	K99 + 300 ~ K100 + 800	K88 + 600 ~ K90 + 800	K99 + 300 ~ K100 + 800

续上表

主要项目		方案一(合建)		方案二(分建)	
主线长度	m	2200	1500	2200	1500
匝道长度	m	5684	0	2351.67	2106
占地面积	公顷	46.4	10.589	29.3	23.41
拆迁面积	m^2	15254	5470	10679	6843
路基填方	m^3	2462380	244760	1196311	468167
路基挖方	m^3	3112174	331658	116082	845710
圬工体积	m^3	23705	4590	26879	2348
植草防护面积	m^2	210843	31487	88296	41570
边沟长度	m	16883	2904	8440	4998
路面面积	m^2	113060	48642	85780	60867
桥梁面积 T梁	m^2	28199	1560	17240	2125
建安费	万元	37095	5161	20671	8560
总造价	万元	87438	8840	49234	15643
建安费合计	万元	42256	29231		
总造价合计	万元	96278	64877		
推荐方案				推荐	

通过比选,方案二避免了高桥互通的高挖方边坡,工程总造价较省。同时,方案二服务区内部交通组织良好,利于运营后的交通管理,避免了服务区交通流交错,大大提升了服务区的使用功能。鉴于该服务区为开放式服务区,后期人流、车流和物流等均要比封闭式服务区大,所以方案二的优势会更加明显。综合比较,推荐方案二。

3)开放式服务区设施布局方式

开放式服务区与传统服务区布局主要差别在于,高速公路开放式服务区在吸取传统服务区基本功能区布局优势的基础上,增加了有共享区域(即拓展功能区)空间规划,同时考虑至少有一个或多个与地方对接的次出入口。开放式服务区的布局,无论服务区规模大小,往往需要考虑服务区与地方的对接,设置次出入口与地方对接。通常情况下,为了方便服务区与地方对接,往往将服务区综合服务楼的布局后置或靠边,而将停车场前置靠近主线,然后将原来围合的边界打开,从而给服务区共享区域建设预留用地,使得高速公路开放式服务区与地方对接、拓展功能的建设区有三个可选择的区域,如图 6-17 所示。

传统服务区限制出入口仅与高速公路连接,开放式服务区要实现对周边居民开放,需要考虑与周边交通的关系,通过辅道设置与周边原有道路连接,即对外交通设施。开放式服务区在配备的对外交通设施后,服务区便成为高速公路与周边居民的生活、区域经济紧密关联的有机结合体。对外交通设施应满足以下要求：

①满足道路线性设计基本要求。

②对外交通设施入口的布置要尽量避免设在高速公路服务区出入口邻近区域以免干扰服务区主线的通行能力。

③尽量保留原有道路,并使用原有道路作为连接辅道。

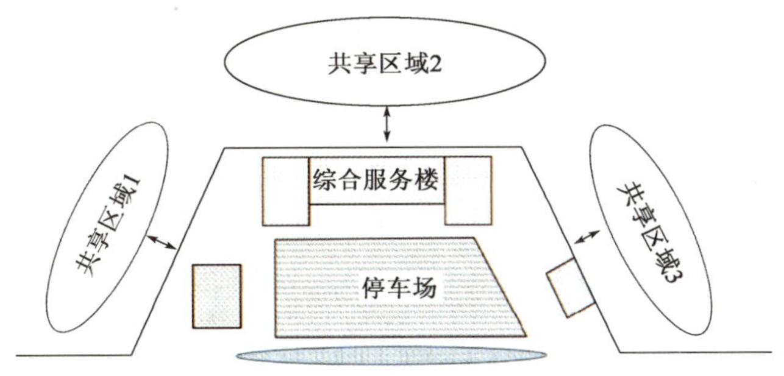

图 6-17　开放式服务区常见内部设施布局

高速公路开放式服务区对外连接设施有两种,一种是过人通道,另一种是过车通道。目前,服务区常见的是为人保留的出入口,为周边居民进出服务区而设置的出入口一般禁止车辆通行或者控制车辆通行。这些服务区的工作人员大多数来自周边村镇。

随着人们收入的增加,越来越多人拥有私人小汽车,因此停车问题是未来规划不容小觑的难题。开放式服务区考虑对周边居民开放服务时,应同时考虑对外停车的设置,避免干扰高速公路车辆在服务区内的正常行驶。更重要的是,我国目前高速公路都是收费制,应避免周边车辆通过服务区进入高速公路。而高速公路开放式服务区打造成休闲旅游目的地后,需考虑将周边社会车辆与主线车辆的停车分离问题。

4) 服务区运营管理

在管理上,我国高速公路采取收费制,因此出于安全保障、收费考虑以及便于管理,传统服务区往往采取封闭的布局。而开放式服务区试图打破传统封闭模式,在管理上不可避免存在冲突。然而,这样的冲突可以通过服务区开放性配套设施规划得以解决。

高速公路开放式服务区开放后的双向交流主要通过人和车的互通来实现。从管理的角度出发,在车的互通式上,如果高速公路上车辆需要通过服务区下的高速公路,可以在服务区次出入口设小型收费站或者 ETC;若地方有来车,则通过设置对外停车场,避免地方车辆干扰服务区基本功能区正常运营,保障高速公路安全通行。而人的互通则通过设置广场来实现人的双向交流。

(1)完善服务设施,加强维护改造

对公共卫生间、停车场餐饮、商超、加油站等公共服务设施进行全面检查,对设施设备缺失、损坏和故障的,应及时配置、更换和维修,确保各类设施设备齐全、功能完好、运行正常。停车场区域要做到地面平整标志标线清晰、醒目。设置男女通用厕所,在节假日客流高峰期,为解决女性厕位不足的问题,可以将男厕使用率较低的厕位供女性使用;设置残障人士配备相应的无障碍设施,如电动推拉门、紧急按钮等;设置儿童洗手盆、儿童厕位,有条件的服务区还可以设置儿童如厕区域,供两性家长陪同儿童如厕;设置第三卫生间及供老年人使用的蹲便厕位;设置女性化妆间或配置全身镜,方便女性整理着装。

(2)加强保洁力度,改善环境卫生

针对入夏以来蚊蝇滋生、垃圾腐烂、有异味等情况,各服务区要按照"24 小时保洁,及时清理"原则,加强保洁人员配置,强化公共卫生间、停车场等区域的保洁,特别是客流高峰时段的保洁工作,始终保持公共场所干净整洁、无异味。定期对餐厅厨房等场所开展灭蝇灭鼠工作。在停车场、公共卫生间等客流密集区域,增设垃圾桶,方便旅客就近处理垃圾。

(3)加强秩序管理,提供优质服务

优化停车区域布局,完善交通标志标线设置,加强车辆引导,实现客、货车分区停放,危化品车、畜牧车专区停放,确保车辆停放有序,人流、车流路线明确、简洁、安全。完善公共区域照明和监控设施,确保停车区域夜间照明无盲点,监控设施完好、监控图像清晰完整。开展安全隐患排查,加强停车场、加油站、商超、餐饮等区域安全防范。根据需要,增配保安人员,实行 24 小时值守,加强夜间巡逻。

(4)加强绿化管理,营造优美环境

充分利用服务区的空间场地,增加植树绿化面积,定期对服务区内绿化进行修剪养护除草施肥,防止绿植枯死、黄土裸露,在公共卫生间和服务区通道、走廊、台阶等位置摆放鲜花绿植,美化服务区环境。

绿色公路管理与保障

7.1 加强组织领导和制度建设

7.1.1 组织管理框架

1)建设单位组织机构

(1)建设单位成立要求

根据《高速公路项目建设管理规范》(DB33/T 2003—2016)以及地方行政命令《关于加强高速公路项目建设单位专业化管理的通知》要求,成立项目指挥部,项目指挥部成立要求如下:

①书面形式的合同或委托书。

②组织机构及分工,组织机构应包含计划、合同、技术、质量、安全、财务和纪检等职能,其中质量、安全应设立专职部门并配备专职人员,不得兼职。分工应确定并配有部门和岗位的职能分配说明书。

③人员和人数配置应满足规定要求。

(2)建设指挥部方案

根据浙江省交通集团高速公路杭州板块提供的《高速公路杭州板块建设项目管理架构组建方案》,组建建设指挥部。

①组建原则

总原则:依法合规、科学合理、权责清晰、精简高效。

指挥部人员配备原则:立足目标、精简高效、统筹兼顾、分步到位;项目指挥部部门设置和人员配备突出满足项目具体建设管理的需要。

②指挥部组织框架图

分为总指挥部和项目指挥部。总指挥部负责统筹协调前期等程序相同的建设事宜,项目指挥部集中精力搞好项目施工现场管理。

为保证管理效率和效果,总指挥部下设综合办、工程管理处、计划合同处、财务处、前期办、总师办、纪检审计处、安全处、征迁处等职能处室。项目指挥部由总指挥或副总指挥担任项目指挥部指挥,并按照项目管理重心前移要求,设办公室、合同处、工程处、财务处、征迁处、安全处等职能部门。指挥部框架见图7-1。

③指挥部选址

选址原则:有利于项目管理,交通生活便利,根据工程实际需要设置现场管理办公室。

④指挥部岗位及人员配置

根据《高速公路项目建设管理规范》(DB33/T 2003—2016)要求规定,确定建设管理人员基本配置标准、总指挥部岗位及人员配置标准和项目指挥部岗位及人员配置。

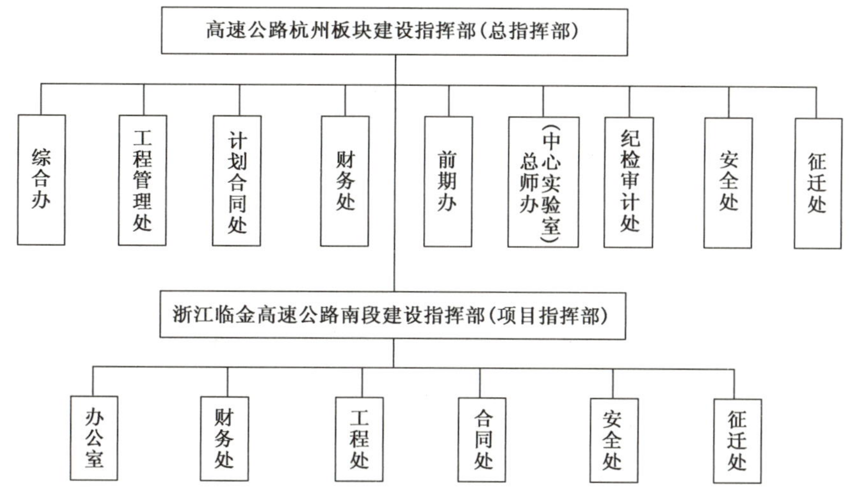

图 7-1 临金高速公路项目指挥部架构图

(3)总指挥部管理定位与主要职责

总指挥部主要履行统筹协调、监督管理职能,统一负责板块高速公路建设前期审批、重大技术问题的协调解决及项目竣工验收工作;统一负责与上级单位的沟通协调;统一负责板块内人事管理、纪检审计、法务等工作。主要包括:

①贯彻落实国家建设法规、规范及集团有关规章制度,结合项目实际拟订项目建设管理制度并监督执行。

②负责汇总编制上报管理项目年度高速公路建设计划,编制高速公路项目工程进度情况报告。

③负责项目实质性开工之前的各项前期工作。

④负责设计、施工、监理及大宗设备、材料供应等各项招标工作。

⑤负责确定项目建设大纲和项目建设总体目标。

⑥负责指导监督质量管理、进度管理和交(竣)工验收等工作。

⑦负责"四新"技术论证及推广应用,负责施工组织设计和重点专项施工技术方案等审查工作。

⑧负责较大、重大设计变更报批。

⑨负责建设资金的支付与资金安全管理。

⑩负责党群事务、劳动人事、纪律检查及廉政建设工作。

⑪牵头"阳光工程"项目动态管理系统建设。

(4)项目指挥部主要职责

项目指挥部按照建设管理协议履行各工程建设管理主要责任,全面负责项目开工到交工验收的建设管理,确保工程进度、质量、安全、投资、廉洁从业等建设目标的实现。主要职责包括:

①负责做好工程开工前的各项报批工作。

②负责职权范围内设计变更的审批;负责需上报设计变更的初审及申报工作。

③建立“阳光工程”项目动态管理系统，并按时向政府主管部门及项目公司报送项目建设的相关信息资料。

④编制项目实施总体目标、计划及阶段、年度目标、计划。

⑤负责对参与建设各方（地方指挥部和勘察、设计、咨询、试验检测、施工、监理及大宗设备、材料采购等单位）的考核、协调、评价。

⑥负责做好与项目沿线地方政府有关部门的沟通协调工作，协调、督促相关单位做好征地拆迁工作。

⑦审核中期计量支付文件，审查最终支付申请，办理竣工结算等工作。

⑧负责档案资料的收集和整理，受项目公司委托负责组织交工验收，负责做好专项验收准备工作。

⑨负责做好水保、环保、土地等专项验收相关工作。

⑩负责工程建设期间的安全生产管理和地方维稳工作。

⑪负责其他相关事项。

2）项目管理框架

建设管理工作按照管理的性质和完成核心工作的内容不同分成相对独立的五大部分：以选择单位为核心的招投标管理框架；以设计工作为核心的设计管理框架；以现场管理为核心的现场管理框架；以解决建设技术难题，指导及咨询设计与现场管理为目的的专家委员会；以交竣工为主要的缺陷责任期管理框架。项目管理架构如图7-2所示。

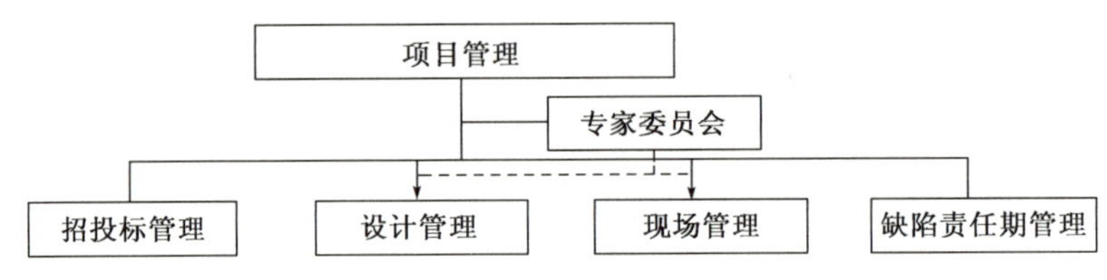

图7-2　项目管理架构

（1）设计管理框架（图7-3）

本框架的核心是勘察设计工作，围绕勘察设计工作按照主管部门的要求，实施核查和咨询。

①设计单位：完成全线的设计任务。

②勘察核查：需要有专业的单位对设计的地质勘察工作进行监督检查。

③设计咨询：进行设计咨询，包括概算核查和设计核查工作。

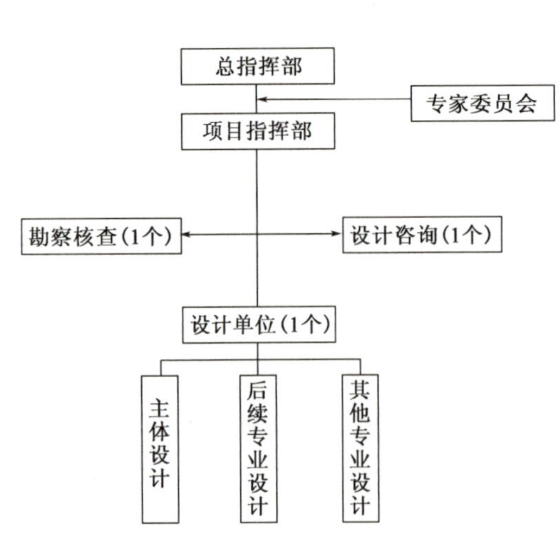

图7-3　设计管理框架

（2）现场管理框架（图7-4）

本框架的核心工作为工程实施（即工程施工），按照国家、行业以及项目的特点建立。

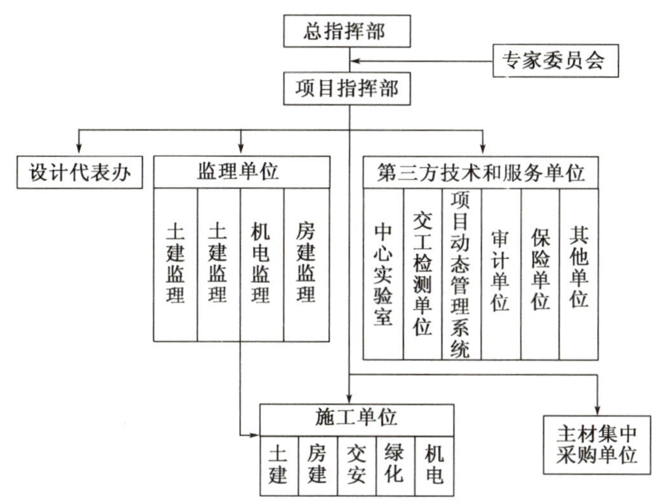

图7-4　现场管理框架

①项目指挥部。

负责用标准化管理的方式,指挥、协调、管理本项目的各参建单位完成工程建设任务,将本项目建设成为生态文明示范工程。

②施工单位。

土建主体工程:负责项目主体建设。

③监理单位。

对工程建设进行第三方监理,一般按照专业性和路线长度设计不同标段。

④第三方现场服务及其他单位。

a. 第三方服务。

试验:由于试验工作专业性较强,总指挥部可以通过招标或委托设立中心实验室,完成建设单位质量抽检工作,并督促检查施工和监理单位试验工作。其中现场指挥部负责对中心实验室整体工作进行监督和抽查,确保其运转符合相关法规规定。信息化管理:按照项目阳光工程建设,需网络办公以及信息实时公开,因此拟建立"阳光工程"项目动态管理系统,实时反映项目动态信息和管理的相关要求和内容。

b. 其他单位。

审计单位:按照规定选择审计单位,为项目提供跟踪审计和决算审计。

保险单位:按照规定选择保险单位,为工程建设提供工程一切险和第三者责任险。

科研单位:指导以及总结本项目关键技术问题、拟开展的科研课题。

(3)专家委员会管理。

①专家委员会的主要工作职责:对工程重难点技术的研究方向进行总体把握,对关键性技术的研究技术路线进行论证,并对研究成果进行咨询审查;对工程项目建设管理理念、建设管理目标等总体策划及其实现路径、现场管理进行指导,并对有效的经验做法通过合理方式给予宣传推广;参与有关重大突发事件的处置和工程质量事故的分析、鉴定。

②专家委员会设主任委员一名、副主任委员若干名。下设专家委员会办公室,为日常办

事机构。专家委员会办公室设在杭州板块总指挥部,负责组织协调专家委员会的日常工作。

③专家委员会每年组织召开1~2次全体会议,研究总结工作开展情况和下阶段计划安排。结合项目重难点技术,必要时组织相关专家进行专题考察调研活动。

④根据工作需要,专家委员会可召开全体会议、专项工作会议或专家组会议,研究专家委员会工作或对某项活动组织专项评审论证。

⑤专家委员会成员聘任期一般不少于一年,根据专家意愿情况,每年作适当调整。

7.1.2 管理制度保障

1)项目前期阶段管理制度保障

(1)管理工作准备阶段制度保障

①承接建设管理任务后:收集并整理国家、行业和地方的法律、法规、规章、有关标准、规范、规程及规范性文件;收集并整理项目批复(或核准)文件、合同文件、规章制度等资料;建设大纲编制。

制度保障:各项目档案管理办法;地方《高速公路项目建设管理指南》。

②职能部门设置后:建立有关机构人员、财务管理、工作绩效考核、廉政等内部管理制度;建立对参建单位及人员的管理制度,建立工程的进度、质量、施工标准化(包括文明施工)、安全、费用、合同、资金、工程变更、廉政、环保、档案及其他等管理制度,建立项目的检查、考核、信用评价、奖惩激励等管理制度。

制度保障:各项目建设管理制度管理办法;《高速公路项目建设管理指南》,如图7-5所示。

图7-5 相关制度、标准

(2)勘测、勘察、设计管理制度保障

①组织管理工作:审批勘测、勘察设计大纲;委托初审单位对设计文件进行审查复核;配

合或组织有关单位及专家对勘测、勘察、设计文件进行审查；督促勘测、勘察、设计单位按照审查意见进行完善，并由初审单位进行核查；将核查通过后的设计文件按照规定的程序办理报批手续。

制度保障：各项目工程技术工作管理办法；地方《高速公路项目建设管理指南》。

②勘测、勘察：委托专业单位对地形地质勘测、勘察工作进行现场管理。督促勘测、勘察单位编制勘测、勘察大纲和事先指导书，并对对事先指导书组织审查，报行业主管部门备案。全过程核查，并实施动态控制。成果组织验收，并报行业主管部门备案。

③初步设计：督促设计单位对设计方案进行综合比选；对公路桥梁和隧道工程施工安全风险评估组织评审；委托相关单位对概算进行审查；委托初审单位对设计文件进行初审，协助对初步设计文件进行审查；督促设计单位修改完善后报批。

④施工图设计：根据设计单位建议，综合相关因素，对项目的施工和监理标段进行划分；组织有关单位和专家对施工图设计文件进行审查，并组织修改完善后报批。

⑤用地及征迁处理：需审批的建设项目在可行性研究阶段，由建设用地单位提出预审申请，并协助报批；与当地政府签订征迁书明确双方权利、义务，征迁实施前应配合当地政府编制征迁方案并进行备案、公示后组织实施。

2）项目施工准备阶段管理制度保障

（1）主要协调工作制度保障

包括项目建设过程各参建单位的协调和三改协调、配合临时用电、地、水的工作。

制度保障：地方《交通建设单位考核工作指导意见》。

（2）施工许可等手续的办理

①工程质量监督手续办理：将准备好的资料（项目概况表、初步设计、施工图批复文件、合同、相关单位资质证明等）提交给主管监督机构办理工程质量监督手续。

制度保障：地方《交通建设工程质量监督实施细则》。

②工程安全监督手续办理：将准备好的资料提交给主管监督机构办理工程质量监督手续，配合监督单位完成监督手续办理前的审核和核查工作。

制度保障：地方《交通建设工程安全生产监督管理实施细则》。

③工程施工许可手续办理：项目法人申报施工许可材料。

制度保障：《交通部关于进一步加强公路工程施工许可管理工作的通知》。

④其他相关许可手续办理：根据项目实际报送相关部门，落实专人跟踪施工许可手续办理进展情况。

（3）监理单位管理

①现场机构成立及人员进场：督促监理单位按照监理合同要求成立现场监理机构，明确现场机构的主要管理人员组成；并对人员进行核查后，批复同意进场。

制度保障：各项目参建单位机构、人员管理办法；地方“高等级公路工地试验标准化建设指导性意见”。

②办公条件进场：审查监理单位是否按合同规定和工作需要配备足够的办公设备、车辆和通信设备等。

制度保障:各项目项目检查管理办法;地方《高速公路施工技术指南》。

③工地试验室:督促监理单位按照合同要求,建立监理工地试验室,审查监理工地试验室的试验检测能力和条件,审查通过后,应督促监理单位按照规定向质量监督机构备案。

制度保障:地方“高等级公路工地试验室标准化建设指导性意见”。

④监理工作体系:检查监理机构的管理组织框架、岗位职责、管理制度,检查通过后应及时批复监理工作大纲。

制度保障:地方《公路工程施工监理规范》。

⑤现场机构成立及人员进场:同监理单位管理中的要求。

制度保障:各项目项目参建单位机构、人员管理办法;地方“高等级公路工地试验标准化建设指导性意见”。

(4)施工单位管理

①现场机构成立及人员进场:同监理单位管理中的要求。

制度保障:各项目参建单位机构、人员管理办法;地方“高等级公路工地试验标准化建设指导性意见”。

②施工机械设备:督促施工单位按照合同约定的主要机具设备提出进出场计划,并进行审批,督促监理单位对进场设备进行验收,核查。主要机械设备等需要变更调整时,承包人提出申请,监理和建设方同意后方可实施。

制度保障:各项目参建单位设备进出场管理办法;地方《高速公路施工技术指南》。

③工地实验室:同监理单位管理中的要求。

制度保障:各项目检查管理办法;地方“高等级公路工地试验室标准化建设指导性意见”。

施工场地:要求施工单位按照集中加工、集中拌和、集中预制的原则编制施工场地(包括预制场、钢筋加工场、拌和场)标准化建设的实施方案。实施方案经监理工程师审查后,由建设单位批复。完成后成立验收小组进行验收。

制度保障:各项目项目检查管理办法;地方《高速公路施工标准化管理实施细则》。

(5)设计单位管理

督促设计单位按照设计合同要求按时设立现场设计代表组,按照合同对现场设计代表组进行检查。

制度保障:各项目设计代表管理办法;地方公路工程勘察设计招标文件编制办法。

(6)其他工作

①大型临建工程:对工程实施有重大影响的大型临时设施工程,建设单位宜委托设计单位进行专项设计,建成后组织验收。

②施工安全风险评估:对建设项目进行总体的安全风险评估,对建设过程中可能存在的重大安全风险进行评估,形成风险评估报告,并组织相关单位和专家进行评审。根据评估报告结论和评审意见,督促施工单位完善施工方案及预案。

制度保障:各项目项目安全评估管理办法;地方《公路工程施工安全风险评估管理办法》。

③工程量清单核算:督促监理单位、施工单位进行工程量清单的核算,并对核算结果进行核查。

制度保障:各项目工程计量管理办法。

3)项目施工阶段管理制度保障

(1)项目进度计划管理制度保障

①项目总体计划:应根据建设大纲的计划要求,确定项目的总体计划,明确关键节点工程计划并用合同的方式进行约定;应统筹考虑,合理安排主体工程与附属工程的进度计划,确保附属工程与主体工程协调实施,同时交工验收;应根据项目总体计划,对经过监理单位审核的各施工标段总体计划进行审查并批复。

②年度计划:应将项目总体计划分解为年度计划并进行控制。项目年度计划应包含年度投资额、工作量、形象进度、关键节点进度安排及相关要求等。

③季度、月度计划:应根据项目年度计划编制项目季度、月度计划。

④计划调整:当施工标段进度或项目进度与计划发生重大偏差时,建设单位应及时召开建设管理会议,对进度偏差原因进行分析,如有必要,应对计划进行调整。

⑤工程进度协调:应建立行之有效的协调工作机制,处理好项目建设过程中参建单位之间、项目与地方之间的关系。协调工作机制应明确工作责任主体、协调工作流程、检查考核方法等内容。

⑥工程暂停:出现工程安全、质量问题和隐患,须停工处理;发生安全或质量事故,应立即停工;未经允许施工单位擅自施工;其他需要停工的情况时建设单位要求监理单位下达停工令;做好现场保护工作,做好索赔工作;及时向行业主管部门和质量监督机构通报停工情况。

⑦工程复工:停工半年以上的项目,在复工前应督促监理单位重新审查项目组织机构、质量保证体系、安全保障体系等材料,并对监理单位审查的结果进行复查,必要时应按照项目开工程序重新组织申报;当工程具备复工条件时,建设单位应督促监理单位及时同意复工,下达复工令;项目复工后,应及时向行业主管部门和质量监督机构报告。

⑧项目延期:因施工单位原因导致项目延期,应要求监理单位加强对施工单位的管理,采取措施消除导致延期的因素,并按照合同约定调整进度计划,同时,加强对调整后计划落实情况的监督检查。因建设单位原因导致项目延期,应按照合同约定提供延期证明,调整进度计划,采取相应的措施保障调整后计划的实施,并根据合同规定办理补充合同签订等手续。

制度保障:地方《高速公路项目建设管理指南》;《公路工程标准施工招标文件》(交公路发〔2009〕221号);各项目进度管理办法。

(2)项目质量管理制度保障

①建立健全质量管理体系:建立项目质量管理机构,配备符合要求的管理人员,明确各岗位人员要求,落实质量责任登记制度,健全质量管理体系。

②专项施工技术规范及检验评定标准检查:应核查项目的分项工程的施工规范及质量检验评定标准,补充制定项目专用施工规范及质量检验评定标准,并上报行业主管部门

备案。

③重大专项施工技术方案检查:对地质复杂或者结构特殊的桥梁、隧道、高边坡等,以及采用新技术新工艺、新设备的管理处应当明确专项质量管理措施和要求,做好施工过程的技术控制。

④工程质量检查:每周应不少于1次对工程实体质量及施工现场质量管理情况进行巡查;重点抓好重要部位、关键工序、隐蔽工程以及已发现或发生质量问题或事故的工程部位等的巡查;应参加单位工程试验段、重要结构工程、重要隐蔽工程、单位工程的验收工作;由项目工地实验室或委托有资质的实验检测机构,对原材料、产品、工程实体进行检测,对施工单位和监理单位的试验检测结果进行抽查;对于桥梁荷载试验、桩基承载力检测等特殊检验项目,应委托有资质的试验检测机构进行检测。

⑤质量问题整改:应对质量检查发现的问题及时督促整改;落实整改行业主管部门和质量监督机构提出的整改要求,并在规定时间内进行书面反馈。

⑥质量事故处理:应建立项目质量事故应急处理小组,制定项目质量事故处理预案,及时向有关部门报告,并做好事故的应急处理和现场保护工作,做好或配合做好质量事故的调查与处理工作。

⑦质量情况报送:定期向行业主管部门和质量监督机构报送项目的质量状况。

制度保障:地方《高速公路项目建设管理指南》;地方《交通建设工程质量和安全生产管理办法》;地方《高速公路项目建设管理指南》;地方《交通建设工程质量监督实施细则》;地方《公路、水运工程质量事故处理规定》;质量监督办法;各项目质量管理办法;各项目专项施工技术规范、检验评定标准及重大专项施工技术方案管理办法;各项目质量管理办法;各项目质量检查管理办法。

(3)项目安全管理制度保障

①建立健全安全管理体系:制定安全生产责任制度,建立项目安全生产管理机构,配备安全生产专职人员,组建应急救援队伍;制定项目生产安全事故、三防、突发事件等应急预案,组织施工单位和监理单位制定各标段的应急预案,定期组织演练总结,及时修订应急预案。建立健全平安工地检查制度和相应信息的收集和报送系统。

②识别并管理重大危险源:组织参建各方对各标段段的重大危险源进行识别,建立项目重大危险源名录,并报项目安全监督机构备案;对项目重大危险源名录及时进行动态调整,督促参建单位定期开展检测、评估等工作。

③审查安全专项方案:对项目危险性较大分部分项工程清单进行审查备案,对危险性较大工程的专项安全施工方案进行审批。其中,对超过一定规模的危险性较大工程的专项安全施工方案,应当组织专家论证。

④检查工程安全:应每周不少于1次对工程现场的安全管理情况进行巡查,发现问题及时处理,对重大危险源和危险性较大分部分项工程应加大巡查频率。

⑤整改安全隐患:对发现的安全隐患及时督促整改;行业主管部门和质量监督机构对项目的安全监督检查中提出的整改要求,建设单位应牵头落实,并对整改结果进行检查后,在规定时间内向行业主管部门和质量监督机构进行书面反馈。

⑥处理安全事故：当立即启动生产安全事故应急预案，按规定及时向有关部门报告，并做好事故的应急处理和现场保护工作。应按规定配合做好安全事故的调查与处理工作。

⑦使用及管理安全费用：应对施工单位的安全生产费用使用情况进行检查，确保安全生产经费按规定使用；应按照合同规定，及时审核并支付安全生产费用。

⑧建立安全台账：应建立安全管理台账，并及时、完整、准确地做好记录。

⑨报送安全状况：应按有关规定，定期向项目安全监督机构和安监部门报送项目的安全状况。

制度保障：《生产安全事故应急预案管理办法国家安全生产监督管理总局令》第17号；地方《公路水运工程“平安工地”建设达标考核管理办法》；地方《公路水运危险性较大分部分项工程安全专项施工方案管理办法》；地方《交通建设工程安全生产监督管理实施细则》；地方《交通建设工程安全生产事故隐患排查治理实施办法》；《生产安全事故报告和调查处理条例》中华人民共和国国务院令（第493号）；地方《公路水运建设工程安全生产费用管理暂行规定》；地方《交通建设工程安全生产监督管理实施细则》；各项目安全生产管理办法；各项目安全评估管理办法；各项目安全检查制度；各项目安全费用管理实施细则。

（4）项目资金管理制度保障

①资金管理：工程项目实施期间，建设单位应督促施工单位及时到位流动资金，确保工程的顺利进行；应督促施工单位按照合同约定的资金管理协议开设三方监管账户，并对账户进行监管；应督促施工单位专款专用，按照合同约定的资金管理协议规定进行审批，并检查施工单位的资金实际使用情况。

制度保障：《交通基本建设资金监督管理办法》交财发〔2009〕782号。

②费用管理：应按照合同文件的规定建立计量管理办法，明确计量程序及相应的计量细则、计量数量的计算与确认、计量报表格式等相关要求。当计量数量需采用现场确认时，建设单位应制定现场数量确认操作办法，明确现场确认的范围及要求。现场数量确认应由建设单四方共同参与，同时采集的基础数据和证明材料应当场签认。建立项目计量台账，对项目计量工作进行动态管理；按照合同约定期限审核和签发计量支付文件，按期及时支付；工程结算工作应与工程计量支付工作同步开展，并同步完成；根据有关规定选择跟踪审计单位；与审计单位签订书面合同，明确双方的权力和义务；为跟踪审计单位提供工作条件，并帮助协调解决，跟踪审计过程中的有关问题。

制度保障：地方《高速公路项目建设管理指南》；各项目工程计量管理办法；各项目工程现场数量确认管理办法。

（5）项目合同管理制度保障

①工程变更：设计、施工及监理等单位可以向建设单位以书面形式提出公路工程设计变更的建议，对建议和理由应当进行核实，必要时组织勘察设计、施工、监理等单位及有关专家进行经济、技术论证；对于一般变更，项目法人根据审查情况或者论证结果决定是否开展设计工作，经审查论证后确认决定是否实施；对于较大重大变更，由项目法人审查确认后报省级交通主管部门审查批准。

②价格调整及计日工：应按照合同约定的价格调整方法及时调整合同价款，确定使用计

日工;应在监理单位审核的基础上,对计日工价格进行审批并及时支付。

③索赔:应随时关注项目建设状况,及时解决协调项目建设过程中的问题,防止索赔事件的发生;索赔事件一旦发生,应督促受损单位控制损失的扩大,督促监理做好专项记录。及时收集和准备有关证明材料;对受损单位提出的索赔申请和证明材料、监理单位的审核材料进行审查,并按规定进行审批。

制度保障:《公路工程设计变更管理办法》(交通部令2005年第5号);《公路工程标准施工招标文件》(交公路发〔2009〕221号);各项目工程变更管理办法。

(6)施工环境保护及节能管理制度保障

①施工环境保护:建设项目需要配套建设防治污染和修复生态破坏的环境保护设施的,环境保护设施应当与主体工程同时设计、同时施工和同时投入使用;施工图设计审查时应同时提交环境保护工程的施工图设计文件,报交通主管部门审批;在施工、监理招标时,应将环境影响评价及批复文件的要求纳入招标文件、合同的相关条款中,明确施工、监理单位的环境保护责任,并在招标文件中列入相应的费用科目;按施工图要求及审批后的环保方案组织实施;建设单位在建设项目施工过程中,应当督促施工单位采取环境保护措施;应当在高速公路试运营前1个月向环境保护行政主管部门提交环保设施试运行申请;在竣工验收前向审批该建设项目环境影响报告书、环境影响报告表或者环境影响登记表的环境行政主管部门申请环境保护专项验收。

②节能生态:按照节约能源消耗的原则,根据生态环境影响评估进行设计施工验收。

制度保障:各项目项目施工环保、水保管理制度;地方《交通建设项目环境保护管理实施细则》。

(7)工程信息化管理制度保障

由建设单位牵头,利用计算机和互联网技术,将工程建设管理的各方面内容进行集成汇总,以信息化技术为依托,开发出一款适合本项目特点的软件管理系统,从而达到高效、节能的工程管理目标。

对此,指挥部将采用以"阳光工程"动态管理系统为主,施工质量监控系统、远程视频监控系统和BIM技术等系统为辅,并通过计算机和互联网技术,使所有采用的信息化管理技术实现无缝对接,创建信息化管理平台,对高速公路的基础设施、功能机制进行数字采集和处理,建立涵盖勘察、设计、建设和运营管理等全过程数字化档案,为科学管理与决策提供可靠技术支持。应用阳光动态管理系统,加强工程数据的采集、处理和归档。建立统一的数据采集、交互和服务标准,按数字化高速公路建设要求,做好基础数据服务接口,实现各系统之间的无缝衔接。构建机电管控一体化,建设监控、通信、收费三大系统和包含通风、照明等9个子系统的隧道机电系统的统一平台,实现一体化控制;合理地布置站所和机电系统,为扁平化运营管理创造条件。建立施工全过程监控系统,对工地实验室、沥青路面混合料生产、附属材料投放量、路基填筑、沥青路面施工等进行全过程动态管控;对隧道施工的人员设备情况、隧道内部环境等进行实时监控。建立工程远程视频监控系统,对关键部位工序和隐蔽工程施工区域、拌和预制场和加工区、大型机械设备等工程部位和场所实施远程监控;开展BIM技术在临金高速公路的应用研究,为项目全过程的方案优化和科学决策提供依据。在设计中采用3D可视化设计、性能模拟分析、成本分析等手段,提高建设、设计和施工等单位信息沟通水平;协同设计各专业,优化设计,减少变更,避免错误。在施工中开展项目现场施工方案模拟、进度模拟和资源管理,提高工程的施工效率,提高施工工序安排的合理性;应用基于各分部分项工程的BIM模型,对施工现场的土石方开挖、桥隧施工和大型临时设施等进行方案优化、模拟施工、材料管理,提高施工效率,控制工程投资,提高工程质量和安全。

(8)工程档案管理制度保障

做好工程项目形成的管理文件材料等的收集、归档工作;按照规定建立符合标准要求的临时档案管理室,应做到通风、照明良好,做好防潮、防火、防盗、防尘、防有害生物、防高温等措施;配备有相关工程专业知识、能够适应项目文件立卷归档工作需要的专职档案管理人员;按照归档要求,在施工过程中及时做好预立卷工作;制订项目建设过程中归档移交计划,并实施动态管理;对各参建单位的档案管理情况进行定期或不定期的抽查,对档案资料的完整性、准确性和系统性进行检查。

制度保障:各项目项目档案管理办法;《公路建设项目文件材料立卷归档管理办法》(交办发〔2010〕382号)。

(9)其他工程管理制度保障

①配合检查:配合做好行业主管部门和政府有关部门对项目组织的各项检查活动,并组织参建单位落实整改要求,对整改结果核查后,及时报送检查部门。

制度保障:地方《高速公路项目建设管理指南》。

②项目考核:应结合行业管理要求和项目特点,制定考核办法,并组织对各参建单位进行考核,考核重点是质量、进度、安全、投入等,建设单位要确保考核工作的规范性、科学性、真实性和公正性。

制度保障:各项目考核管理办法。

③信用评价:项目建设过程中,建设单位应根据行业信用评价管理办法要求,对参建单位及时开展信用评价;应建立信用动态管理台账,指定专人负责信用动态管理台账的记录工作,及时将信息录入信用评价管理系统。

制度保障:各项目信用动态管理办法;地方《公路水运工程设计企业信用评价管理办法》。

④信息化管理:采购或者开发一个与项目管理模式相匹配的信息化管理系统,并进行维护、完善、改进。

制度保障:各项目信息、统计工作管理制度;地方《高速公路建设工程标准化工地管理规定》。

⑤科研工作及“四新”成果的应用:按照初步设计批复的科研内容,落实具体的研究课题,并按有关规定做好课题研究的立项审批等工作;组织项目开展科研工作,及时掌握科研实际进展情况;课题研究结束后,应按有关规定组织鉴定、验收等工作,并做好相关的推广工作;应积极使用“新技术、新材料、新工艺、新设备”成果,并对推广应用情况进行评估。

制度保障:《交通运输部科技项目管理办法》(交科技发〔2010〕334号)。

⑥进城务工人员工资管理:督促施工单位办理进城务工人员工资保证金缴纳工作,并协

助有关部门做好保证金的管理工作;应对施工单位进城务工人员工资支付情况进行抽查,每月1次,对发放不及时、不规范的情况,及时督促整改;发生拖欠进城务工人员工资事件时,应配合劳动保障部门和行业主管部门做好事件的处理工作,如发生群体性事件,还应将有关情况及时如实书面报告有关部门。

制度保障:各项目进城务工人员工资管理办法;地方《交通建设领域进城务工人员工资支付管理暂行办法》。

⑦廉政管理:开展项目廉政检查工作,督促各参建单位认真履行廉政合同,遵守廉政工作各项制度,并建立相应的工作台账。

制度保障:各项目工程廉政管理办法;地方《高速公路项目建设管理指南》。

⑧风险管理:根据管理处和本项目的特点按照管理处的需要、目标、范围、组织结构、产品、服务项目、业务流程和具体操作实施风险管理。

制度保障:风险管理标准 ISO31000-2009。

(10)施工单位管理制度保障

①主要人员动态管理:制订考勤制度,项目部主要人员进行检查,每周不少于1次;对项目经理和总工离开工地请假进行审批;更换人员不能低于合同要求。

制度保障:各项目项目参建单位机构、人员管理办法;地方《高速公路施工标化管理实施细则》。

②施工管理检查:应定期或不定期对施工自检体系的运作情况、施工单位工程现场的主要管理工作落实情况进行等进行抽查,并核查相应的施工原始记录;应每月不少于1次对施工单位工地实验室的工作开展情况进行抽查,发现问题及时要求监理单位督促整改;应督促施工单位及时完成施工组织设计、各类计划、各类技术及安全专项方案、人员设备进出场以及其他合同要求需要履行审批程序的报批准备工作,及时提出报告并按照规定程序进行报送。

制度保障:各项目质量检查管理办法;各项目试验检测管理办法;各项目审批流程规定;地方《高速公路项目建设管理指南》。

③首件管理:应根据项目特点制定分项工程首件验收管理办法,督促监理按照验收办法开展首件验收工作;首片构件预制完成,施工单位应对试制的工艺、工序情况及主要控制指标的检测结果进行书面总结,经监理、建设单位验收合格后方可进行大面积预制工作。

制度保障:各项目项目首件检查制度;地方《关于进一步加强公路水运工程混凝土构件预制管理的通知》。

④分包管理:应在招标文件中明确不得分包的专项工程,且每一标段的不允许分包的专项工程不得少于一项;应按照合同约定和相关规定对施工单位的分包合同、管理方案、计划进行审查和批复,督促监理单位对分包人的资格、业绩、信誉、注册资金等情况以及拟签订的分包合同进行审查,未经批准的分包合同不得实施;应定期或不定期对标段分包情况进行抽查,应对不规范的分包行为及时督促整改。

制度保障:各项目项目分包管理实施细则;地方《公路水运工程施工分包管理实施细则》。

(11)监理单位管理制度保障

①人员动态管理:制定考勤制度,监理人员出勤检查,每周不少于一次;主要人员必须履

行请假手续,对总监和专监请假审批;应对监理人员的实操能力和理论知识进行考核,不合格不得上岗;更换人员不能低于合同要求。

制度保障:各项目项目参建单位机构、人员管理办法;地方《高速公路施工标化管理实施细则》。

②工作质量检查:督促监理单位进行监理工作交底;应定期或不定期,对监理人员的巡视情况进行现场核查;对已交验的工程内容进行抽查;加强对监理旁站情况的巡查和突击抽查;对监理单位外委试验检测的委托程序和工作质量进行检查;每两周不少于1次对监理工地试验室的工作条件及试验检测开展情况进行检查;对监理单位的关键性工作或出现问题的环节进行跟踪监督;定期检查监理例会、工地例会和专题工地会议是否按时召开,会议的决定是否准确;督促监理单位对施工单位测量、人员、设备、进度、质量、安全、费用、合同、施工环境、资料及其他进行检查。

制度保障:各项目检查管理办法;地方《高速公路项目建设管理指南》。

③监理资料管理:检查监理单位是否按规定及时签发的监理指令和整改闭合情况,抽查各类监理文件、会议纪要;督促监理单位建立各类工作台账;每周应不少于1次对监理巡视记录、旁站记录、监理日志、试验资料等进行抽查;应按期检查监理月报是否按规定编写,其内容是否全面、准确、完整。

制度保障:各项目档案管理办法;地方《高速公路项目建设管理指南》。

④主要人员动态管理:制订考勤制度,项目部主要人员进行检查,每周不少于1次;对项目经理和总工离开工地请假进行审批;更换人员不能低于合同要求。

制度保障:各项目参建单位机构、人员管理办法;地方《高速公路施工标化管理实施细则》。

(12)技术服务单位管理制度保障

①设计单位管理:对现场设计代表的出勤情况及工作行为进行检查,采取有效措施督促设计现场服务人员满足现场设计服务的要求;加强建设过程中设计与施工的密切配合衔接。路基边坡开挖后边坡优化,隧道进洞后细化等;督促设计单位及时确认现场的各种设计参数,复核设计文件,并根据现场参数的变化情况及时进行动态设计,解决现场设计问题;督促设计单位对设计变更方案的可行性进行审查,及时按照规定要求完成并提交变更设计文件;督促设计单位对设计质量进行回访,解决设计问题;制订检查办法,对设计单位现场服务工作和设计质量进行检查。

制度保障:各项目工程技术工作管理办法;地方《高速公路项目建设管理指南》。

②其他技术服务单位管理:督促技术服务单位按照合同要求设置现场服务机构和现场服务人员,审批技术服务的方案;督促技术服务单位按照合同和批准的技术服务方案落实技术服务工作,并对技术服务工作的落实进行检查。

制度保障:地方《高速公路项目建设管理指南》。

4)交工验收及缺陷责任期管理制度保障

(1)中间交工验收

建设单位在收到施工单位的中间交验申请且符合要求后,应及时组织监理单位、施工单位参加工程中间交验,签署书面交接单。

制度保障:地方《公路工程竣(交)工验收实施细则》。

(2)交工验收

①工程质量检测:委托第三方具有资质的检测单位对工程实体检测和外观检查,为质量评定提供依据。

制度保障:地方《公路工程竣(交)工验收实施细则》。

②工程质量评定:建设单位应根据工程实体检测报告、外观检查报告和内业资料审查的情况,对工程质量进行评定,出具工程质量评定报告。

制度保障:地方《公路工程竣(交)工验收实施细则》。

③交工验收组织:交工验收工作按标段进行,并应具备相应的的条件;应成立交工验收委员会,包括设计、施工、监理、接养等单位有关人员组成,并邀请相关行业主管部门参加,按相关规定开展交工质量评定工作、交工验收工作;应及时组织落实交工质量评定和交工验收中提出的整改意见。整改过程及结果应形成完整、规范的原始记录等相关资料,并及时归档;整改工作落实后,建设单位应将交工验收报告向行业主管部门备案,并按规定及时做好行业主管部门项目信息系统有关信息的更新工作。交工验收报告通过行业主管部门备案后,建设单位及时向施工单位、监理单位、设计单位颁发《公路工程交工验收证书》。

制度保障:地方《公路工程竣(交)工验收实施细则》。

④收费申请:应协助配合项目法人,按相关规定及时向有关部门递交项目的收费申请报告。

制度保障:《地方浙江省公路工程竣(交)工验收实施细则》。

(3)缺陷责任期

①工程施工阶段遗留问题处理:应督促监理单位、施工单位及时完成工程施工阶段遗留问题的处理,对处理情况组织检查。对于需进行长期观测的工作,建设单位应督促监理单位、施工单位落实人员、经费,做好相关工作,必要时也可委托专业机构具体负责。

制度保障:《公路工程标准施工招标文件》交公路发〔2009〕221 号。

②工程缺陷处理:在缺陷责任期内,建设单位应配合运营单位和养护单位对项目开展检查。对于出现的缺陷,经确认由施工引起的,应督促监理单位、施工单位及时做好修复工作。

制度保障:《公路工程标准施工招标文件》交公路发〔2009〕221 号。

③缺陷工作验收:工程缺陷修复完成后,建设单位应会同监理、施工、设计、养护等相关单位进行验收。如有需质量监督机构进行复查的,在缺陷修复完成后,建设单位应及时通知质量监督机构。

制度保障:《公路工程标准施工招标文件》交公路发〔2009〕221 号。

④缺陷责任期终止:在缺陷责任期满前,建设单位应组织运营单位、监理单位、施工单位等成立项目缺陷责任期工作检查小组,对工程的总体情况及缺陷修复情况进行检查,评价缺陷责任期工作;对缺陷修复工作已按规定落实到位的,建设单位应指示监理工程师签发《工程缺陷责任终止证书》。

制度保障:《公路工程标准施工招标文件》交公路发〔2009〕221 号。

⑤最终支付及质保金的返还:《工程缺陷责任终止证书》发出后,建设单位应按规定进行最终支付;建设单位收到监理单位开具的质保金返还证书后,应依据缺陷责任期最终检查报告、费用追加认定等,按照合同规定,对质保金返还的金额给予批准。

制度保障:《公路工程标准施工招标文件》交公路发〔2009〕221 号。

5)竣工验收阶段制度保障

(1)专项工程验收

①水土保持验收和环境保护验收:根据有关规定以及经批复的水土保持和环境保护评价报告,对项目水土保持设施落实情况和水土保持和环境保护效果进行检查,编制完成自查报告。具备验收条件后,向审批水土保持和环境保护方案的主管部门提出验收申请,并配合做好验收工作。

制度保障:《开发建设项目水土保持设施验收管理办法水利部第 16 号;《建设项目竣工环境保护验收管理办法》国家环境保护总局第 13 号。

②土地验收:建设单位应指示监理单位、施工单位归还临时用地,并委托有资质的土地勘测单位,开展公路用地勘测定界,在用地勘测定界报告上给予确认,完成或调整公路界桩的埋设。具备验收条件后,向国土部门提出验收申请,并配合做好验收工作。

制度保障:《建设项目用地勘测定界技术规程(试行)》[国土(建)字第 204 号]。

③决算审计:要及时督促完成工程决算,提交至审计单位,形成工程决算审计意见;组织施工单位、监理单位等完成财务决算工作;协助审计单位配合完成财务决算的审计报告,报行业主管部门批准。

制度保障:浙江省政府投资项目竣工决算审计实施细则。

④档案验收:建设单位应组织各参建单位完成竣工资料的整理、归档、移交入库等工作。经检查合格后,向行业主管部门提出验收申请,并配合做好验收工作。

制度保障:《公路建设项目文件材料立卷归档管理办法》(交办发〔2010〕382 号)。

(2)竣工质量评定

建设单位组织施工单位进行质量检测;建设单位应委托有资质的检测单位,按照《公路工程竣(交)工验收办法》和质量检验评定标准,组织开展项目的竣工质量评定工作;向行业主管部门申请竣工质量评定工作,并将竣工质量评定报告及时报项目主管质量监督机构备案。

制度保障:地方《浙江省公路工程竣(交)工验收实施细则》。

(3)竣工验收

项目竣工验收应具备地方《公路工程竣(交)工验收实施细则(试行)》规定的条件;建设单位应按照有关规定,经向行业主管部门报告后,配合项目法人做好竣工验收工作。

制度保障:地方《公路工程竣(交)工验收实施细则》。

(4)工程移交

验收工作完成后,建设单位应对经监理单位审查确认的各施工单位工程实体清单进行统计汇总,并编制完成项目工程实体移交总表,报项目法人确认后,签订工程实体移交表;应在竣工验收后按照有关规定向各单位移交相应资料;对于机电、消防、交通安全设施等建设单位应指示施工单位应按照合同要求,提供专用工具、备品、备件,并督促监理单位按照进场设备的检验方法进行检验,确保在数量、质量上符合合同约定。

制度保障:地方《高速公路项目建设管理指南》。

7.1.3 绿色施工管理体系与管理制度

1)绿色施工管理体系

(1)绿色施工总体框架

绿色施工总体框架由施工管理、环境保护、节材与材料资源利用、节水与水资源利用、节能与能源利用、节地与施工用地保护六个方面组成(图 7-6)。这六个方面涵盖了绿色施工的基本指标,同时包含了施工策划、材料采购、现场施工、工程验收等各阶段的指标的子集。

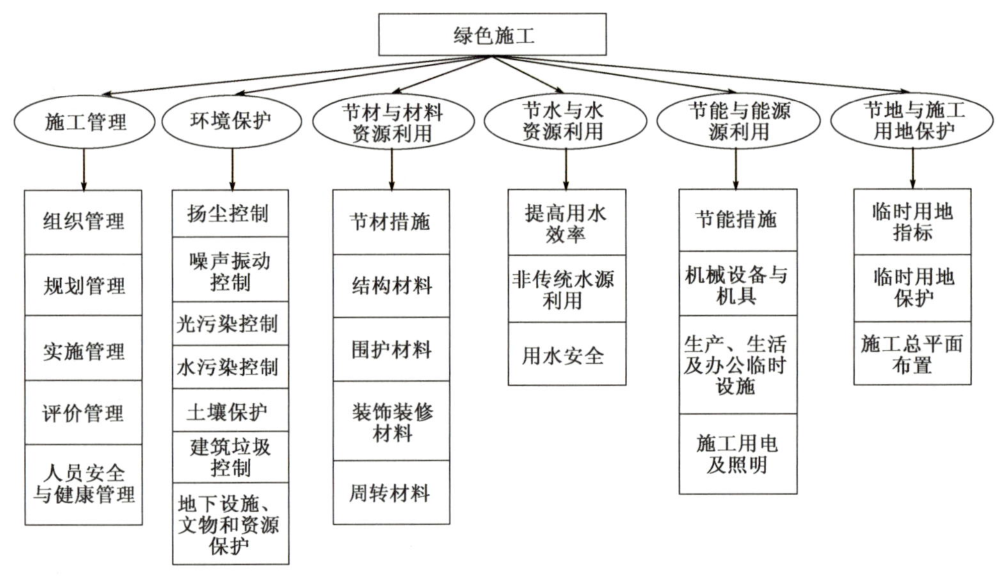

图 7-6 绿色施工总体框架

(2)绿色施工执行的标准

①原建设部 2007 年 9 月 10 日颁布的《绿色施工导则》。

②中国建筑业协会颁发的《全国建筑业绿色施工示范工程管理办法(试行)》和《全国建筑业绿色施工示范工程验收评价主要指标》。

③中国建设部联合国家质量监督检验检疫总局 2011 年 10 月 01 日颁发的《建筑工程绿色施工评价标准》(GB/T 50640—2010)。

④中国建设部联合国家质量监督检验检疫总局 2015 年 01 月 01 日颁发的《绿色建筑评价标准》(GB/T 50378—2014)。

⑤中国建筑业协会主编的《全国建筑业绿色施工示范工程申报与验收指南》。

⑥国家的其他相关法律、法规及相关的标准规范。

⑦地方政府颁布的有关质量、安全、文明施工的地方性法规、文件。

(3)绿色施工目标规划

①绿色施工总体规划。

a. 杜绝重大安全伤亡事故。

b. 杜绝重大污染事故发生。

c. 杜绝群体传染病、食物中毒事故发生。

d. 杜绝因施工中因噪声、粉尘、污水等造成的严重社会影响事件。

e. 对职工进行绿色施工知识培训,覆盖率达 100%。

f. 创建国家绿色施工示范工程。

环境保护目标见表 7-1。

环境保护目标 表 7-1

序号	主要指标	目标值
1	建筑垃圾	加强建筑垃圾的回收再利用,力争建筑垃圾的再利用和回收率达到 30%,建筑物拆除产生的废弃物的再利用和回收率大于 40%。对于碎石类、土石方类建筑垃圾,可采用地基填埋、铺路等方式提高再利用率,力争再利用率大于 50%
2	噪声控制	结构施工时昼间噪声≤70dB,装修施工时昼间噪声≤60dB,夜间施工噪声≤55dB
3	扬尘排放	(1)土方作业阶段,采取洒水、覆盖等措施,达到作业区目测扬尘高度小于 1.5m,不扩散到场区外。 (2)结构施工、安装装饰装修阶段,作业区目测扬尘高度小于 0.5m。 (3)施工现场非作业区达到目测无扬尘的要求。 (4)在场界四周隔挡高度位置测得的大气总悬浮颗粒物(TSP)月平均浓度与城市背景值的差值不大于 0.08mg/m^3
4	光污染	达到环保部门规定,做到夜间施工不扰民,无周边单位或居民投诉
5	文物和资源保护	(1)保证施工场地周边的各类管道、管线、建筑物、构筑物的安全运行。 (2)保护现场文物不被破坏,同时通报文物部门并协助做好工作

②绿色施工管理目标及社会效益。

节水及水资源利用目标办公区、生活区和现场施工节水器具配置率应达到 100%;施工用水实行定额计量,其占工程总造价比例控制在 0.2% 以内;施工现场非市政供水的利用率不低于 20%,雨水和施工废水的回收利用率不低于 30%。

节能及能源利用目标严禁使用淘汰的建筑材料、设备、产品和机具设备,办公区、生活区和现场施工节能照明灯具的应用数量应大于 80%;施工用电量占工程总造价的比例控制在 1% 以内。

节材及材料资源利用目标见表 7-2。

节材及材料资源利用目标 表 7-2

序号	主材名称	定额允许损耗率	目标损耗率
1	钢材	2.5%	1.5%
2	商品混凝土	1.5%	0.9%
3	木材	5%	3%
4	模板	平均周转次数 5 次	平均周转次数 7 次

续上表

序　号	主材名称	定额允许损耗率	目标损耗率
5	围挡等周转设备(料)		重复使用率75%以上
6	其他主要建筑材料		比定额损耗率减少30%
7	就地取材≤500km以内的占总量的90%		
8	回收利用率达到40%		

节地及土地资源利用目标工程禁止使用黏土砖，平面布置尽量减少临设用地面积，充分利用原有建筑物和道路，临时设施占地面积有效利用率大于90%。职工宿舍应满足$2m^2$/人的使用面积要求。

绿色施工的社会效益见表7-3。

绿色施工的社会效益　　表7-3

序号	项　目		社会效益
1	环境保护	扬尘控制	减少环境污染，增进环境保护，彰显社会责任，为当前大气污染治理贡献企业力量
		噪声振动控制	
		光污染控制	
		水污染控制	
		土壤保护	
		建筑垃圾控制	
2	节材与材料资源利用		合理节约材料，节约社会资源
3	节水与水资源利用		通过采取措施节约用水，减少水资源占用
4	节能与能源利用		通过利用新型环保能源和能源节约为节能减排作出贡献
5	节地与土地资源保护		通过采取措施达到保护生态环境的目的
6	其他绿色施工技术		通过创新技术实现绿色施工经济效益和社会效益的最大化，促进绿色施工技术的进步，通过工程实践为地区绿色施工创新技术积累经验

(4)绿色施工目标责任分解

①项目经理

履行第一责任人的作用，对承包项目的节约计划负全面领导责任。贯彻执行安全生产的法律法规、标准规范和其他要求，落实各项责任制度和操作规程。确定节约目标和节约管理组织，明确职能分配和职权规定，主持工程项目节约目标的考核。领导、组织项目经理部全体管理人员负责对施工现场的可能节约因素的识别、评价和控制策划，并落实负责部门。组织制定节约措施，并监督实施。定期召开项目经理部会议，布置落实节约控制措施。负责对分包队伍和供应商的评价和选择，保证分包队伍和供应商符合节约型工地的标准要求。适时组织对项目经理部的节约计划进行评估，并组织人员落实评估和内审中提出的改进要求和措施。

②总工程师

负责对已识别浪费因素进行评价，确定浪费因素，并制定控制措施、管理目标和管理方案,组织编制节约计划。编制施工组织设计,制定资源管理、节能降本措施,负责对能耗较大的施工操作方案进行优化。和业主、设计方沟通,在建设项目中推荐使用新型节能高效的节约型产品。积极推广十项新技术,优先采用节约材料效果明显的新技术。鼓励技术人员开发新技术、新工艺,建立技术创新激励机制。制定施工各阶段针对性技术交底文本,并对工程质量进行检查。

③商务经理

负责收集相关的法律、法规并传达各级部门。负责制定项目经理部节约宣传、教育、培训计划,落实责任部门和人员,按教育培训要求组织落实,对项目经理部进行分层次的节约教育。负责制定、完善二算对比制度、限额领料制度、余料回收奖励制度。负责督促现场材料预算、计划和进场验收制度,确保质量合格、数量准确。负责制订原材料综合利用计划,对施工余料和其他建筑垃圾回收再利用。

④生产经理

根据项目节约计划组织有关管理人员制定针对性的节约技术措施,并经常督促检查。

负责对施工现场临时设施的布置,对施工现场的临时道路、围墙合理规划,做到文明施工不铺张。合理选用各种降耗装置,提高各种机械的使用率和满载率。合理安排施工进度,最大限度发挥施工效率,做到工完料尽和质量一次成优。提高施工操作和管理水平,减少粉刷、地坪等非承重部位的正误差。负责对分包方合同履约的控制;负责向进场的分包方进行总交底,安排专人对分包施工进行监控。实施现场管理标准化,采用工具化防护,确保安全不浪费。

⑤预算员

严格执行进行两算对比制度,合理提供施工材料总计划。对节约措施进行核算,编写经济性可行性报告。参加对节约计划的评估,对节约措施进行价值分析。

⑥安全员

参与浪费因素的调查识别和节约计划的编制,执行各项措施。负责对施工全过程的指导、监督和检查,督促文明施工、安全生产,发现问题及时处理,并及时向项目经理汇报。参与评估和审核。

⑦现场责任师

参与节约策划,按照节约计划要求,对施工现场生产过程进行控制。负责在上岗前和施工中对进入现场的从业人员进行节约教育和培训。负责对施工班组人员及分包方人员进行有针对性的技术交底,履行签字手续,并对规程、措施及交底执行情况经常检查,随时纠正违章作业。负责检查督促每项工作的开展和接口的落实。

⑧质检员

负责对施工过程中的质量监督,对可能引起质量问题的操作,进行制止、指导、督促。负责进行工序间的验收,确保上道工序的问题不带入下一道工序。

⑨项目材料员

按照项目节约计划要求,组织各种物资的供应工作。负责供应商有关评价资料的收集,实施对供应商进行分析、评价,建立合格供应商名录。负责对进场材料按场容标准化要求堆放，杜绝浪费。执行材料进场验收制度，杜绝不合格产品流入现场。执行材料领用审批制度，限额领料。

⑩机械管理员

组织施工现场机械使用前的验收和日常检查，负责机具的保养及维修工作，提高机械完好率。对施工现场的用电设施尽量使用节能产品，并按要求验收和平时安全用电的管理。配合综合部对生活用电进行管理。对新购、租赁设备实施检查、验收控制，确保设备完好、节能、安全可靠。

⑪综合管理员

配合项目领导抓好宣传、教育和培训工作，负责按培训教育制度或计划落实具体工作。负责工地宿舍及临时办公室的生活用电、用水节约工作。负责工地纸张、复印纸等办公用品的合理使用。负责食堂的日常管理，节约用水、电、油。对施工过程中劳务人员的进出场进行记录，做好动态管理。

2)绿色施工管理制度

(1)节地与施工用地保护管理制度

项目部为创建“节约型用地”，从工程开工就对施工现场的每一寸土地进行了合理的布局，从材料的堆放、各种临建的布置及现场每个角落的绿化，都经过精确计算，充分体现了节地的含义。

施工现场的临时设施建设禁止使用黏土砖。

施工现场设置的临时厕所化粪池采用可重复利用成品塑料化粪池。

现场围墙尽量采用原有围墙或采用可重复使用的装配式的方钢骨架钢板围挡，高度2.5m。禁止使用黏土砖砌筑。

临时办公、生活用房使用轻钢活动板房。

建设工程施工总平面规划布置应优化土地利用，减少土地资源的占用。

土方开挖施工应采取先进的技术措施，减少土方开挖量，最大限度地减少对土地的扰动，保护周边自然生态环境。

(2)节能与能源利用管理制度

开展能源节约教育：施工前对于所有的工人进行节能教育，树立节约能源的意识，养成良好的习惯。并在电源控制处，贴出“节约用电”“人走灯灭”等标志，在厕所部位设置声控感应灯。

优先使用国家、行业推荐的节能、高效、环保的施工设备和机具，如选用变频技术的节能施工设备等。

实行用电计量管理，严格控制施工阶段的用电量。必须装设电表，生活区与施工区应分别计量，用电电源处应设置明显的节约用电标识，同时施工现场应建立照明运行维护和管理制度，及时收集用电资料，建立用电节电统计台账，提高节电率。施工现场分别设定生产、生活、办公和施工设备的用电控制指标，定期进行计量、核算、对比分析，并有预防与纠正措施。

在施工组织设计中，合理安排施工顺序、工作面，以减少作业区域的机具数量，相邻作业区充分利用共有的机具资源。安排施工工艺时，应优先考虑耗用电能的或其他能耗较少的施工工艺。避免设备额定功率远大于使用功率或超负荷使用设备的现象。

施工现场机械设备管理应满足下列要求:施工机械设备应建立按时保养、保修、检验制度;施工机械宜选用高效节能电动机;220V/380V 单相用电设备接入 220/380V 三项系统时,宜使用三项平衡;合理安排工序,提高各种机械的使用率和满载率。

充分利用太阳能,现场淋浴设置太阳能或空气能,减少用电量。生产、生活及办公区照明设备均使用环保节能型灯具。

建立施工机械设备管理制度,开展用电、用油计量,完善设备档案,及时做好维修保养工作,使机械设备保持低耗、高效的状态。选择功率与负载相匹配的施工机械设备,避免大功率施工机械设备低负载长时间运行。机电安装可采用节电型机械设备,如逆变式电焊机和能耗低、效率高的手持电动工具等,以利节电。机械设备宜使用节能型油料添加剂,在可能的情况下,考虑回收利用,节约油量。

结构施工均采用预拌混凝土及预拌砂浆,减少了能源消耗。

生活区所有宿舍设置限流器,空调线路单独设置,杜绝空调以外其他大功率设备的使用。

施工现场应制定节能措施,提高能源利用率,对能源消耗量大的工艺必须制定专项降耗措施。

(3)节水与水资源利用管理制度

实行用水计量管理,严格控制施工阶段的用水量。施工用水必须装设水表,生活区与施工区分别计量。及时收集施工现场的用水资料,建立用水节水统计台账,并进行分析、对比,提高节水率。

现场及生活用非饮用水使用节水型生活用水器具,非饮用水全部使用回收沉淀的施工废水或地下深井水,用水在水源处应设置明显的节约用水标识。盥洗池、卫生间采用节水型水龙头、低水量冲洗便器或缓闭冲洗阀等。在非传统水源和现场循环再利用水的使用过程中,制定有效的水质检测与卫生保障措施,确保避免对人体健康、工程质量以及周围环境产生不良影响。

施工现场设置废水回收设施,对废水进行回收后循环利用。冲车池及洗车池设沉淀池及清水池,对洗车、冲车污水进行重复循环利用。

现场生产用水充分利用降水阶段的地下水及收集的雨水,顶板混凝土养护采用覆盖保水养护,独立柱采用包裹塑料布养护,墙体采用混凝土养护剂及喷水养护。

(4)节材与材料资源利用管理制度

优化施工方案,选用绿色材料,积极推广新材料、新工艺,促进材料的合理使用,节省实际施工材料消耗量。

根据施工进度、材料周转时间、库存情况等制定采购计划,并合理确定采购数量,避免采购过多,造成积压或浪费。

对周转材料进行保养维护,维护其质量状态,延长其使用寿命。按照材料存放要求进行材料装卸和临时保管,避免因现场存放条件不合理而导致浪费。

依照施工预算,实行限额领料,严格控制材料的消耗。

施工现场应建立可回收再利用物资清单,制定并实施可回收废料的回收管理办法,提高废料利用率。

根据场地建设现状调查,对现有的建筑、设施再利用的可能性和经济性进行分析,合理安排工期。利用拟建道路和建筑物,提高资源再利用率。

建设工程施工所需临时设施(办公及生活用房、给排水、照明、消防管道及消防设备)应采用可拆卸可循环使用材料,并在相关专项方案中列出回收再利用措施。

(5)扬尘污染管理制度

施工现场主要道路应根据用途进行硬化处理,土方应集中堆放。裸露的场地和集中堆放的土方应采取覆盖、固化或绿化等措施。

施工现场大门口应设置冲洗车辆设施。施工现场易飞扬、细颗粒散体材料,应密闭存放。遇有四级以上大风天气,不得进行土方回填、转运以及其他可能产生扬尘污染的施工。施工现场办公区和生活区的裸露场地应进行绿化、美化。施工现场材料存放区、加工区及大模板存放场地应平整坚实。建筑拆除工程施工时应采取有效的降尘措施。规划市区范围内的施工现场,混凝土浇筑量超过100m^3以上的工程,应当使用预拌混凝土;施工现场应采用预拌砂浆。施工现场进行机械剔凿作业时,作业面局部应遮挡、掩盖或采取水淋等降尘措施。施工现场应建立封闭式垃圾站。建筑物内施工垃圾的清运,必须采用相应容器或管道运输,严禁凌空抛掷。

(6)有害气体排放管理制度

施工现场严禁焚烧各类废弃物。施工车辆、机械设备的尾气排放应符合国家和河北省规定的排放标准。建筑材料应有合格证明。对含有害物质的材料应进行复检,合格后方可使用。民用建筑工程室内装修严禁采用沥青、煤焦油类防腐、防潮处理剂。施工中所使用的阻燃剂、混凝土外加剂氨的释放量应符合国家标准。

(7)水土污染管理制度

施工现场搅拌机前台、混凝土输送泵及运输车辆清洗处应当设置沉淀池。废水不得直接排入市政污水管网,可经二次沉淀后循环使用或用于洒水降尘。施工现场存放的油料和化学溶剂等物品应设有专门的库房,地面应做防渗漏处理。废弃的油料和化学溶剂应集中处理,不得随意倾倒。

食堂应设隔油池,并应及时清理。

施工现场设置的临时厕所化粪池应做抗渗处理。

食堂、盥洗室、淋浴间的下水管线应设置过滤网,并应与市政污水管线连接,保证排水畅通。

(8)噪声污染管理制度

施工现场应根据国家标准《建筑施工场界环境噪声排放标准》(GB 12523—2011)的要求制定降噪措施,并对施工现场场界噪声进行检测和记录,噪声排放不得超过国家标准。施工场地的强噪声设备宜设置在远离居民区的一侧,可采取对强噪声设备进行封闭等降低噪声措施。运输材料的车辆进入施工现场,严禁鸣笛。装卸材料应做到轻拿轻放。减少施工噪声影响,应从噪声传播途径、噪声源入手,减轻噪声对施工现场地外的影响。切断施工噪声的传播途径,可以对施工现场采取遮挡、封闭、绿化等吸声、隔声措施,从噪声源减少噪声。对机械设备采取必要的消声、隔振和减振措施,同时做好机械设备日常维护工作。

施工时间应安排在6:00—22:00间进行,因生产工艺上要求必须连续施工或因特殊需要夜间施工的,必须在施工前到工程所在地、市建设行政主管部门提出申请夜间施工许可证,并在环保部门备案后方可施工。同时项目部要协助建设单位做好周边居民工作。

施工现场的强噪声设备设置在远离居民区的一侧。尽量选用环保型低噪声振捣器,振捣器使用完毕后及时清理与保养。振捣混凝土时禁止接触模板与钢筋,并做到快插慢拔,应配备相应人员控制电源线的开关,防止振捣器空转。

钢筋加工机械噪声控制:尽量采用全新购置的钢筋加工机械,确保机械设备性能良好,运行稳定,噪声小。

木材切割噪声控制:在木材加工场地切割机周围搭设一面围挡结构,尽量减少噪声污染。

混凝土输送泵噪声控制:结构施工期间,根据现场实际情况确定泵送车位置,布置在空旷位置,采用噪声小的设备,必要时在输送泵的外围搭设隔音棚,减少噪声扰民。混凝土浇筑噪声控制:尽量安排在白天浇筑。选择低噪声的振捣设备。浇筑地下室底板时争取采用溜槽加窜筒下料,减少噪声和工程费用。

人为噪声的控制措施:提倡文明施工,加强人为噪声的管理,进行进场培训,减少人为的大声喧哗,增强全体施工生产人员防噪扰民的自觉意识。合理安排施工生产时间,使产生噪声大的工序尽量在白天进行。拆除、清理、维修模板、钢管等材料时禁止猛烈敲打。脚手架支拆、搬运、修理等必须轻拿轻放,上下左右有人传递,减少人为噪声。夜间施工时尽量采用隔音布、低噪声振捣棒等方法最大限度地减少施工噪声;材料运输车辆进入现场严禁鸣笛,装卸材料必须轻拿轻放。高考、中考期间,严格控制施工时间,不得夜间施工。

(9)光污染管理制度

施工单位应合理安排作业时间,尽量避免夜间施工。必要时的夜间施工,应合理调整灯光照射方向,在保证现场施工作业面有足够光照的条件下,减少对周围居民生活的干扰。

在高处进行电焊作业时应采取遮挡措施,避免电弧光外泄。

钢结构焊接部位设置遮光棚,防止强光外射对工地周围区域造成影响。对于板钢筋的焊接,可以用废旧模板钉维护挡板;必要时在工作面设置挡光彩条布或者密目网遮挡强光。

控制照明光线的角度。工地周遍及塔吊上设置大型罩式灯,随着工地的进度及时调整罩灯的角度,保证强光线不射出工地外。施工工地上设置的碘钨灯照射方向始终朝向工地内侧。

(10)施工固体废弃物控制管理制度

施工中应减少施工固体废弃物的产生。工程结束后,对施工中产生的固体废弃物必须全部清除。

施工现场应设置封闭式垃圾站,施工垃圾、生活垃圾应分类存放,并按规定及时清运消纳。

生产废料:现场生产垃圾外运时,要送到指定的符合要求的垃圾处理场,场区进口,运输道路采用硬铺装地面，汽车出场前要清除汽车轮胎上的泥土，现场的材料包装由项目经理部负责，材料包装的回收处理由项目部制定回收方式、方法，存放地、处理方式，确保不发生环境污染问题，同时，现场内不得随意乱扔包装用品，不等焚烧塑料包装制品。

生活垃圾：生活区要有统一规划，生活设施完善，符合生活卫生要求，食堂建立剩饭回收装置，并做到日产日清，垃圾回收箱布局合理，垃圾分类处理，并由专人负责管理，做到生活区卫生整洁。

施工固体废弃物分类见表7-4。

施工固体废弃物分类　　表7-4

分　类	具体内容
危险固体废弃物	施工现场危险固体废弃物（包括废化工材料及其包装物、电焊条、废玻璃丝布、废铝箔纸、聚氨酯夹芯板废料、工业棉布、油手套、含油棉纱棉布、油漆刷、废沥青路面等）； 实验室用废液瓶、化学试件废料； 清洗工具废渣、机械维修保养液废渣； 办公区废复写纸、复印机废墨盒、打印机废墨盒、废硒鼓、废色带、废电池、废磁盘、废计算机、废日光灯管、废涂改液
可回收一般固体废物	办公垃圾：废报纸、废纸张、废包装箱、木箱； 建筑垃圾：废金属、包装箱、空材料桶、碎玻璃、钢筋头、焊条头、瓦砾、混凝土等
不可回收一般固体废物	施工垃圾：废石膏制品、沉淀物等； 生活垃圾：食物加工废料。 固体废物应分类堆放，并有明显的标识（如有毒有害、可回收、不可回收等）

危险固体废弃物必须分类收集，封闭存放，积攒一定数量后由各单位委托当地有资质的环卫部门统一处理并留存委托书。

对油漆、稀料、胶、脱模剂、油等包装物可由厂家回收的尽量由厂家收回。对打印机墨盒、复印机墨盒、硒鼓、色带、电池、涂改液等办公用品应实现以旧换新，以便于废弃物的回收，并尽可能由厂家回收处理。应建立保持回收处置记录。可回收再用的一般废弃物须分类收集，并交给废品回收单位。如能重复使用的尽量重复使用（如双面使用废旧纸张、钢筋头再利用等）。对钻头、刀片、焊条头等一些五金工具应实现以旧换新，同时保留回收记录。

加强建筑垃圾的回收利用，对于碎石、土方类建筑垃圾可采用地基填埋、铺路等方式提高再利用率。施工垃圾按指定地点堆放，不得露天存放。应及时收集、清理，采用袋装、灰斗或其他容器集中后进行运输，严禁从建筑物上向地面直接抛撒垃圾。生活垃圾应及时清理。垃圾清运过程中，易产生扬尘的垃圾，应先适量洒水后再清运。固体废弃物清运单位必须有准运证，并让其提供废弃物收购、接纳单位资质证明和经营许可证，与其签订《固体废弃物清运协议》。复印准运证、资质证明、经营许可证与《固体废弃物消纳登记表》一并存档。

（11）环境影响控制管理制度

工程开工前，建设单位应组织对施工场地所在地区的土壤环境现状进行调查，制定科学的保护或恢复措施，防止施工过程中造成土壤侵蚀、退化，减少施工活动对土壤环境的破坏和污染。

建设项目涉及古树名木保护的，工程开工前，应由建设单位提供政府主管部门批准的文件，未经批准，不得施工。

建设项目施工中涉及古树名木确需迁移，应按照古树名木移植的有关规定办理移植许可证和组织施工。

对场地内无法移栽、必须原地保留的古树名木应划定保护区域，严格履行园林部门批准的保护方案，采取有效保护措施。

施工单位在施工过程中一旦发现文物，应立即停止施工，保护现场并通报文物管理部门。

建设项目场址内因特殊情况不能避开地上文物，应积极履行经文物行政主管部门审核批准的原址保护方案，确保其不受施工活动损害。

对于因施工而破坏的植被、造成的裸土，必须及时采取有效措施，以避免土壤侵蚀、流失。如采取覆盖砂石、种植速生草种等措施。施工结束后，被破坏的原有植被场地必须恢复或进行合理绿化。

(12)场地布置及临时设施建设管理制度

施工现场办公区、生活区应与施工区分开设置，并保持安全距离；办公、生活区的选址应当符合安全要求。

施工现场应设置办公室、宿舍、食堂、厕所、淋浴间、开水房、文体活动室(或农民工夜校培训室)、吸烟室、密闭式垃圾站(或容器)及盥洗设施等临时设施。

施工现场临时搭建的建筑物应当符合安全使用要求，施工现场使用的装配式活动房屋应当具有产品合格证书。建设工程竣工一个月内，临建设施应全部拆除。

严禁在尚未竣工的建筑物内设置员工集体宿舍。

(13)作业条件及环境安全管理制度

施工现场必须采用封闭式标准化围挡，高度不得低于1.8m。施工现场应设置标志牌和九牌一图、企业宣传牌等，按规定应有现场平面布置图和安全生产、消防保卫、环境保护、文明施工制度板，公示突发事件应急处置流程图。施工单位应采取保护措施，确保与建设工程毗邻的建筑物、构筑物安全和地下管线安全。塔式起重机等大型机械设备应与架空输电导线保持安全距离，高压线路应采用绝缘材料进行安全防护。

施工期间应对建设工程周边临街人行道路、车辆出入口采取硬质安全防护措施，夜间应设置照明指示装置。施工现场出入口、施工起重机械、临时用电设施、脚手架、出入通道口、楼梯口、电梯井口、孔洞口、基坑边沿及有害危险气体和液体存放处等危险部位，应设置明显的安全警示标志。安全警示标志必须符合国家标准。在不同的施工阶段及施工季节、气候和周边环境发生变化时，施工现场应采取相应的安全技术措施，达到文明安全施工条件。

(14)废料回收管理办法

项目部根据废料产生多少的情况以项目部内部签呈的格式书面向项目经理提报回收申请。回收申请经项目经理审核、批准后转交公司工程管理部进行监督回收处理。公司工程管理部接到项目经理批准的签呈后，在申请规定的时间内立即安排处理，确保不影响项目部的整洁状况。物资部负责计量，商务部负责记价，其他管理人员负责监督及协调工作。已重新利用的废旧材料物资管理人员要在清单上签名确认。

7.2 全过程环保管控模式创新

随着计算机、网络和通信技术的快速发展，传统行业工作信息化已经成为当今时代发展的大趋势。利用各种先进的传感器技术、物联网技术、信息化技术等来提高高速公路建设工程信息管理系统的智能化，实现对高速公路施工现场实施的全方位、立体化、多层次、精细化监管，重点环节和关键路段的重点监控，及时发现和纠正施工现场中存在的突出问题，确保施工全过程处于受控状态，从而达到对高速公路建设施工过程的高效率、高质量的管理效果，为高速公路施工管理提供了全新的管理方式和理念，实现高速公路建设工程管理信息化。

基于物联网的公路工程施工质量管控技术弥补了传统方法在工程建设管理中的不足，实现对人、机、料、法、环的全方位实时监控，变被动“监督”为主动“监控”，把公路施工质量管理从事后把关，转向事前控制，实现预防为主，施工全过程控制的全新管理模式，如图 7-7 所示。

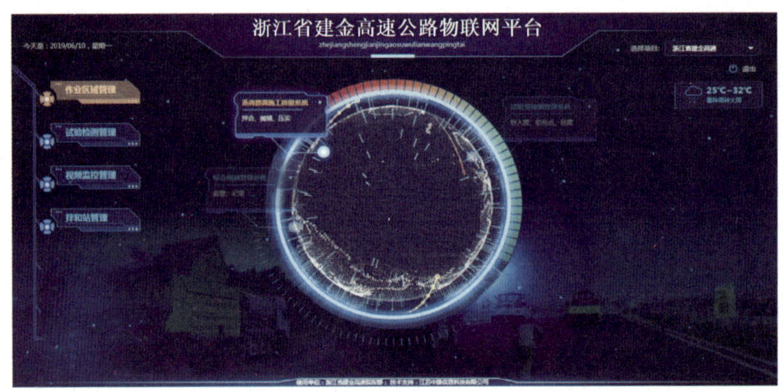

图 7-7　路面施工物联网平台

建金高速公路路面施工物联网平台充分利用互联网架构的传感技术，实时采集路面施工过程数据信息，包括混合料拌和、运输、摊铺、碾压等环节，通过通信模块及时上传到中心服务器。中心服务器依托设计程序对原始数据进行计算，生成工程质量控制语言，动态、真实地反映工程质量情况，并根据设定的控制限值，实现对工程质量的动态控制，提供分析预警机制，及时发现质量波动情况、分析质量问题。路面施工质量信息化平台是将路面施工过程中拌和、运输、摊铺、碾压、视频整合的综合管控平台，并利用高精度 GPS 定位，与现场桩号一一对应，现场施工实时纠偏。

7.2.1　系统平台规划

1) 技术路线

在实现技术上，本项目系统遵循如下技术总体路线：

(1)以信息工程方法论为指导,坚持以数据为中心的原则,做好总体数据规划。

(2)采用大型数据库对数据进行集中、科学、有序的管理,所有工作人员面对系统的数据库,具有很好的数据一致性和完整性。

(3)采用最卓越的企业级技术规范架构,为搭建具有可伸缩性、灵活性、易维护性的商务系统提供良好的机制。

(4)集中部署,分布式访问,满足广域范围的应用需要。

(5)采用先进的数据对比过滤分析技术,建立业务预警体系,提供完善的业务预警功能。

(6)采用标准化的建设数据管理,项目信息、支付信息、工作阶段、施工编号、桩号、业务表格、评定办法等严格按照行业标准和地方相关标准进行设计。

(7)预留数据、视频接口,为实现建设系统数据与其他系统数据的关联集成提供基础。

2)系统技术架构

B/S技术是所有系统提供的业务功能部署在服务器上,用户通过使用客户机上的浏览器访问服务器上的有关业务功能服务来完成业务处理任务的一项计算机技术。B/S技术的优点是方便系统部署,用户客户机配置要求较低。用户在权限范围内只要存在网络的地方就可以通过访问服务器上的服务进行工作处理。

3)系统部署方案

按"集中数据管理、支撑各级各类应用"的原则,各应用系统主要集中物理部署于省交通集团信息机房基于PaaS云和SaaS云环境服务器,各参建单位通过远程调用的方式获取相关数据。

在PaaS部署层部署J2EE开发框架、Weblogic或Websphere中间件、数据交换接口服务等基础服务组件,为用户提供的应用统一部署在SaaS云环境中。各级用户通过专线内网、Internet、VPN等方式接入SaaS应用系统访问。

4)工程用户管理

系统软件采用B/S语言,每个访问者均需要通过人员权限系统实现访问权限检测,让经过授权的用户可以使用已授权功能,另一方面,本项目的专家决策系统对于预警处理任务需要一个流转、闭环的过程,对于不同角色在流程中所承担的工作需要通过权限加以区分。

本系统的权限设计主要以"组"的概念,即根据项目指挥部、监理办、项目部、中心实验室等角色的定位以"组"权限进行定义,以此形成一个组件,方便不同项目重复使用权限系统。同时,除了功能权限的设计,还进行资源权限的设置,以满足同一组内不同岗位人员的需求。

系统运行过程中所涉及的用户角色主要包括:项目指挥部主要领导、业务部门负责人、管理人员;监理办、项目部、中心实验室等参建单位主管领导、现场负责人、现场管理人员。根据其角色决定该角色的权限,如:建金高速公路指挥部查看所有数据;项目部现场负责人只能查看对应项目的信息。

7.2.2 系统平台总体架构

1)系统平台总体组成部分

本系统采用"顶层设计"进行规划,基于高速公路建设"四控两管一协调"的目标搭建路面信息一体化管控系统，系统平台主要包括功能模块如下：

(1)试验检测管理(实验室检测)。

(2)施工质量管理(水稳沥青拌和、混合料运输、混合料摊铺压实)。

(3)视频监控管理(关键施工现场)。

2)系统平台体系架构

本系统的 Web 后台使用 SpringBoot 框架，前台 UI 界面使用的是一组基于 jQuery 的 UI 插 JQuery EasyUI，数据库使用 Mysql，数据库设计满足 3NF，便于查询，少数据冗余。数据处理模块用 C/S 架构，用 C 语言程序的运行效率；web 后台用 java 处理，利用 jdbc 的高效率数据库驱动。网站密码等重要信息结合了 MD5 的加密技术，网站的前后台都是采用了 B/S 结构搭建的，系统可以依据登录用户权限进行网站管理。

3)系统平台总体架构

本系统以数据平台展示为基础，后台数据解析为关键，得到施工质量结果为目标。对于传感器传输的原始数据，根据后台录入的评估参数和经验计算体系数据，对路面施工质量过程中不合格的施工环节进行预警，进行调整决策。通过对施工过程数据的综合统计，结合实验结果的对比，为后期施工计划决策的调整带来帮助。

4)系统平台界面设计

(1)登录界面

本项目系统总体界面点击统一登录，定格后出现登录界面对话框，登录进入主界面后，出现平面地形图(图 7-8)。

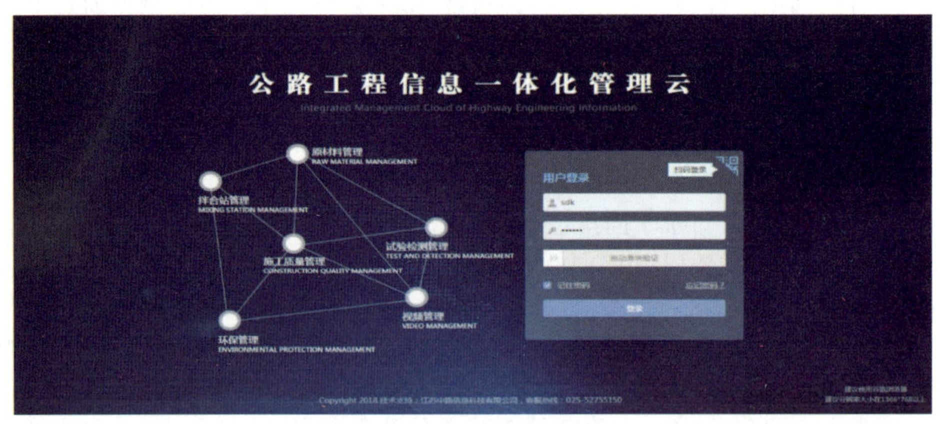

图 7-8 登录界面示意

(2)路线平面导航

如图 7-9 所示为路线平面导航示意图，可显示关键点的位置，点击任意位置，可进入查询到相关信息。可了解到管理机构、临建设施等的位置，也可查询到所在桩号，追溯至拌和生产、试验检测、摊铺、碾压监控数据，加强了系统模块之间的联系性，全面监管路面施工质量水平。

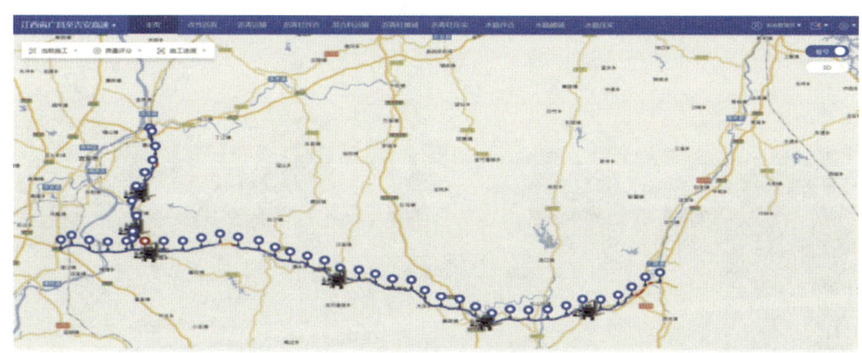

图7-9 路线平面导航示意

(3)3D定制化模型

系统根据路面施工全过程的环节建立粗模的3D模型展示现拌和、运输、摊铺、压实、视频环保等施工场景,如图7-10~图7-13所示。

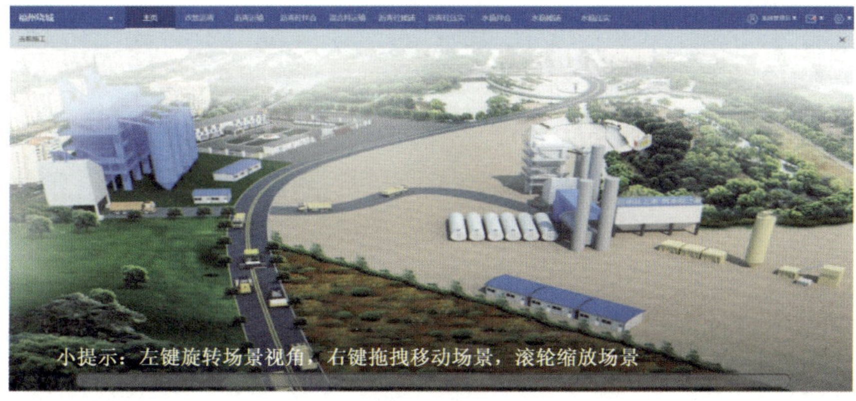

图7-10 3D导航页

图7-11 沥青拌和站场景

图 7-12　水稳合站拌和站场景

图 7-13　沥青施工现场场景

7.2.3　路面施工物联网平台管控内容

1）水稳、沥青拌和生产管控

（1）可实现的管控功能

①实时监控每盘混凝土的级配、油石比、水泥剂量、温度、拌和时间等质量指标。

②随时查看生产情况，实时动态分析混合料的级配、油石比、水泥剂量等指标波动情况。

③按照时间及各类条件进行历史数据查询，数据存储在独立数据库中，可长期保存。

④实时微信报警，确保在第一时间获取拌和站超标信息，及时通知整改。

（2）现场设备配置

拌和管控现场设备主要有数据采集发送器、采集安装软件，具体设备配置清单和技术指标见表 7-5。

混合料拌和管控主要设备配置清单和技术指标　　表 7-5

管控类别	设备名称	技术指标
混合料拌和管控（SR-HM）	无线传输终端设备	工业防护等级 IP65；运行时间≥100000h
	SIM 物联卡	三网通
	采集安装软件	数据的自动采集（无须人工操作）

(3)现场安装方案

①混合料拌和站控制电脑安装驻留采集软件,直接获取底层数据并扫描新数据。

②安装一个无线模块,将数据整理成服务程序需要的格式后,通过无线模块发送至后台服务器,进行数据的统计分析(图7-14)。

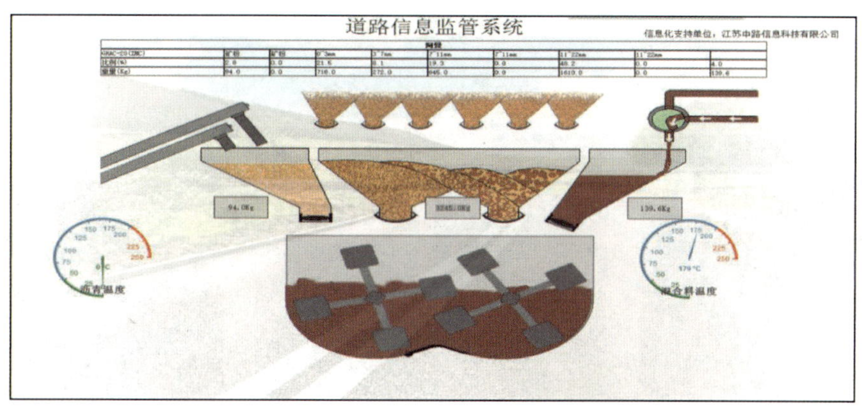

图7-14 系统平台混合料生产管控实时同步模拟图

2)混合料运输管控

(1)可实现的管控功能

①质量溯源。可查询到任意桩号的混合料的运输信息,包括开始运输时间、开始摊铺时间、摊铺桩号、结束摊铺时间,并推算混合料的拌和质量状况。

②混合料的运输周期查询。可查询到任意车辆的运输信息,包括运输周期、时间等信息,对于运输时间周期予以阈值的限制。

(2)现场设备配置

混合料运输管控现场设备主要有RFID识别器和电子标签卡,具体设备见表7-6。

混合料运输管控主要设备配置清单和技术指标 表7-6

管控类别	设备名称	技术指标	备注
混合料运输管控(SR-MTS)	RFID识别定位终端	车载RFID位置信息	与MC100不分离
	SIM物联卡	三网通	
	RFID电子标签卡	为混合料运输车辆提供位置信息	针对20辆运输车

(3)现场安装方案

①在每辆运输车驾驶室侧箱、料斗尾箱安装FRID电子标牌,对运输车车牌进行记录。

②在拌和楼、摊铺机安装两套电子标牌识别器,识别电子标牌并记录运输车辆信息。如图7-15~图7-18所示。

3)沥青混合料摊铺管控

(1)可实现的管控功能

①实时观测沥青摊铺机的行走速度、阶段的摊铺里程。

②实时观测沥青混合料铺面的温度及整个断面的温度分布情况。

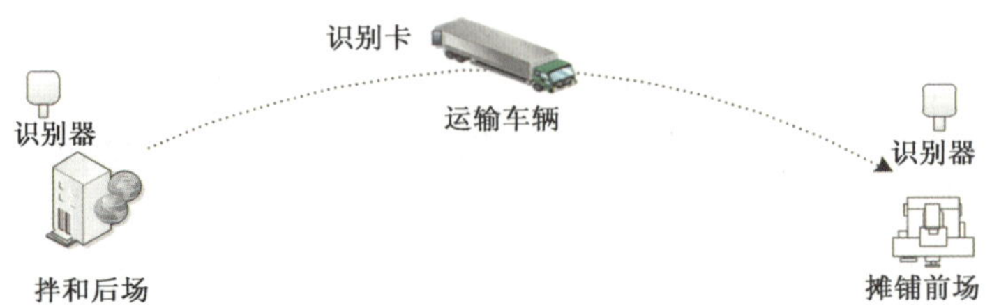

图 7-15　运输管控实施方案示意图

图 7-16　安装于前后场、车辆上的标签与读卡器

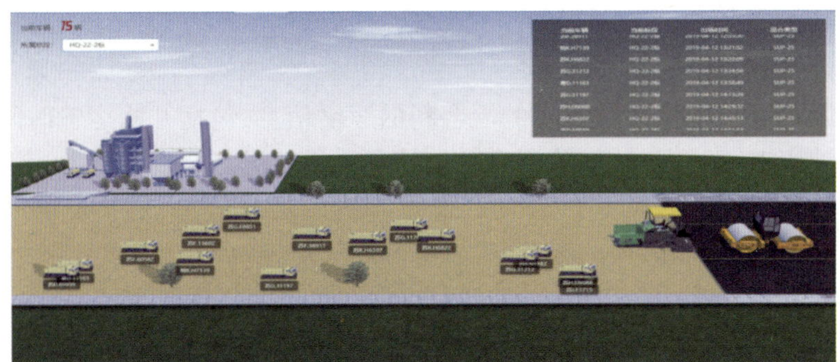

图 7-17　系统平台混合料运输管控实时同步数据

道路管理系统

- 系统管理
- 项目监管综合信息
- 沥青运输监管
- 沥青混合料拌合生产
- 水稳混合料拌合生产
- 混合料运输监管
- 混合料摊铺监管
- 混合料压实监管
- 用户服务

项目质量分布　设备管理　历史查询下载　刷新　关闭

材料类型：　工程标段：
开始时间：　结束时间：
车辆牌照：　查询　重置

	车牌号	工程标段	材料类型	开始运输时间	开始摊铺时间	开始摊铺桩号	结束摊铺时间	结束摊铺桩号	运输周期
124	湘H. 28708	NO. E	GHAC-25(XMC)	2017-03-21 22:36:24	2017-03-21 23:58:05	K99+410.2	2017-03-21 23:59:5	K99+411.8	1小时22分
125	湘A. 57711	NO. E	GHAC-25(XMC)	2017-03-21 22:25:45	2017-03-21 23:31:14	K99+382.5	2017-03-21 23:35:(	K99+382.7	1小时5分
126	赣C. 99968	NO. E	GHAC-25(XMC)	2017-03-21 22:18:12	2017-03-21 23:50:02	K99+393.7	2017-03-21 23:50:1	K99+393.7	1小时32分
127	湘A. 57711	NO. E	GHAC-25(XMC)	2017-03-21 21:20:07	2017-03-21 23:31:14	K99+382.5	2017-03-21 23:35:1	K99+382.6	2小时11分
128	粤V. N2731	NO. E	GHAC-25(XMC)	2017-03-21 11:51:32	2017-03-21 12:48:23	K99+360.5	2017-03-21 12:50:(	K99+360.4	0小时57分
129	粤R. 36235	NO. E	GHAC-25(XMC)	2017-03-21 11:38:25	2017-03-21 12:28:09	K99+322.8	2017-03-21 12:30:(	K99+323.4	0小时50分
130	粤V. N2706	NO. E	GHAC-25(XMC)	2017-03-21 11:21:57	2017-03-21 12:14:13	K99+303.9	2017-03-21 12:15:(	K99+303.9	0小时52分
131	粤R. 40207	NO. E	GHAC-25(XMC)	2017-03-21 11:08:42	2017-03-21 12:06:45	K99+285.6	2017-03-21 12:10:(	K99+291.3	0小时58分
132	湘A. 43811	NO. E	GHAC-25(XMC)	2017-03-21 10:51:51	2017-03-21 11:59:03	K99+268.1	2017-03-21 12:00:(	K99+268.5	1小时7分
133	赣C. N1939	NO. E	GHAC-25(XMC)	2017-03-21 10:43:20	2017-03-21 11:51:28	K99+250.0	2017-03-21 11:55:(	K99+257.3	1小时8分
134	湘H. 60609	NO. E	GHAC-25(XMC)	2017-03-21 10:33:12	2017-03-21 11:41:39	K99+230.9	2017-03-21 11:45:(	K99+231.5	1小时8分
135	湘H. 28708	NO. E	GHAC-25(XMC)	2017-03-21 10:12:48	2017-03-21 11:26:44	K99+196.4	2017-03-21 11:30:1	K99+202.4	1小时14分
136	湘H. 55869	NO. E	GHAC-25(XMC)	2017-03-21 10:07:00	2017-03-21 11:18:56	K99+179.5	2017-03-21 11:20:1	K99+179.5	1小时12分
137	湘A. 57711	NO. E	GHAC-25(XMC)	2017-03-21 10:03:00	2017-03-21 11:12:30	K99+162.5	2017-03-21 11:15:1	K99+168.1	1小时10分
138	赣C. 99968	NO. E	GHAC-25(XMC)	2017-03-21 09:53:08	2017-03-21 11:05:39	K99+143.1	2017-03-21 11:06:5	K99+145.3	1小时13分

50　第 3　共109页　显示101到150，共5411记录

图 7-18　系统平台混合料运输管控实时同步数据

③根据摊铺机编号、桩号等条件，查询摊铺作业状态，包括摊铺具体位置、摊铺速度等信息。

(2)现场设备配置

混合料摊铺管控现场设备主要有GNSS接收机、MC100主机等，具体设备见表7-7。

混合料摊铺管控主要设备配置清单和技术指标 表7-7

管控类别	设备名称	技术指标
混合料摊铺管控(SR-MPS)	红外温度传感器	每台配2~5个传感器(含计量标、定证书)
	LED显示屏和电源箱	实时展示摊铺温度、离析、速度等数据
	GNSS接收机(MC100型)	检定证书报告(定位精度<2cm)
	SIM物联卡	三网通
	配套天线及配件	全套

(3)现场安装方案

①在工程项目部建立定位参考基站，由于现场公共网络信号不稳定，在项目部建立一个网络基站。

②在沥青混合料的摊铺机上安装高精度GNSS定位板卡(识别精度为厘米)获得摊铺位置及摊铺速度信息。

③在摊铺机熨平板处安装多个温度传感器实时采集同一摊铺断面不同位置的温度信息及温度离析情况。

④摊铺机顶棚处外挂LED屏，供现场人员实时查看摊铺温度、速度信息。如图7-19~图7-23所示。

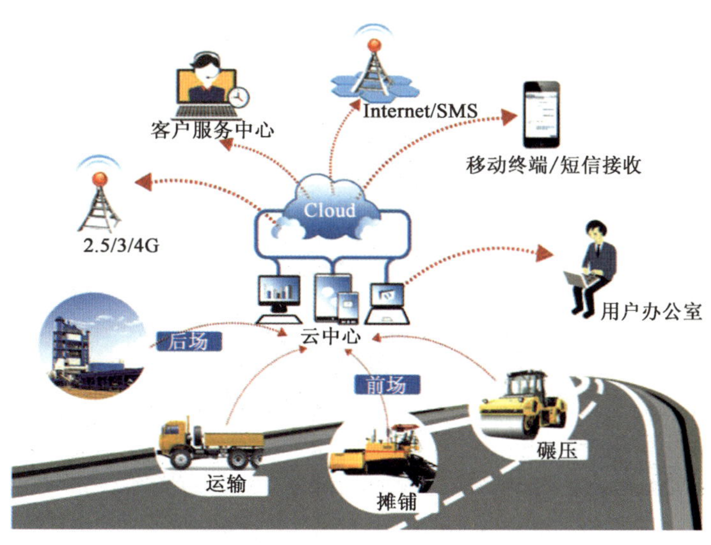

图7-19 项目动态监测管理系统

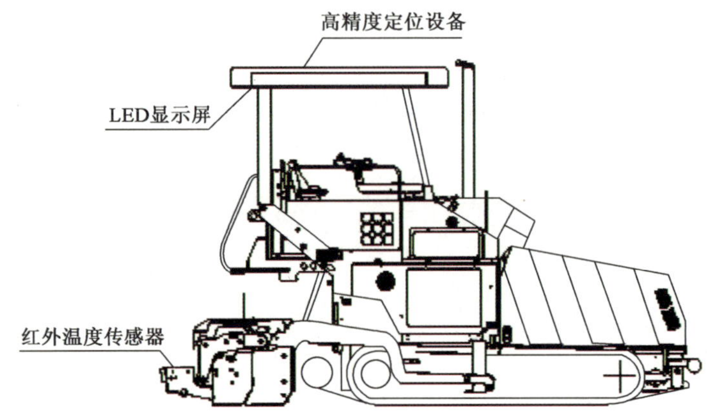

图 7-20　现场摊铺机安装示意图

图 7-21　安装于设备的 LED 屏及控制箱

图 7-22　安装于摊铺机上温度传感器

图7-23 系统平台摊铺管控同步模拟图

4)沥青混合料碾压管控

(1)可实现的管控功能

①可查阅任意桩号段落路面工程的压实质量,包括压实遍数、初始压实温度、完成压实遍数的时间、压实速度等信息,客观评价各标段的施工质量。

②利用安装在驾驶室内的互联反馈系统,让操作手了解到施工段落出现“漏压、超压”的具体位置,指导操作手进行操作。

(2)现场设备配置

混合料碾压管控现场设备主要有GNSS接收机、MC100主机、等具体设备见表7-8。

混合料碾压管控主要设备配置和技术指标 表7-8

管控类别	设备名称	技术指标
混合料碾压管控(SR-ICS)	红外温度传感器	每台配2~5个传感器(含计量标定证书)
	LED显示屏和电源箱	实时展示摊铺温度、离析、速度等数据
	GNSS接收机(MC100型)	检定证书报告(定位精度<2cm)
	车载平板电脑	工业防护等级IP65
	SIM物联卡	三网通
	WIFI无线通信模块	现场机械自组局域网,实时数据交互
	配套天线及配件	全套

(3)现场安装方案

①通过在压实机械上加装红外传感器,进行路面温度的实时测量。

②在各压路机上安装流动站,现场基准站通过数据链将其观测值和测站坐标信息一起传送给流动站,获取压实轨迹信息;根据项目线性建模,用彩图连续记录压实过程。

③建立现场无线局域网,多压路机测量数据进行共享。

④安装无线传输系统将压实过程中的数据及时上传到中心平台。

⑤在各压路机驾驶室内安装一个液晶显示屏,以彩图的形式将压实轨迹反馈给操作手。如图7-24~图7-28所示。

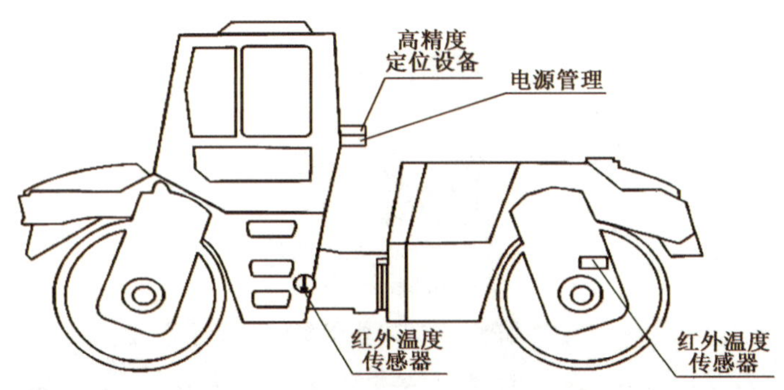

图 7-24　压实机械温度传感器安装示意图

图 7-25　安装于压实设备的数据采集设备

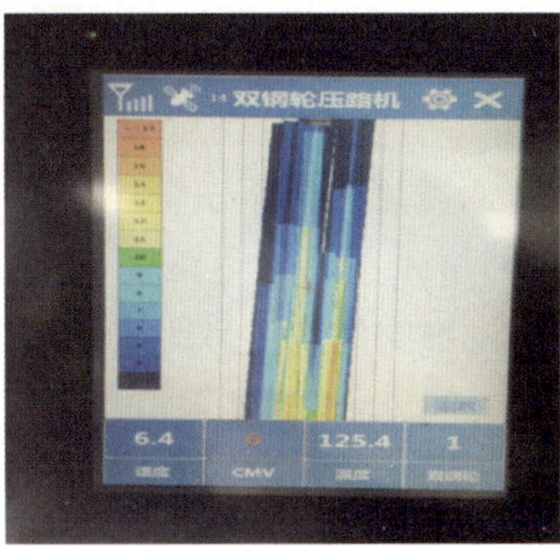

图 7-26　现场压实引导平板

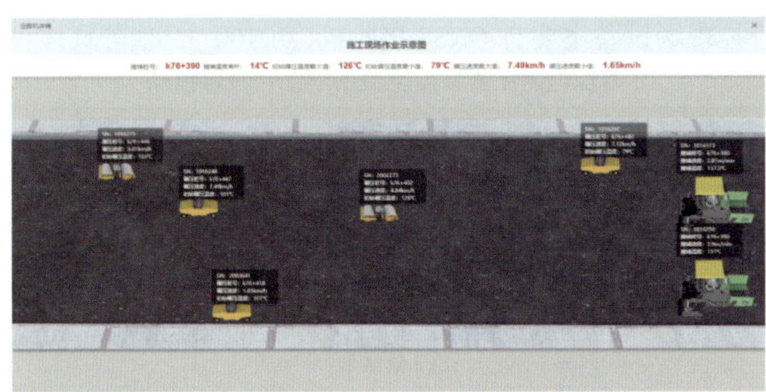

图 7-27　系统平台碾压管控实时同步模拟图

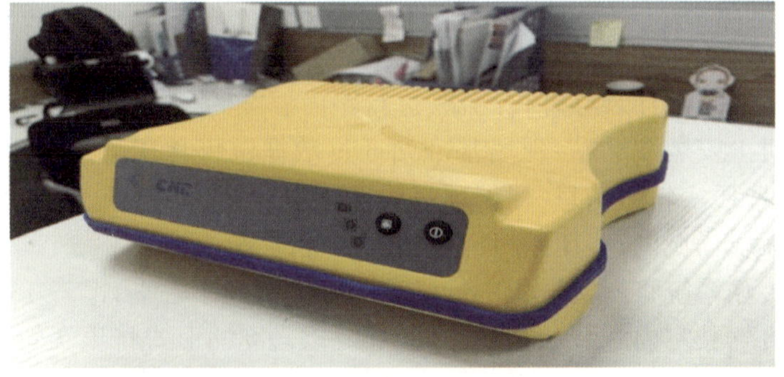

图 7-28　安装于固定站的定位参考基站

5) 沥青试验检测管控

通常在沥青混凝土路面施工过程中，由于工地实验室的条件限制，只把沥青针入度、延度、软化点作为强制性的常规检测指标。在工地实验室监管中将沥青三大指标作为主要的施工质量控制要点，本项目在沥青三大指标仪器设备采用对原有满足条件设备进行改造，使仪器设备可实现沥青材料检测数据的自动采集，从而实现对检测数据、检测频率的监管。如图 7-29 所示。

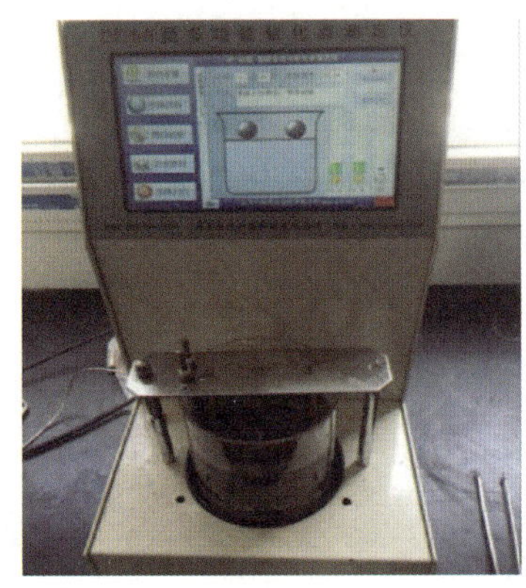

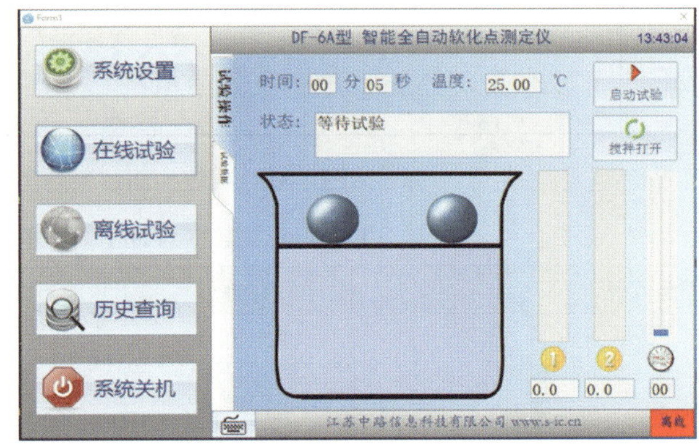

图 7-29 工地实验室自动化采集检测仪器(三大指标)

(1)可实现的管控功能

通过试验检测仪器自动采集、工地实验室管理系统的运用，实验室通过网络将检测数据上传，相关单位第一时间可查询相关报告，对于不合格预警信息，则通过网页端及时向相关单位进行信息推送，改善检测结果报告迟滞对工程缺乏指导的现状。

(2)现场设备配置

沥青材料试验数据自动采集监管现场设备主要有数据采集客户端软件、自动采集数据软件等，具体如图 7-30、图 7-31 和表 7-9 所示。

当前位置：试验室 > 数据采集查询

报告

样品编号	项目名称	检测单位	试验日期	标段名称	样品供应商
b1234	广西乐百高速公路	广西路桥工程集团有限公司	2019-03-15	广西乐百高速NO.8标	广西路桥工程集团有限公司

样品名称	样品型号	取样日期	取样地点
改性沥青	SBS_gx	2019-03-15	苏A.88888

检测结果

序号	检测项目	技术要求	检测结果	判断结果
1	针入度(25℃)	40.0~70.0	78	不合格
2	软化点(环球法)(℃)	≥70.0	40	不合格
3	延度(5℃)	≥25.0	65	合格

关闭

图 7-30 Web 端快速查询检测结果

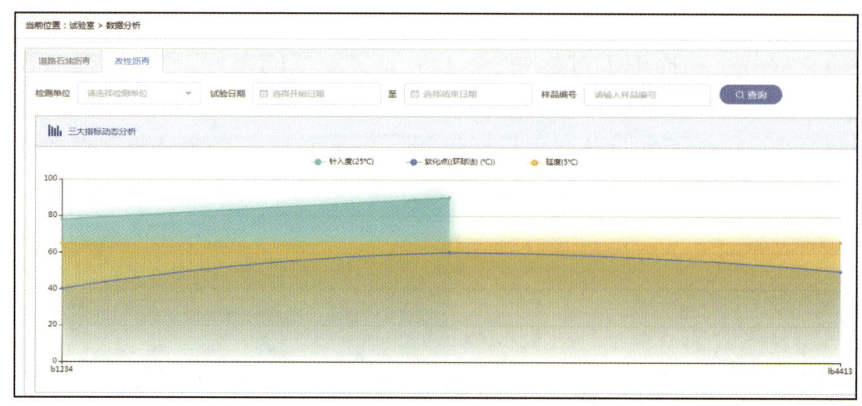

图 7-31　试验检测结果趋势性分析

工地实验室数据监管主要设备配置清单　　表 7-9

监管类别	设备名称	数　量	备　注
工地实验室数据监管(SR-GD)	沥青针入度仪	1 台	
	沥青软化点仪	1 台	
	沥青延度仪	1 台	
	采集客户端软件	3 套	
	电脑	3 台	

(3)系统工作方案

①试验仪器连接电脑,内置试验数据处理软件。

②电脑配置无线网络模块,开机后可与公网进行连接。

③仪器开启后,自行联网与“信息系统平台”对接,从“信息系统平台”中获取“工程项目”“标段”“样品名称”“规格”“等级”“检测参数”“名称”“样品产地”列表。

④试验开始前,试验人员通过电脑上选择“工程项目(如:沪宁高速)”“标段(如:LM1标)”“样品名称(如:道路石油沥青、改性沥青)”“标号(如:70 号、SBS)”“等级(如 A 级、I-C)”“检测参数(如 15℃延度、5℃延度)”、取样地点、取样时间、样品产地信息。

⑤试验结束后,试验仪器内置数据软件根据试验检测规范计算试验结果(根据规范要求修约的平均值),并将计算结果自行发送至“信息系统平台”。

⑥试验检测仪器均能满足现行试验检测规范要求。

6)车载视频监控系统

(1)可实现的管控功能

①可通过网页端实时查看现场施工情况,对现场施工进行远程管理。

②通过现场视频可以控制拌和站出料的进度,前后场工作的协调和管理更人性化。

(2)现场设备配置

视频管控设备主要有高清网络球机、无线传输模块、SIM 物联卡等,具体设备见表 7-10。

视频管控主要设备配置清单和技术指标　　表7-10

管控类别	设备名称	技术指标	备注
视频监控系统	高清网络视频球机	360°旋转、传输稳定	根据现场情况需要
	主机+TP-Link	设备自启动	
	SIM 物联卡	三网通	

(3)现场安装方案

现场安装摊铺机顶棚横梁上，将高清球机画面对准压路机、运输车作业区，通过手机App 加载现场施工视频画面，360°旋转实时管控现场工作状况(图7-32)。

图7-32　手机 App 实时查看现场施工视频

7.2.4 综合平台特色简介

1)质量预警处置

路面施工过程中质量波动在线预警，目前是信息系统的标配。为保证工程建设质量，避免预警停留在形式上的信息化，系统平台采用分级报警、定向推送相关的管理人员，借助微信公众号功能，通过微信实时推送预警信息，并可以及时根据专家决策系统在电脑端和手机端对预警问题进行闭合(图7-33)。

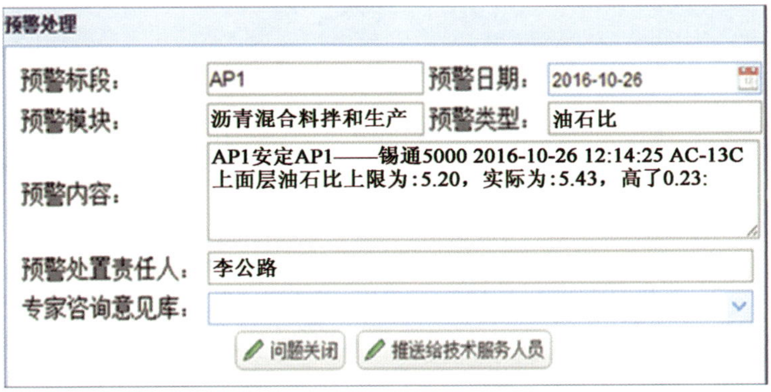

预警处理

预警标段：AP1　预警日期：2016-10-26

预警模块：沥青混合料拌和生产　预警类型：油石比

预警内容：AP1安定AP1——锡通5000 2016-10-26 12:14:25 AC-13C 上面层油石比上限为:5.20，实际为:5.43，高了0.23:

预警处置责任人：李公路

专家咨询意见库：

问题关闭　推送给技术服务人员

图7-33　预警处理闭合可借助专家咨询库

2）施工质量评分

如何确定路面施工质量，利用信息化系统平台采集的大数据，按标段、结构层、施工日进行质量评价（图 7-34），根据生产、摊铺、压实三部分权重比例对已完成的施工段落进行综合打分，且每天通过微信公众号向项目管理人员推送“标段级”“项目级”的日报进行反馈。

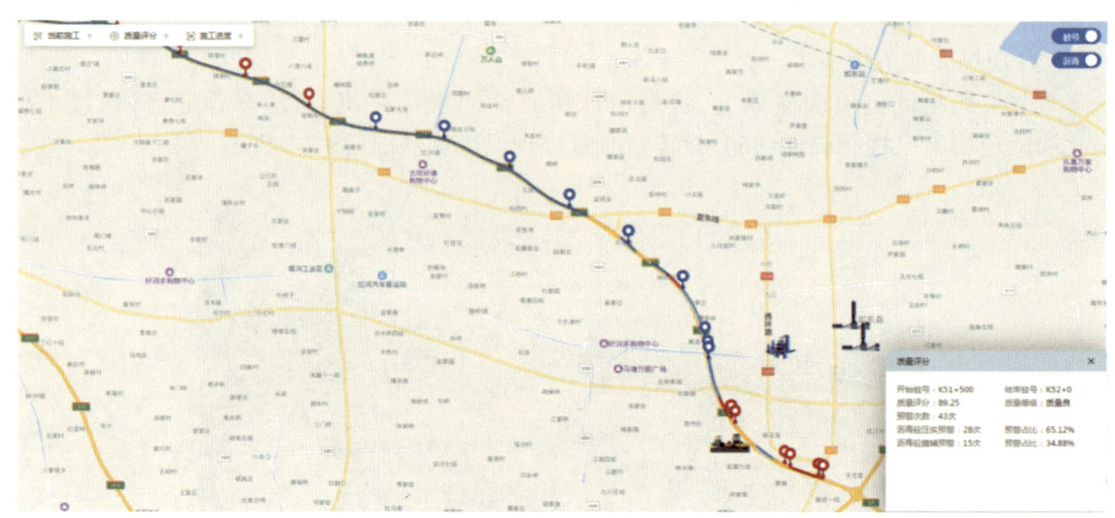

图 7-34　施工质量评分对每一层进行评价

3）质量地图导航

当前很多信息化管控系统平台，各子系统往往独立成模块，不能互相相连，不能完全表征路面施工质量，本系统平台通过前期的设计图纸、现场测量，建立的线性模型，根据工程桩号，追溯至拌和、摊铺、碾压监控数据，加强了系统模块之间的联系性，全面管控路面施工质量水平。如图 7-35 所示。

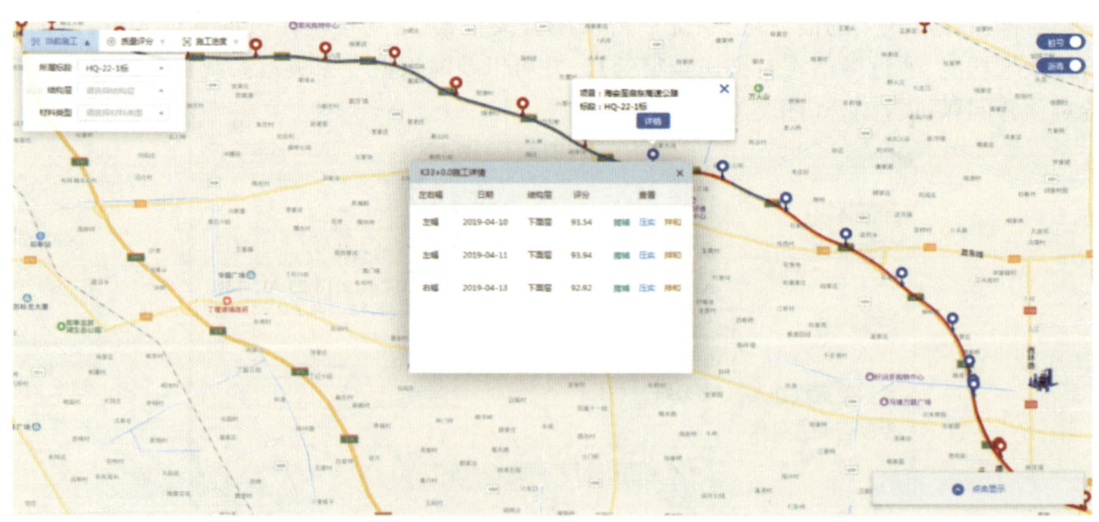

图 7-35　质量地图导航直接查询该桩号历史各模块管控数据

4) 日报、移动 App

系统平台根据每天施工采集的各模块管控数据,第二天通过微信公众号向各项目管理人员推送“标段级”“项目级”的日报来整体评价路段施工的质量,通过开发的“路面施工质量管控系统”移动 App(IOS 版和 Android 版,如图 7-36 所示),同步综合管控平台的数据为项目管理人员提供便捷的管理方法。

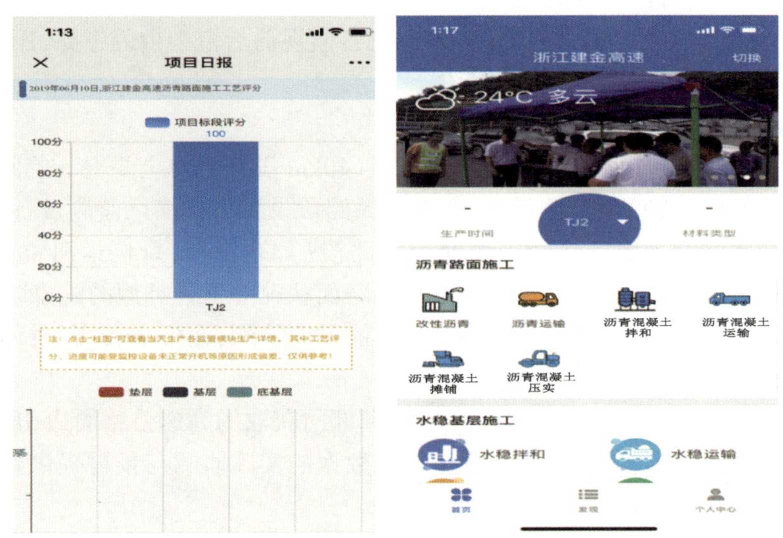

图 7-36 “标段级”日报和移动 App

5) 监管数据在线分析

系统平台根据每天施工时采集的管控数据,按照不同的监管模块进行数据分析。试验检测模块,对试验数据进行分析统计;拌和模块,将实时生产数据与设计标准进行对比分析,对每天的级配、配比、油石比、水泥剂量综合分析;混合料摊铺模块,对摊铺速度、温度、里程桩号进行逐桩号和逐日分析;混合料压实模块,对碾压遍数、温度、初始压实温度进行逐桩号数据分析和逐日数据分析。通过将不同模块的分析数据进行整合汇总,提供给用户对于生产数据的分析参考。

7.2.5 建设方案

1) 实时交通信息监测系统

湖州扩容段设置交通流检测设备、车牌识别检测设备、交通事件检测设备、气象监测设备、车辆微观行为信息采集车路协同设备等,具体设施布设情况如下:

(1) 交通流检测设备

杭州绕城西复线高速公路湖州扩容段全线间隔 1km 设置 1 处雷达交通流检测设备,用于统计交通参数和事件检测,有助于管理者判断如何诱导和疏散交通流,以便及时对异常情况作出反应。

(2)车牌识别检测设备

杭州绕城西复线高速公路湖州扩容段全线间隔 2 km 设置 4 套车牌识别检测设备,用于行程时间计算及车辆违章行为检测。

(3)交通事件检测设备

杭州绕城西复线高速公路湖州扩容段全线间隔 1km 设置 1 处遥控摄像机,用于对全线内的交通、气象状况进行实时的监视,并结合检测设备的异常报警对报警、事故等进行确认,全线间隔 1km 设置 2 台固定摄像机,每台摄像机各监视前后范围内的道路,用于对全线内交通事件进行视频检测,以提高事件响应能力。

(4)气象监测设备

杭州绕城西复线高速公路全线基本按照 20~40km 设置 1 处全要素气象监测设备,能见度按照 10km 设置 1 处能见度监测设备,在有大风路段设置桥梁横风监测设备。

项目在全线水网密集地区以及跨越河流等路段(如东苕溪、京杭运河、富春江)设置气温、湿度、降水能见度、天气现象以及路面温度和路面状况等要素类型的气象监测设备。

在隧道洞口设置能见度监测设备,用于洞口能见度检测;在桥墩较高的桥梁路段设置风速风向监测设备,用于桥梁横风检测。

另外,项目与浙江省气象局对接,从气象服务部门获取的高速公路周边 5km 范围内所有自动观测站实时观测数据,为实现项目全线气象数据的实施监测与预警提供数据来源,并为交通管理部门决策提供依据。

(5)车辆微观行为信息采集车路协同设备

根据杭州绕城西复线高速公路湖州段实际勘察的地形和高速线路走向,结合基础情况和路侧智能站信号实际覆盖范围,重点考虑合流区预警、隧道预警、服务区服务等场景,共布设车路协同设备 48 套。

2)云控平台

云控平台应用是交通云控平台的业务系统,用户使用云控平台应用进行业务流程处理。云控平台应用是云控平台基础架构服务的消费者,同时也能够对外提供服务,供其他应用调用。云控平台应用主要通过用户界面(包括广域网客户端用户界面、桌面客户端用户界面和移动客户端用户界面)向系统用户提供应用,同时也可以向其他系统以及第三方应用提供服务。

采用高性能服务器组成横向扩展集群,建设西复线智慧公路路段级云控平台,用于处理智慧公路示范路段资产的综合管理、交通运行状态的检测和预警、综合的信息服务、应急处置和新一代控制网的业务应用。

(1)路段级云控平台

主要功能包括:

①数据的存储、管理和交互。

②融合路段原本独立的软件系统。

③将智慧化基础设施、综合交通管理、信息服务有机结合为一个整体。

④改善基础设施、通信网络和数据的安全。

(2)路段级云控平台

由基础云设施、云控平台基础架构和云控平台应用三层结构组成。具体如下:

①基础云设施包括云服务器、云数据库、云对象存储、云带宽和云安全等产品和服务,能够满足云控平台的部署和运行需求。

②云控平台基础架构包括云控平台的中间件环境、基础模块、数据持久化和基础数据中心。云控平台基础架构是构建云控平台应用的基础,所有应用都遵循云控平台基础架构的约定和标准,使用云控平台基础架构提供的基础服务,如用户验证、权限管理、安全管理、消息系统等。

(3)基础模块

主要通过服务的形式对其他模块或第三方应用提供调用接口,同时也提供用户界面供用户访问。

3)伴随式信息服务系统

根据数据接入和处理获得交通态势、各类交通事件(拥堵、阻断、施工、事故等)、恶劣气象信息、主动管控方案,实现对车辆的路径引导,具体如下:

(1)基于可变信息标志位置

根据发布内容和事件影响区域,在基于事件位置的不同可变信息标志上发布不同的诱导、控制信息,使不同可变信息标志位置的不同用户获得因距离事件位置不同而有差异的服务信息,用户获得信息因用户所在位置而定。

项目在特殊结构物以及与其他路衔接的互通的前(后)设置门架式可变信息标志,用于路网信息的发布,在出现事故或交通异常时能提前疏导、疏散交通流,提升本路段的交通安全、畅通;在武康枢纽进入项目主线杭州方向的匝道合流点前方、莫干山高新区互通区往湖州方向的入口匝道合流点前方、莫干山服务区往杭州方向的入口匝道合流点前方设置一套立柱式可变信息标志,用于匝道汇入交通流控制,一旦主线交通流量较大或有车辆时,可通过匝道可变信息标志提醒匝道车道有序进入主线,避免发生碰撞。

(2)基于手机应用软件

用户使用手机应用软件,系统可获得用户的定位,根据用户定位,因用户位置不同而发送不同的服务信息;通过与导航公司的数据共享,由导航公司根据用户位置确定提供给用户信息的内容。

(3)基于车路协同设施

车路协同系统可获知用户的准确位置,根据用户距离事件区域的距离,向用户发送不同的诱导信息。

考虑到目前取消省界主线站采用自由流收费方案,ETC 用户量增加,远期 ETC 可能具备类似于车路协同 OBU 的数据通信功能,故预留相应接口,待 OBU 具备数据通信功能可通过 OBU 向用户进行信息发布。

4)车道级交通控制系统

车道级交通控制基于对快速道路交通流的实时监测,预报出入口、施工区等瓶颈地点的交通拥堵和突发交通事件,通过采取速度协调或可变速度限制、排队预告、紧急车道利用、出入口控制等措施,实现快速道路交通流的实时可控,从而达到平抑交通流、减少交通事件、避免交通事故的目的,积极主动的预防和避免交通拥堵的发生,提高了交通系统的通行能力和安全性,从而可以发挥现有交通设施的最大效益。

项目间隔 1 km 设置 1 处全断面的门架式车道控制标志,可通过对拥堵路段上游车辆进行限速或开通应急车道,提高道路通行能力,延缓或减少交通拥堵;当因施工或交通事故占用车道时,可以通过车道控制标志关闭占用车道,避免发生二次事故。

项目杭州绕城西复线高速公路湖州扩容段进行新一代国家控制网试点,实现实时数据交互下的智能控制要求的部分控制功能,具体如下:

(1)新一代无线通信、大数据和云计算支撑下的计算机控制信号灯、可变标志和可变信息标志;交通信息服务和路径诱导;大范围的战略控制。

(2)车载控制系统实现车车联网和车路联网(部分)。

(3)车辆产生的数据可供控制中心制定战略控制方案和局部控制参数。

5)桥隧安全提升系统

(1)隧道内扩展定位系统试点应用

由于导航卫星被遮蔽,隧道内车载卫星导航终端无法正常工作。隧道扩展定位设备在隧道内播发模拟的卫星导航信号,可消除隧道定位导航盲区,实现车辆的无缝连续定位和连续监测,普通车辆定位导航设备和手机均可接收信号实现隧道内定位。

隧道内扩展定位系统主要由主控站(管理中心)、信号发射终端(伪卫星基站、微带裂缝天线)、后台服务器及相应系统软件组成。项目选择小赤山隧道、长城坞隧道作为隧道内扩展定位系统试点隧道。在隧道左右洞进出洞口各设置 1 套管理中心设备,在隧道内间隔 20m 设置一套伪卫星基站。管理中心与后台服务器通过工业以太网进行通信,伪卫星基站通过光纤级联通信,实现基站间的时间精度在 10ns 以内。

(2)隧道内调频信息服务系统试点应用

项目拟建设公路隧道内调频信息服务系统,该系统是在对传统的隧道紧急电话和有线广播系统进行优化的基础上,同时具备隧道紧急电话功能、隧道有线广播功能和隧道 FM 无线广播功能的综合性隧道应急系统。

项目选择姜家山隧道、张家店隧道、沙坑里隧道、六弓山隧道、金竹湾隧道、冬青山隧道、驻军坞隧道、牛头山隧道、白洋尖隧道、里庄隧道、岩岭山隧道、白杨湾山隧道作为调频信息服务系统试点隧道。

项目在原有紧急电话洞室位置设置隧道内一体化分机,集成隧道广播、紧急电话、调频广播等功能,并配置 1 台隧道调频天线,可实现对隧道内调频广播信号全覆盖。在隧道相邻的隧道管理站或隧道救援站设置 1 台隧道调频广播与应急控制台、1 台广播接收天线。在管理分中心设置 1 台隧道调频广播与应急控制台。

6)服务区智能化系统

为提升项目莫干山服务区的服务能力和管理水平,提高用户服务满意度,利用物联网、新媒体等新兴技术手段,如图 7-37 所示,建设包含智能监控平台、信息服务平台、经营服务平台等各类子系统,向停靠车辆和人员、服务区管理运营者、服务区经营商户等提供精准实时信息和数据分析，满足不同用户的不同需求。

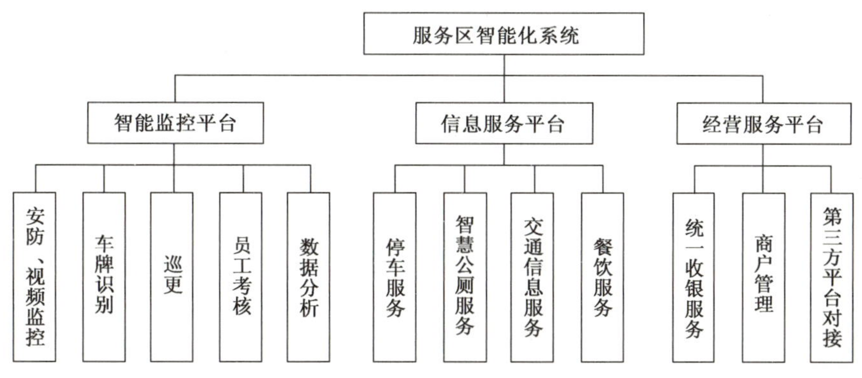

图7-37 服务区智能化系统构成

7)自由流收费系统

根据《深化收费公路制度改革取消高速公路省界收费站实施方案》(国办发〔2019〕23号)、《交通运输部关于印发取消高速公路省界收费站总体技术方案的通知》(交公路函〔2019〕320号)要求，完成收费管理与计算平台、收费站车道系统、主线ETC门架系统的建设，实现主线自由流收费。

8)基础配套系统(设施)

设施智能运维系统主要检测外场和隧道内设施的状态和用能信息，距离管理人员较近的监控中心、收费站内的设施只做简单的用能或设施状态监测。通过对监测数据的统计分析，让高速管理者能够全面掌握这些设施的健康和能耗状况，并针对故障设施的统计分析，总结故障规律与原因，从而给出预防性养护建议。

参考文献

[1] 易列斯. 绿色公路评价指标体系与评价方法研究[D]. 重庆:重庆交通大学,2019.

[2] 易列斯. 论绿色公路评价的发展现状[J]. 南方农机,2018,49(08):234.

[3] 易贵. 基于绿色公路理念的建设关键技术与应用[J]. 西部交通科技,2019(10):189-191.

[4] 华树新. 黑龙江省绿色公路评价研究[D]. 哈尔滨:东北林业大学,2019.

[5] 谭洪河,段跃华,章玉. 绿色公路的发展政策探索[J]. 交通建设与管理,2015(12):43-45.

[6] 本刊编辑部. 高速公路的发展历程和趋势[J]. 汽车与安全,2017(12):55-56.

[7] 乔心格. 基于结果导向的绿色公路评价指标体系研究[J]. 交通节能与环保,2020,16(01):78-80+89.

[8] 张琴. 基于可持续发展理念的绿色公路评价研究[D]. 重庆:重庆交通大学,2011.

[9] 余航. 江西省绿色公路指标体系与评价标准研究[D]. 重庆:重庆交通大学,2019.

[10] 牟瑞芳,车畅. 绿色公路的属性及内涵分析[J]. 交通运输工程与信息学报,2019,17(01):131-137.

[11] 马中南,高建刚. 绿色公路的研究体系探讨[J]. 公路交通科技,2006(09):146-149.

[12] 莫剑鹏. 绿色公路关键技术的探讨与应用[J]. 大众科技,2019,21(06):6-8.

[13] 张京祥,邹军,吴启焰,等. 论都市圈地域空间的组织[J]. 城市规划,2001(05):19-23.

[14] 徐琴. 从世界都市圈的发展经验谈中国的都市圈建设[J]. 南京工业大学学报(社会科学版),2002(03):56-59+63.

[15] 张伟. 都市圈的概念、特征及其规划探讨[J]. 城市规划,2003(06):47-50.

[16] 郭熙保,黄国庆. 试论都市圈概念及其界定标准[J]. 当代财经,2006(06):79-83.

[17] 曾群华,邓江楼,张勇,等. 都市圈、城市群与同城化的概念辨析[J]. 中国名城,2012(05):4-11.

[18] 刘枭,黄桂英. 都市圈研究回顾与展望[J]. 经济研究参考,2014(61):77-83.

[19] 山田, 浩之, 德岡,等. 都市分析と大都市圏の概念-戦後の日本における大都市圏の分析(1)[J]. 经済論叢,1983,131.

[20] 周一星,史育龙. 建立中国城市的实体地域概念[J]. 地理学报,1995(04):289-301.

[21] 李璐,季建华. 都市圈空间界定方法研究[J]. 统计与决策,2007(04):109-111.

[22] 顾朝林,于涛方,刘志虹,等. 城市群规划的理论与方法[A]. 中国城市规划学会. 和谐城市规划——2007中国城市规划年会论文集[C]. 中国城市规划学会:中国城市规划学会,2007:5.